SHANGHAI'S
FINANCIAL DEVELOPMENT
REPORT 2024

2024

上海金融发展报告

周小全 主编

上海人民出版社

编　委　会

前　　言

　　建设上海国际金融中心是党中央高瞻远瞩、审时度势，从我国改革开放和社会主义现代化建设全局高度提出的一项重大国家战略。党的十八大以来，在以习近平同志为核心的党中央坚强领导下，在中央金融管理部门等支持指导下，上海国际金融中心建设取得重要进展，已基本建成与我国经济实力以及人民币国际地位相适应的国际金融中心，正迈向全面提升能级阶段。

　　强大的国际金融中心是金融强国的六个关键核心要素之一，与其他五个核心要素相辅相成、有机结合。强大的国际金融中心高度集聚金融要素和金融资源，能够有效链接、集中展示强大的货币、中央银行、金融机构、金融监管、金融人才队伍，是金融强国最有形的载体、最显著的标识，具有强大的国际影响力和竞争力，在建设金融强国的进程中发挥着重要作用。习近平总书记对上海国际金融中心建设高度重视，作出一系列重要指示和明确要求。2023年，习近平在上海考察时强调，上海建设国际金融中心目标正确、步伐稳健、前景光明，并提出要加强现代金融机构和金融基础设施建设，实施高水平金融对外开放，更好服务实体经济、科技创新和共建"一带一路"。中央金融工作会议提出要增强上海国际金融中心的竞争力和影响力。

　　在建设金融强国的进程中，上海作为国际金融中心，肩负着党中央寄予的殷切期盼和光荣使命。我们要深刻领会总书记和党中央的战略意图，从国家利益、国家战略、国家安全高度思考和推动上海国际金融中心建设。下一阶段，我们将聚焦五方面具体抓手推动上海国际金融中心建设。

　　一是聚焦做好五篇大文章，提高金融服务实体经济的质效。加强对重大战略、重点领域、薄弱环节的优质金融服务，科技金融方面，持续推进科创金融改革试验区建设，配合深化科创板制度建设，吸引培育更多长期资本、耐心资本。绿色金融方面，完善绿色金融产品体系，推动标准化建设，支持全国碳排放权交易市场发展，发挥好绿色金融服务平台作用。普惠金融方面，推动普惠金融顾问制度提质扩面，深化大数据普惠金融应用，更好服务中小微、民营企业发展。养老金融方面，丰富养老金融产品，引导金融机构加大对健康产业、养老产业、银发经济的布局。数字金融方面，深化区块链、大模型等前沿技术在金融领域的应用，促进金融科技产业集聚，丰富数字人民币应用场景。

二是聚焦增强全球资源配置功能，推动金融高水平开放。稳步扩大金融市场规则、规制、管理、标准等制度型开放，深入对标国际高标准经贸协定中金融领域相关规则。加快推进国际金融资产交易平台等重大平台建设。深化自贸试验区及临港新片区金融开放创新，统筹在岸离岸金融市场业务，促进人民币在岸离岸市场形成良性循环。支持金融机构提升跨境服务能力和全球竞争力，完善对共建"一带一路"的金融支持，更好助力企业"走出去"。加快建设上海国际再保险登记交易中心。

三是聚焦提升金融服务辐射效能，加快建设金融市场和金融基础设施。着力提高金融要素市场的深度广度、定价能力和资源配置效率，推进境内外金融市场互联互通。推出更多面向国际的金融产品，推动"上海价格"在国际金融市场的广泛使用。加快完善多层次资本市场，提高上市公司质量，充分发挥创业投资、私募股权投资在支持科技创新中的作用。建设具有国际先进水平的支付、登记、结算、清算、托管等金融基础设施体系，提升金融基础设施的服务效率和水平。

四是聚焦集聚高能级金融机构，培育现代金融机构体系。鼓励国际金融机构在上海设立分支机构或专营性机构。支持银行、证券、保险及各类新型金融机构集聚发展，发展更高能级的总部经济，打造更多旗舰型机构。吸引国内外知名投行、资产管理公司、股权投资公司等投资机构，提升全球资管中心能级。培育和引进具有全球竞争力的专业服务机构，支持金融领域行业组织发展。

五是聚焦更好统筹发展与安全，营造优良的金融营商环境。坚持把防控风险作为金融工作永恒的主题，以更高水平风险防控保障更高水平金融开放。加强金融法治建设，修订国际金融中心建设条例。加强央地监管协同，完善地方金融监管，全面强化机构监管、行为监管、功能监管、穿透式监管、持续监管，守住不发生区域性、系统性金融风险底线。健全信用和消费者保护体系，完善金融消费权益保护工作机制。培养和集聚金融人才，为人才来沪发展提供广阔平台。

Introduction

Building Shanghai into an international financial center is a landmark national initiative proposed by the CPC Central Committee in line with the present and future context and China's pursuit of reforms, opening-up, and socialist modernization. Under the strong leadership of the CPC Central Committee with President Xi Jinping at its core as well as the support and guidance of national financial authorities, substantial progress has been made in building Shanghai into an international financial center since the 18th CPC National Congress. An international financial center commensurate with China's economic strength and RMB's international stature has taken shape. Shanghai is currently working to enhance its capacity and capability as an international financial center.

A strong international financial center is not only one of the six pillars of the nation's financial strength, but also complementary to and organically integrated with the other five pillars—strong currency, central bank, financial institutions, financial regulation, and financial talent pool. Such a center is a magnet of the building blocks and resources of the financial sector, and as such can bind and empower the other five pillars. It is the most tangible and prominent sign of a nation with a strong financial sector. With its considerable global influence and competitive edge, it is a critical component of boosting the country's financial strength. **For these reasons, turning Shanghai into an international financial center is high on President Xi Jinping's agenda, who has issued a string of directives on the matter.** In particular, during his visit to Shanghai in 2023, Xi stressed that this initiative is right for China, is showing steady progress, and is highly promising. He asked for greater efforts toward building modern financial institutions and infrastructures and achieving high-standard financial opening-up, to better support China's real economy, technological innovation, and the Belt and Road Initiative. Similarly, the Central Financial Work Conference has called for raising the competitiveness and influence of Shanghai as an international financial center.

As an international financial center, Shanghai carries the hopes and missions entrusted by the CPC Central Committee in the process of improving the country's financial strength. Therefore, the city should take the strategic intentions of the President Xi and the CPC Central Committee to heart and plan and carry forward the initiative in alignment with national interests, strategies, and security goals. In particular, this initiative will focus on the following five areas in the next phase.

The first is to better align the financial sector with the real economy in the five areas of technology finance, green finance, inclusive finance, pension finance, and digital finance. Shanghai aims to provide premier financial services to further support China's major initiatives, key sectors, and vulnerable areas. In relation to technology finance, the city will continue to develop the pilot zone for fintech reforms and enhance the institutional frameworks of the STAR Market, in order to attract and nourish a larger pool of long-term and patient capital. In the area of green finance, Shanghai will improve the lineup of green financial products, promote industry standardization, contribute to the national carbon emissions trading market, and empower the Shanghai Green Finance Service Platform. In terms of inclusive finance, Shanghai will enhance—and broaden the coverage of—the financial inclusion consultancy scheme and further the application of big data in inclusive finance, with the aim of better serving micro-, small-, and medium-sized enterprises and private businesses. In relation to pension finance, the city will expand the range of related financial products and encourage financial institutions to invest in the health industry, senior care industry, and the silver economy. In the area of digital finance, the city will increase the use of cutting-edge technologies such as blockchain and large language models in the financial sector, attract fintech companies to the region, and broaden the usage scenarios of e-CNY.

Second, enhancing Shanghai's functions in global resource allocation to promote high-standard financial opening-up. The city will pursue high-level institutional opening-up in terms of rules, protocols, management, and standards, in particular aligning them with the financial rules of high-standard international economic and trade agreements. It will expedite the building of major platforms such as the international financial asset trading platform. Furthermore, it will continue to promote the financial opening-up and innovations of the China（Shanghai）Pilot Free Trade Zone（"Shanghai FTZ"）and the Lin-gang Special Area, and coordinate onshore and offshore financial markets to facilitate the healthy flow of RMB between the two. Shanghai will support financial institutions to enhance their cross-border services, increase their global competitiveness, and provide greater financial support for the Belt and Road Initiative, so that they can offer increasingly sophisticated services to help domestic enterprises expand globally. Moreover, Shanghai will accelerate the building of the Shanghai International Reinsurance Exchange.

Third, boosting the effect of financial services and the building of financial markets and infrastructures. Shanghai will focus on improving the depth, breadth, pricing capacity, and resource allocation efficiency of the various financial markets and connect them with overseas markets. The city will launch more internationally oriented financial products and promote the use of "Shanghai Prices" in global financial markets. It will further optimize China's multi-layered capital market, raise the quality of listed companies, and enable venture capital and private equity to fully support technological innovations. Furthermore, Shanghai will build internationally competitive payment, registration, clearing, settlement, and custody infrastructures with improved efficiency and level of service.

Fourth, attracting high-profile financial institutions to foster a modern financial institution system. International financial institutions are encouraged to establish branches and specialized business centers in Shanghai. The city will support the creation of financial hubs for banks, securities firms, insurance companies, and emerging types of financial institutions, in order to develop a more robust headquarters economy and foster more world-leading financial institutions. The city will also become a more powerful global asset management center by attracting investment firms including well-known investment banks, asset management companies, and equity investment firms. Additionally, the city will both foster and welcome globally competitive professional service providers and help finance-related industry organizations to grow.

Fifth, better balancing development and security to create a friendly financial and business environment. Risk prevention and control will be a permanent subject in Shanghai's financial programs in order to secure higher-standard financial opening-up. The city will strengthen the rule-of-law in the financial sector, as evidenced by the recently amended regulations on the international financial center initiative. Regulatory coordination between central and local authorities will be strengthened, as will local financial supervision. Regulation of financial institutions, behaviors and functions should be strengthened，and measures should be more penetrative and long-lasting，so as to ensure regional and systemic financial risks do not arise. The city will also improve the credit and consumer protection system，building stronger frameworks for the protection of financial consumers. Lastly，Shanghai will foster and attract financial professionals and help them achieve their potential.

目　　录

综　合　篇

市　场　篇

业　务　篇

环　境　篇

专栏

附　录

Contents

Business Development

Market Environment

Features

Appendices

综 合 篇

第一章 2023 年上海金融业发展概况

第一节 2023 年上海金融业发展情况

2023 年,上海深入学习贯彻习近平总书记考察上海重要讲话精神和中央金融工作会议精神,紧紧围绕服务实体经济、防控金融风险、深化金融改革三项任务,加快推进国际金融中心建设。2023 年,上海实现金融业增加值 8 646.9 亿元,同比增长 5.2%。在沪主要金融要素市场合计成交 3 373.6 万亿元,同比增长 15.0%。金融市场直接融资额 17.8 万亿元,同比增长 2.5%。

一是金融改革创新深入推进。多层次资本市场建设不断完善。股票发行注册制改革全面落地。完善"浦江之光"行动升级版服务体系,试运行数字化服务平台。支持区域性股权市场发展,上海股交中心获批开展上海认股权综合服务试点、获准设立上海"专精特新"专板。金融产品创新不断推出。30 年期国债期货、氧化铝期货、全球首个合成橡胶期货及科创 50ETF 期权、国内首个航运指数期货等系列重要金融产品上市。全国性大宗商品仓单注册登记中心实体化运作,上海项目上线运行。金融市场开放深入推进。利率"互换通"正式上线。持续优化"沪港通"制度安排,启动沪新 ETF 互通,首对沪新 ETF 互通产品在两地交易所同步上市。启动再保险国际交易中心,吸引 15 家财险公司再保险运营中心、4 家保险经纪公司入驻临港新片区国际再保险功能区,完成首张国际再保险分入合约签署。自贸试验区及临港新片区金融开放创新先行先试。持续深化临港新片区跨境贸易投资高水平开放外汇管理改革试点。推动自贸试验区离岸债券业务发展。完成 4 批自由贸易账户拓展工作,《国际船舶管理自由贸易账户服务方案》发布。金融数据安全有序跨境流动取得突破,支持 14 家金融机构数据合规出境。落地全国首单液化天然气(LNG)跨境人民币结算交易。中外资金融机构集聚效应明显。至年末,上海持牌金融机构总数达 1 771 家,其中外资金融机构占比超 30%。法巴农银理财、施罗德基金、联博基金获批开业,安联基金获批筹建,全国 6 家新设外资独资公募基金全部落沪,其中 4 家已开业;国内五大行参与设立的外资控股合资理财公司全部落沪并开业。东方汇理金融科技公司在沪成立,建设银行贵金属及大宗商品业务部揭牌。做好 QFLP 外汇新政扩围政策与现有政策衔接,推进新增试点企业有序开展业务。全年新增 8 家中外知名资管机构参与合格境内有限合伙人(QDLP)、合格境外有限合伙人(QFLP)试点。落地全国首单以外商私募证券投资基金管理人(WFOE PFM)为主体发行的 QDLP 产品。

二是金融服务质效不断提升。金融中心与科创中心联动效应日益增强。发布《上海市建设科创金融改革试验区实施方案》《关于进一步促进上海股权投资行业高质量发展的若干措施》。全国社保基金长三角科技创新股权投资基金落户上海,首期规模 51 亿元。发起"上海科创金融联盟",筹设上海科创金融研究院。推出"沪科专贷""沪科专贴"科创专项再贷款再贴现。开展知识产权质押贷款风险"前补偿"试点工作。开展科技企业创业责任保险试点、知识产权交易保险等工作。国际绿色金融枢纽建设取得积极进展。开展浦东气候投融资试点,推动上海绿色金融服务平台上线。出台《上海市转型金融目录(试行)》。组织开展"绿色金融综合评价试点"。发布 CFETS 共同分类目录绿色债券指数、CFETS 共同分类目录高等级绿色债券指数。普惠金融服务方式更加多元。实施新一轮中小微企业信贷奖补政策和中央财政支持普惠金融发展示范区奖补激励。上线"上海普惠金融顾问综合服务平台"并入驻"随申办"企业云 App,建立 11 家线下服务枢纽。深化大数据普惠金融应用。健全上海市政府性融资担保体系。制定上海市政府性融资担保机构绩效评价试行办法。对养老、健康产业持续加大支持力度。联合印发《上海市进一步完善多元支付机制支持创新药械发展的若干措施》。推进市级保险数据支撑平台建设,支持保险机构安全合规地利用医疗、医保大数据进行产品精算研发。金融数字化转型加速推进。落地全国首单国际原油跨境数字人民币结算业务、首单大宗商品现货数字人民币清结算业务、首单服务贸易双边模式数字人民币跨境支付业务等创新场景。至 2023 年末,落地应用场景超 143 万个,位居全国前列。发布《上海金融科技白皮书》。对长三角地区更高质量一体化发展的金融支持不断加强。发布《长三角生态绿色一体化发展示范区关于加快普惠金融发展的实施意见》《上海银行业金融机构集团客户长三角地区协同授信指引》。深化长三角征信链征信平台应用。成立长三角 G60 科创走廊公募 REITs 联盟。在长三角落地全国首单先进制造业企业集合票据。

三是金融发展环境更加优化。提高强监管防风险能力。完善地方金融监管平台建设,健全地方金融监管制度体系。加快构建央地监管协同机制,防范和打击非法金融活动。发挥上海市金融稳定协调联席会议机制,平稳处置风险个案,守住不发生区域性系统性金融风险底线。加强金融法治建设。修订《上海市推进国际金融中心建设条例》,推动《上海市实施〈防范和处置非法集资条例〉办法》出台,《上海市促进浦东新区融资租赁发展若干规定》正式施行。深化上海国际金融中心宣传推介。开展"2021—2022 年度上海金融创新奖"评选,共选出 67 个成果奖奖励项目和 9 个推进奖奖励项目。第十四届陆家嘴论坛(2023)、2023 INCLUSION·外滩大会、2023 上海全球资产管理论坛、全球资产管理中心—上海国际活动周、2023 上海苏河湾大会、北外滩文化与财富论坛等一系列重要金融活动成功举办,上海金融中心国际影响力持续提升。

第二节　2024 年工作打算

一是形成更具国际影响力的金融市场体系。推动资本市场高质量发展。配合推动股票发行注册制走深走实,推进科创板建设和主板功能提升,将上海资本市场打造成为企业上市融资和支持科技创新的主平台。加快推进国际金融资产交易平台建设。有序发展期货和衍生品市场。支持"上海金""上海油""上海铜""上海胶"等"上海价格"在国际金融市场广泛使用,提升重要大宗商品价格影响力。推出更多大宗商品期货品种。探索开展人民币外汇期货交易试点。进一步扩大金融市场开放。便利全球投资者在上海开展跨境投融资活动。优化完善金融市场互联互通合作。深化国际再保险中心建设。

二是为经济社会发展提供高质量金融服务。做好"科技金融"文章,加强金融与科创中心联动。加快推进上海市科创金融改革试验区建设。发挥科创板"试验田"作用和"头雁效应",吸引更多科技企业在科创板上市。推动银行信贷与科技创新的有效融合,扩大中长期贷款、信用贷款规模。发挥科技保险作用,加快临港新片区科技保险创新引领区建设。做好"绿色金融"文章,助力上海加快打造国际绿色金融枢纽。申建国家绿色金融改革创新试验区。完善绿色金融、转型金融产品服务供给,稳步提高绿色贷款占比,利用多样化工具为转型活动提供金融支持。创新发行绿色债券,建立绿色债券项目储备。支持推出各类绿色保险。做好"普惠金融"文章,大力发展普惠金融。推动普惠金融数字化、智能化、精准化,创新数字普惠金融产品和服务。深化大数据普惠金融应用,推动公共数据开放共享共用。推动供应链金融创新发展,完善供应链票据平台,精准服务产业链上下游中小微企业。做好"养老金融"文章,增强金融工作的人民性。创新养老金融产品体系,加大对健康产业、养老产业、银发经济的金融政策支持。加大对旧城区改造、"五个新城"建设的金融支持力度,引导更多社会资本参与新型城镇化发展。做好"数字金融"文章,加快金融数字化转型。建设具有全球重大影响力的金融科技中心。稳步推进数字人民币应用试点,丰富数字人民币应用场景,推动"多边央行数字货币桥"项目测试储备。加大金融科技在地方金融监管领域的广泛运用,提高数字化监管能力。推动金融支持长三角更高质量一体化发展。提升信贷支持长三角一体化水平,引导银行机构就异地贷款业务给予更大的差异化信贷审批权。深化长三角征信链平台建设。便利长三角金融机构查询异地企业信息。深化区域股权投资、创业投资合作,加大金融对区域产业协同发展的支持力度。合力推进科技金融、绿色金融、普惠金融、养老金融、数字金融一体化。深化区域金融合作,提升金融服务长三角企业"走出去"能力。合力提升区域监管水平,防范化解金融风险。

三是着力推进金融高水平开放。推进自贸试验区及临港新片区金融开放先行先试。协调推动《浦东新区综合改革试点实施方案(2023—2027年)》《对接国际高标准经贸规则　推进上海高水平全方位制度型开放总体方案》等重要文件中有关金融举措的落地落实。加快构建与上海国际金融中心相匹配的离岸金融体系,发展人民币离岸交易,扩大人民币离岸业务规模。支持银行通过自由贸易账户为符合条件的企业开展离岸经贸业务,提供跨境金融服务便利。开展金融数据安全有序流动试点。提升上海国际金融中心机构能级。吸引境内外大型银行、证券、基金、期货、保险等机构在沪设立总部、功能性总部及各类专业子公司、持牌专营机构等。提升本土金融机构国际竞争力,培育国际一流投行和资产管理机构。培育和吸引实力强、经营规范的金融控股公司。深化全球资产管理中心建设。深化QFLP、QDLP试点。深化REITs试点,将上海打造成具有国际竞争力的REITs发展新高地。深化上海私募股权和创业投资份额转让平台建设。

四是全面打造国际一流的金融发展生态。深化金融法治建设。修订《上海市推进国际金融中心建设条例》。充分运用浦东新区法规立法授权,为上海对接国际高标准的金融规则体系开展立法探索。进一步发挥上海金融法院职能作用,增强案件审判的国际公信力和影响力。探索在上海国际经济贸易仲裁委员会、上海金融仲裁院等更多适用国际通行的金融仲裁规则。构建多元化纠纷解决机制,加强金融消费者权益保护。优化金融营商环境。支持举办金融领域国际性会议,将"陆家嘴论坛"打造成全球最具影响力的金融高端论坛之一。鼓励科研院所、高等院校与海外金融研究机构扩大交流。完善金融人才服务体系,研究制定国际职业资格证书对等认可制度,便利海外高层次紧缺金融人才在沪执业。牢牢守住系统性金融风险底线。加强与中央金融管理部门协作,健全金融风险预防、预警、处置、问责制度体系,增强金融风险防范化解工作合力。配合中央金融管理部门建立健全跨境资金流动监测预警、宏观审慎评估和协调联动体系。

专栏 1

以地方先行先试探索推动转型金融发展
——上海市制订推出转型金融目录

1. 转型金融工作背景及意义

绿色发展是高质量发展的底色。习近平总书记在党的二十大报告中明确提出"推动绿色发展,促进人与自然和谐共生"的发展要求。绿色金融是建设金融强国的"五篇大文章"之一,大力发展绿色金融是推动经济高质量发展的必然选择,也是支持经济和社会低碳绿色发展的重要工具。

2022 年 11 月,二十国集团(G20)领导人在巴厘岛峰会上批准 G20 可持续金融工作组提交的《2022 年 G20 可持续金融报告》,其中包括《G20 转型金融框架》等重要内容。《G20 转型金融框架》为各成员国发展转型金融提供了一套高级别原则,是现阶段推进转型金融工作的重要原则和框架。

上海已成为全球金融要素市场最齐备的城市之一。上海作为金融改革创新的先行者,应更好担当国家使命,依托良好基础,在推进转型金融发展方面先行探索,积极发挥绿色金融的"供血"功能。

2. 上海转型金融实践

鉴于国内外转型金融理论实践尚处于蓬勃发展阶段,编制工作主要遵循以下思路:一是对标国际标准,助推高水平开放。结合上海实际,吸收借鉴《G20 转型金融框架》等最新国际标准体系,提高《目录》先进性。二是立足上海功能定位和产业特色,开展差异化探索和互补性研究。力求与人民银行及兄弟省市开展错位探索,提高《目录》本地化与特色化。三是坚持问题导向,着力破解转型金融发展难点。针对转型金融实践发展中转型主体识别难、转型活动界定难、转型主体信息披露能力不一致等问题,采用《目录》加使用说明的形式,为金融机构更好服务产业低碳转型提供操作性指引,切实提高企业低碳转型融资可获得性。

最终《目录》将水上运输业、黑色金属冶炼和压延加工业、石油加工业、化学原料及化学制品制造业、汽车制造业和航空运输业等六大行业纳入首批转型金融目录支持行业。

3. 创新与特色

(1)正面清单为主,原则兜底为辅。在突出强调重点支持依托技术创新进行转型的基础上，综合考虑低碳转型技术路径更新迭代快、难以穷举的实际，辅以兜底。《目录》以正面清单指明行业范围、降碳路径和技术，对于采用《目录》外降碳路径和技术但符合相关条件的转型主体，允许其参照《目录》申请转型金融支持。保证《目录》兼具原则性与灵活性。

（2）差异化披露要求，提升披露实效。《目录》使用说明部分建立了差异化信息披露分级体系，支持转型主体根据企业规模、盈利能力、披露能力、融资额度等因素自行选择，或与金融机构协商确定相匹配的披露等级，并支持金融机构基于不同披露等级和实际降碳效果，为转型主体提供差异化、可浮动的融资支持政策和融资便利服务。保证信息披露兼具针对性与操作性。

推动经济社会绿色低碳转型是一项庞大的系统性工程，需要全社会共同努力、共同推动。将继续最大化发挥市场配置和政府引导有机结合的作用，全力支持金融要素流向经济社会绿色低碳转型的重要领域，不断厚植高质量发展的绿色底色。

专栏 2

法巴农银理财开业，施罗德基金等外资机构开业

2023 年，法巴农银理财有限责任公司、施罗德基金管理（中国）有限公司先后获批开业。

法巴农银理财是由农业银行全资子公司农银理财与法国巴黎资产管理控股公司共同设立的合资理财公司，注册资本为 10 亿元人民币。其中，农银理财出资比率为 49%，法巴资管出资比率为 51%。

施罗德基金是知名资管机构施罗德投资在沪设立的外资独资私募基金。这也是施罗德投资继 2022 年与交银理财合资在沪设立外资控股合资理财公司以来，再次在上海设立标志性机构。

至 2023 年末，全国五大行参与设立的外资控股合资理财公司、6 家新设外资独资公募基金全部落户上海，上海外资证券基金期货经营机构数量约占全国一半，上海作为全国金融改革开放排头兵的地位不断巩固提升。上海持牌金融机构总数达 1 771 家，其中外资金融机构占比超 30%。

专栏 3

《关于进一步促进上海股权投资行业高质量发展的若干措施》发布及相关内容

近年来，我国股权投资行业在改革创新中加速前进，行业发展稳健、结构优化、活力迸发，从"量的合理增长"向"质的有效提升"不断迈进，已成为服务实体经济发展、支持科技创新的重要力量。上海高度重视并支持股权投资行业发展，持续加强对股权投资机构的吸引集聚力度。

按照市委、市政府部署要求，为进一步促进上海市股权投资行业高质量发展，市委金融办会同相关部门在对股权投资机构、监管部门、行业协会等广泛调研走访的基础上，研究制订了《关于进一步促进上海股权投资行业高质量发展的若干措施》，并于 2023 年底由市政府办公厅正式印发。2024 年 1 月 10 日，市委金融办会同上海证监局、市发展改革委、市科委等部门召开新闻通气会，对《若干措施》进行解读介绍，新华社、央视新闻、上海证券报、解放日报、第一财经等二十余家新闻媒体现场采访并进行宣传报道，引起市场机构热烈反响。

《若干措施》瞄准行业发展面临的机构设立、资金募集、投资退出、信息共享等痛点难点问题，在深化对股权投资行业运行规律认识的基础上，提出有针对性的政策举措，用系统化的政策举措更好促进资本要素集聚，注入市场活力，推动行业发展。

针对机构设立难问题，《若干措施》围绕股权投资机构设立流程，明确多项办理时限，如对股权投资机构新设（迁入），应在申报材料齐备后 7 个工作日内完成办理流程，对符合条件的股权投资基金管理人新设股权投资基金建立快速通道等，为更多投资机构来沪展业降低门槛、稳定预期。

针对资金募集难问题，《若干措施》围绕培育长期资本、耐心资本，明确做好国家级基金在沪投资服务，加强全国社保基金长三角科技创新专项基金落地服务，做好其他国家级母基金、央企基金等的对接引进。支持保险资金和银行理财资金加大对上海市重点产业和硬科技领域投资。

针对投资退出难问题，《若干措施》着重强调通过提升并购重组退出效率、支持被投企业境内外上市、提升基金份额转让平台功能、推动 S 基金发展、开展实物分配股票试点等多元化方式，为股权投资退出拓宽通道。

针对信息共享难问题，《若干措施》提出市地方金融监管局会同市发展改革委、市经济信息化委、市科委、市财政局、市国资委、上海证监局等建立统筹协调机制，对行业发展中面临的系统性、跨部门等问题给予协调支持。建立完善证监、发改、税务部门间的信息共享机制，做好创投税收优惠政策的精准推送，做到"应享尽享"。

下一步，市委金融办将会同相关部门，按照《若干措施》部署要求，持续细化、优化股权投资"募、投、管、退"全流程、各环节服务，打造投早投小投科技的风向标，驱动更多资本成为长期资本、耐心资本，吸引更多股权投资机构落户上海、长期发展，推动上海国际金融中心和科技创新中心联动发展。

专栏 4

全国社保基金长三角科技创新股权投资基金在沪成立

2023 年 11 月，全国社保基金长三角科技创新股权投资基金（以下简称"长三角专项基金"）在上海落地。全国社保基金理事会理事长刘伟、上海市副市长解冬为长三角专项基金揭牌，上海市政府副秘书长王平主持揭牌仪式。长三角专项基金由全国社保基金出资，首期规模 51 亿元，IDG 资本担任基金管理人，按照市场化、专业化方式投资运营。

长三角专项基金是全国社保基金理事会与上海市合作，落实国家战略部署，推动上海市及长三角地区产业集群培育及创新能力提升的重要举措。该基金立足上海，辐射长三角，将结合国家产业发展政策和长三角地区战略发展方向，重点围绕集成电路、生物医药、人工智能、电子信息、生命健康、新能源汽车、高端装备、先进材料、物联网、大数据、智能制造等重点领域开展投资布局，加快构建现代化产业体系，支持上海建设具有全球影响力的科技创新中心及长三角一体化高质量发展。

长三角专项基金通过市场化方式为科创企业提供长期稳定的权益资金，支持企业创新发展，加快提升科技创新和科技成果转化能力，在服务高水平科技自立自强和建设现代化产业体系中实现保值增值。同时，全国社保基金理事会股权资产部、上海市地方金融管理局、市科委、市发展改革委、市经济信息化委、上海科创办、徐汇区政府、IDG 资本与行业专家等还共同组成长三角专项基金指导委员会，为长三角专项基金提供投资策略、投资方向等的引导，发挥全国社保基金长期资金的优势和作用，推动专项基金优中选优，筛选符合国家战略方向、产业政策导向和经济发展目标的优质、稀缺投资标的开展投资。

全国社保基金理事会表示将继续深入贯彻落实党中央、国务院决策部署，以学习贯彻中央金融工作会议精神为契机，着眼构建一流投资机构，聚焦重大战略、重点领域和薄弱环节,进一步强化在服务实体经济中的配置。持续推进实施《全国社会保障基金理事会实业投资指引》,加大实业投资力度,优化投资布局,积极发挥长期资金优势和市场引领作用,切实以社保基金事业的高质量发展融入加快建设金融强国的大局,为全面建成社会主义现代化强国做出更大贡献。

长期以来上海高度重视股权投资在促进创新资本形成、提高直接融资比重、支持科技创新等方面的重要作用,依托长三角科技创新共同体等机制,支持基金聚焦投资长三角科技创新和高精尖产业,着力形成长期资本支持科技创新的标杆示范。上海作为国家战略集中承载地、金融改革开放的先行先试地,有基础、有条件在股权投资领域当好排头兵和先行者。2023 年底,上海印发《关于进一步促进上海股权投资行业高质量发展的若干措施》将持续细化、优化“募、投、管、退”全流程、各环节政策,打造投早、投小、投硬科技的风向标,驱动更多资本成为长期资本、耐心资本,促进“科技—产业—金融”良性循环。

第二章 上海国际金融中心建设:回顾与展望

第一节 上海国际金融中心建设历史回顾①

自 19 世纪 40 年代开埠后,上海凭借着其优越的地理条件和工商贸易的雄厚基础,金融业发展蒸蒸日上,在 20 世纪 30 年代成为远东国际金融中心,各种金融活动十分活跃。后由于战争及其他因素的冲击,上海金融业发展受到较大影响,国际金融中心地位明显下降。1991 年,邓小平同志到上海浦东视察并指出"上海过去是金融中心,是货币自由兑换的地方,今后也要这样搞。"1992 年,党的十四大报告中正式确立了建设上海国际金融中心的战略目标。

此后,按照党中央确立的战略目标,上海国际金融中心建设自 1992 年起至 2009 年经历了搭建框架的基础建设阶段。2009 年,国务院发布《关于推进上海加快发展现代服务业和先进制造业 建设国际金融中心和国际航运中心的意见》(以下简称《意见》),对上海国际金融中心建设提出了到 2020 年基本建成的阶段性战略目标。2009 年到 2020 年,上海国际金融中心建设进入了全面建设阶段,于 2020 年基本建成了与我国经济实力以及人民币国际地位相适应的国际金融中心,进一步打牢了发展根基。2020 年以来,上海国际金融中心建设进入到能级提升阶段,为到 2035 年建成具有全球影响力的国际金融中心奠定坚实基础。

1. 1992 年至 2009 年:基础建设阶段

从 1992 年至 2009 年,上海在党中央的指导下,确立并持续推进建设国际金融中心的战略目标。1996 年,上海提出到 2010 年为建成国际经济、金融、贸易中心之一奠定基础。2004 年,上海确立"三步走"战略路线,进一步深化和细化建设路径和战略重点。2009 年,国务院进一步明确"到 2020 年基本建成与我国经济实力以及人民币国际地位相适应的国

---

① 上海国际金融中心建设历年大事记请见专栏 5。

际金融中心"的阶段性战略目标。这一时期,建设上海国际金融中心的路径规划、阶段性目标和具体举措逐渐具象化,上海金融市场体系日趋健全,中外资金融机构加速集聚,金融发展环境不断完善,为进一步建设上海国际金融中心打下了坚实基础。

(1)金融市场体系日趋健全,金融市场规模不断扩大

一是金融基础设施逐步建立。自1994年起,中国外汇交易中心暨全国银行间同业拆借中心、上海期货交易所、上海黄金交易所、中国金融期货交易所和银行间市场清算所股份有限公司相继在沪设立,为外汇、货币、期货、黄金、金融期货、债券等金融要素提供了相应的发展保障,进一步促进了金融体系市场化运行水平。

二是金融产品体系不断完善。随着金融基础设施在沪不断设立,金融市场产品和工具不断丰富,先后推出了黄金期货、人民币远期利率协议、人民币外汇掉期交易、上海银行间同业拆放利率(SHIBOR)、锌期货等一批有重要影响的金融产品和工具,提升了上海金融市场交易、定价功能,进一步搭建起我国金融产品体系的框架。

三是金融市场体系基本形成。上海已拥有了包括股票、债券、货币、外汇、商品期货、金融期货与黄金等金融市场在内的较为完备的市场体系。2009年,上海金融市场交易总额(不含外汇市场)累计达到251万亿元。一个初具规模,分工明确的全国性金融市场体系已基本形成,金融市场所带来的集聚效应已初步显现。

(2)金融机构不断发展壮大,机构集聚效应初步显现

这段时期,各类中外金融机构加速集聚上海,形成了以商业银行、证券公司、保险公司、基金管理公司、期货公司、资产管理公司为主体的金融机构体系,集聚效应逐步显现。2005年,中国人民银行上海总部落户浦东新区,形成了宏观调控决策在北京、市场操作管理在上海的格局。同年,荷兰银行控股的荷银金融期货(亚洲)有限公司参股银河期货经纪有限公司获得批准并入驻上海,催生了国内第一家合资期货公司,标志着外资正式进入了中国期货市场。截至2009年末,上海金融机构总数达986家。

(3)金融发展环境持续优化,配套服务功能逐渐完善

这段时期,上海金融发展的法治环境不断优化。2007年,国内首个专业金融仲裁院——上海金融仲裁院正式在沪开业。至此,金融纠纷增加了一个公开、高效、快捷、符合国际通行准则的仲裁解决机制。2009年,《上海市推进国际金融中心建设条例》颁布实施,为上海国际金融中心建设提供了法律框架和政策指导,推动金融法治环境优化,进一步营造了具有国际竞争力的金融发展环境。此外,信用体系和支付体系建设取得重要进展。专业服务体系不断健全,新华08金融信息服务平台落户上海,与金融相关的会计审计、法律服务、资产评估、信用评级、投资咨询、财经资讯、服务外包等专业服务加快发展。

2.2009年至2020年:全面建设阶段

自2009年提出阶段性战略目标以来,上海国际金融中心建设在2009年至2020年迈

入了全面建设,基本建成的阶段。这一时期,上海国际金融中心建设取得重要进展,金融改革创新深入推进,金融对外开放取得突破,金融营商环境不断优化,金融机构集聚效应持续增强,形成了健全、完善、高效的金融市场体系。2020 年,在党中央、国务院的正确领导下,经过多年不懈努力,上海已基本建成了与我国经济实力与人民币国际地位相适应的国际金融中心,如期实现 2009 年提出的战略目标,全球金融中心指数(GFCI)排名全球第3 位,为未来全面提升能级奠定了坚实基础,在新的历史起点开启了新的征程。

（1）金融市场体系不断完善,金融要素市场加快发展

一是金融基础设施建设持续完善。十年来,上海新设上海股权托管交易中心、上海票据交易所、上海保险交易所、中国信托登记公司、跨境银行间支付清算有限责任公司、中央国债登记结算有限责任公司上海总部、城银清算服务有限责任公司、上海国际能源交易中心等金融基础设施机构,进一步拓宽了金融基础设施覆盖范围,多层次的金融基础设施体系已然建立,成为我国金融市场运行的核心支撑。

二是金融产品和工具不断丰富。随着股指期货、股指期权、国债期货、同业存单、黄金ETF、外汇期权、利率期权、原油期货等金融产品和工具不断推出,上海已成为我国金融产品最为丰富的城市之一。伴随着上海金融对外开放的不断推进,丰富的金融产品和工具对外商投资的吸引能级不断提升。

三是金融市场体系全面建立。上海在原有的股票、债券、货币、外汇、商品期货、金融期货与黄金等金融市场的基础上,拓展了区域性股权、票据、信托、保险等金融市场,进一步丰富了金融市场体系维度。截至 2020 年末,上海主要的金融市场规模均位居全球前列,上海证券交易所股票市值位居全球第三位;银行间债券市场规模位居全球第二位;上海黄金交易所场内现货黄金交易量位居全球第一位。截至 2020 年末,上海金融市场交易总额达到 2 274.8 万亿元,较 2010 年末增长近 6 倍。

（2）金融机构主体持续丰富,机构集聚效应不断增强

一是总部型、功能性金融机构不断集聚。在金融机构体系建设上,上海已形成多层级、广覆盖、高能级的金融机构体系,持续吸引总部型、功能性金融机构落户上海,进一步促进金融服务实体经济质效。这段时期,中国银行上海人民币交易业务总部、中国建设银行(上海)中心、中国农业银行上海管理总部、中国保险投资基金、银联国际有限公司等重要金融机构相继落户上海。此外,功能性金融机构发展提速,小额贷款公司、金融租赁公司、融资性担保公司、股权投资、创业投资企业数量不断增加,互联网金融等新兴业态日益丰富。截至 2020 年末,上海持牌金融机构总数达 1 674 家。

二是各类国际金融机构加速落户上海。随着上海金融业高水平对外开放的持续推进,上海已成为外资金融机构的落户首选地,外资法人银行、保险机构、基金管理公司均占内地总数一半左右,成为境内外资金融机构最集中的城市。金砖国家新开发银行、全球清

算对手方协会(CCP12)等一批重要国际金融机构或组织相继落户上海。2017年,全球清算对手方协会正式推出成立以来的第一个清算行业国际标准——CCP12量化披露事务标准,因其落户外滩,业内又称其为"外滩标准",标志着我国更加深入地参与进国际金融规则制定、国际金融治理的进程中。截至2020年末,上海1674家持牌金融机构中,外资金融机构占比近三分之一。

（3）金融开放不断取得突破,国际联通交流持续扩大

一是境内外互联互通取得重要进展。2014年以来,沪港通、债券通"北向通"、人民币合格境外机构投资者(RQFII)境内证券投资、跨境ETF、沪伦通等金融开放举措陆续落地,境内外金融市场"互联互通"取得新突破,境外资金配置境内人民币资产热情显著提升。此外,上海在全国率先推出外资股权投资企业试点(QFLP)和合格境内有限合伙人试点(QDLP),标志着上海在对外开放、改革创新、构建多元金融市场体系上又迈出了坚实一步。

二是金融开放枢纽门户地位进一步加强。2014年,上海创设自由贸易账户体系,探索资本自由流入流出和自由兑换,自贸试验区及临港新片区金融开放创新先行先试作用显著。2020年上海人民币跨境收付金额为146 307.74亿元,占全国人民币跨境收付总额的51.5%,位居全国第一位。此外,"一带一路"金融合作不断扩大。上交所参与收购巴基斯坦证券交易所、孟加拉国达卡证券交易所部分股权,参股哈萨克斯坦阿斯塔纳国际交易所。中国外汇交易中心推动多个"一带一路"沿线国家和地区货币在银行间外汇市场挂牌并开展交易。

（4）金融改革创新深入推进,资金精准支持实体经济

上海作为全国金融创新的"桥头堡",十年来金融创新不断涌现,上海金融中心与科创中心联动效应日益增强,服务实体经济能级不断提升。2019年,上海证券交易所科创板正式开板,充分发挥改革"试验田"作用,逐步成为我国硬科技企业上市首选地。2020年,科创板新上市企业数量145家,募集资金2 226亿元。此外,上海打造国际绿色金融枢纽取得积极进展,国家绿色发展基金在沪设立,多个"首单"绿色金融产品和业务成功落地。普惠金融服务方式更加多元,设立政策性融资担保基金,上线大数据普惠金融应用,推进票据业务创新,不断优化中小微企业信贷奖补政策,支持中小微企业发展。

（5）金融营商环境不断优化,竞争力影响力明显提升

一是金融营商环境持续优化。2012年以来,上海市金融消费纠纷调解中心、中证中小投资者服务中心等陆续成立,金融消费者权益保护工作稳步推进。2018年,上海在全国率先设立金融法院,建立金融侦查、检察、审判专业化机制,审结多个全国首例案件,金融法治建设进一步推进。2020年,上海市人大颁布《上海市优化营商环境条例》《上海市地方金融监督管理条例》,为建设一流营商环境提供法治保障。金融人才高地建设取得积极进

展，深入实施"上海金才工程"，加快金融人才在沪加快聚集。"十三五"期末，上海金融从业人员达 47 万人，年均增幅约 6.1%。

二是竞争力和影响力日渐提升。2014 年，上海黄金交易所国际板正式启动。两年后，以人民币定价的"上海金"正式推出并逐步成为与"伦敦金""纽约金"比肩的全球黄金市场价格基准。此后，"上海价格"范围不断扩容，"上海银""上海油""上海铜"等基准价格在国际金融市场广泛使用，国际影响力日益提升，进一步推进上海成为全球人民币定价中心。

3. 2020 年至今：能级提升阶段

2020 年以来，为进一步提升上海国际金融中心的竞争力和影响力，更好地服务高质量发展，上海国际金融中心建设进入能级提升的战略阶段，为建设金融强国提供重要支撑。这一时期，上海深入贯彻习近平总书记考察上海重要讲话精神和中央金融工作会议精神，坚持中国特色金融发展道路，加强国际金融中心的竞争力和影响力，进一步深化金融改革创新，推动高水平制度型开放，加强金融法治建设，加快推进国际金融中心建设，全面提升金融中心能级，为到 2035 年建成具有全球重要影响力的国际金融中心奠定坚实基础。

（1）金融改革创新持续深化，金融服务质效不断提升

一是金融体系更好服务实体经济。2020 年以来，上海推出普惠金融顾问制度，支持金融机构对企业"精准画像"，不断提升普惠金融服务质效。出台《上海加快打造国际绿色枢纽 服务碳达峰碳中和目标的实施意见》（2021）和《上海市转型金融目录（试行）》（2023），推动上海绿色金融服务平台上线，推出低碳转型债券、低碳转型挂钩债券等创新品种，进一步服务绿色投融资需求，推动上海经济社会全面绿色低碳转型。启动数字人民币试点，率先落地全国首单跨区域数字人民币支付、首单国际原油跨境数字人民币结算业务等创新场景，拓宽数字人民币应用场景。

二是金融与科技联动效应持续增强。2022 年，推动科创板引入做市商制度，推进私募股权和创业投资份额转让试点，基本形成了服务科创企业股权融资的总体框架。2023 年，上海出台建设科创金融改革试验区实施方案及配套措施，完善全方位多层次的科技金融服务体系。此外，推出"沪科专贷""沪科专贴"及科技创新公司债券，缓解科创企业融资难问题。开展知识产权质押贷款风险"前补偿"试点工作，开展科技企业创业责任保险试点、知识产权交易保险等工作，进一步深化科创金融体系改革。

三是金融产品和业务不断创新。上海金融市场推出更多面向国际、具有重要影响力的金融产品和业务。2020 年以来，推出债券通"南向通""大宗商品清算通"、公募基础设施REITs、30 年期国债期货、合成橡胶期货、集运指数（欧线）期货及科创 50ETF 期权等金融创新产品和业务，持续提升服务实体经济能级。启动数字化再保险登记清结算平台全面试点，上线供应链票据平台。截至 2023 年末，上海金融市场交易总额达 3 373.6 万亿元，较2020 年末增长 48.30%。

（2）金融高水平开放不断深化，竞争力和影响力持续提升

一是金融制度型开放持续推进。积极推进自贸试验区及临港新片区金融开放先试先行。创新面向国际的人民币金融产品，扩大境外人民币境内投资金融产品范围，促进人民币资金跨境双向流动。临港新片区开展跨境贸易投资高水平开放试点，推进跨境贸易和投融资便利化。2023年，上海跨境人民币结算量突破20万亿元，在全国结算总量中比重超过43％。同年，再保险"国际板"在临港新片区正式启动，进一步推动我国保险业向国际化迈进。

二是"首家""首批"示范效应明显。自2020年证监会明确取消证券公司、基金管理公司和期货公司外资股比限制以来，全国首家外商独资证券公司——摩根大通证券（中国）有限公司、全国首家外商独资公募基金管理公司——贝莱德基金管理有限公司相继落户上海，带动知名外资金融机构加速入驻。截至2023年末，上海已拥有6家外商独资证券公司或公募基金管理公司，示范效应显著。

三是全球资产管理中心加快建设。2021年，上海出台《关于加快推进上海全球资产管理中心建设的若干意见》，成立上海资产管理协会，稳步推进全球资产管理中心建设，全球资管规模排名前十的资管机构均在沪开展业务，全球资产配置能力不断提升。此外，持续推动国际金融资产交易平台早日获批筹建，稳妥发展跨境金融、离岸金融，提升人民币金融资产配置中心能级。

（3）金融法治建设不断加强，金融风险有效防范化解

一是法治保障建设持续加强。2023年，上海修订《上海市优化营商环境条例》，施行《上海市促进浦东新区融资租赁发展若干规定》《上海市推进国际商事仲裁中心建设条例》，为上海国际金融中心建设提供有力法治保障，全面增强上海营商环境的国际竞争力。

二是风险防控能力切实提高。2021年，《上海市融资担保公司监督管理办法》《上海市融资租赁公司监督管理暂行办法》《上海市小额贷款公司监督管理办法》等行业监管细则相继出台，地方金融监管制度体系不断完善健全。强化市金融稳定协调联席会议机制，平稳处置风险个案，守住不发生区域性系统性金融风险底线，切实维护金融稳定。

第二节　上海与全球主要国际金融中心的比较分析

本章第一节是对上海国际金融中心建设进行时间上的纵向回顾，了解上海国际金融中心的发展脉络和历史方位。本节则是希望通过近年上海国际金融中心在全球的排名情况和2023年全球主要国际金融中心（本文主要指上海、纽约、伦敦、香港、新加坡和东京）金融业统计数据，将上海与其他全球主要金融中心进行横向比较，客观地反映上海国际金

融中心在全球的位置以及相对的优势与差距。

1. 上海与其他全球主要国际金融中心近年 GFCI 排名变化

纽约、伦敦国际金融中心始终领先全球,亚洲金融中心城市竞争日趋激烈。从 2009—2024 年 GFCI[①] 排名可以看出:一是纽约、伦敦稳居世界前 2 位。2009 年以来,纽约和伦敦一直位于全球前 2 位且排名不断交替,近七年纽约连续雄踞榜首;二是新加坡、中国香港竞争激烈。新加坡排名由全球第 4 位曾短暂下降至第 6 位,但近两年取代香港上升至第 3 位,而香港下滑至第 4 位;三是近年东京排名大幅下降。东京的排名由 2020 年高点第 3 位下降至 2023 年低点第 21 位,在最新一期(GFCI35)排在第 19 位。除此之外,从竞争力得分可以看出,位居全球前 10 位的国际金融中心之间差距逐渐减小,说明全球领先国际金融中心城市竞争日趋激烈。

上海国际金融中心竞争力排名存在波动上升的趋势。相比于之前排名的大幅变动(从 GFCI9、GFCI10 第 5 位跌至 GFCI13 第 24 位),2017 年以来,上海国际金融中心已基本稳定在全球前十(见图 2-1)。上海在第 28、29 期(2020 年 9 月、2021 年 3 月)排名上升到历史最高位(第 3 位),曾在 2023 年下降至第 7 位,于最新一期(GFCI35)小幅上升至第 6 位。2021 年以来,上海始终排在东京之前,并曾一度超过香港和新加坡,但与纽约和伦敦相比尚有一定差距。

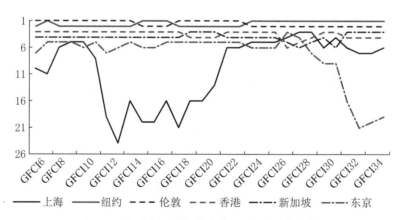

图 2-1　全球主要国际金融中心 GFCI 排名变化

资料来源:《全球金融中心指数》第 6—35 期报告

---

① GFCI 是由英国 Z/Yen 集团和中国(深圳)综合开发研究院联合发布的"全球金融中心指数(The Global Financial Centres Index, GFCI)"报告。该报告对全球一百多个金融中心竞争力和金融科技实力进行评估和排名。对竞争力的评估分为金融从业者的主观评分和客观指标两部分。其中客观指标分为营商环境、人力资本、基础设施、金融业发展水平和声誉五个维度。每个金融中心城市竞争力的综合得分是将该城市的主客观评价结合在一起得到的,报告根据每个城市的综合得分对其进行排名。对金融科技实力的评估是根据金融从业者的主观评分对金融中心城市进行排名。为了表述简洁,本文将第 X 期 GFCI 简称为 GFCIX。

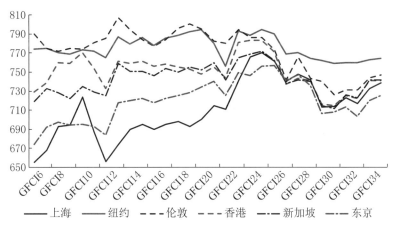

图 2-2　全球主要国际金融中心 GFCI 综合得分变化

资料来源：《全球金融中心指数》第 6—35 期报告

从 GFCI 五个客观指标维度来看，上海表现较好的领域是金融业发展水平。近五年 GFCI 排名显示，除第 33 期（2023 年 3 月）排名第 12 位外，上海其他期排名均在全球前十。上海在营商环境和声誉两个维度排名曾掉出全球前十五，近两期回升至五年内上海在该维度的最高排名。根据 GFCI35，上海在基础设施维度表现不佳，从历史最高排名第 3 位下降至第 14 位；在人力资源维度排名下降至第 11 位。纽约、伦敦、香港和新加坡在五个客观指数排名基本位于上海之前。东京在五个客观指标维度排名均大幅下降，最新一期除声誉仍在全球第 14 位，其他四个维度已掉出前十五名单。

2. 2023 年上海与其他全球主要国际金融中心发展比较

前面对上海及其他全球主要金融中心的 GFCI 历史排名情况进行了简单的梳理。由于 GFCI 方法论中主观因素占较大比重，下面我们希望通过金融业统计数据（详见表 1）客观地比较上海与其他全球主要金融中心的发展现状。

总体情况：中国金融业国际竞争力不强，上海金融业增加值与伦敦相近。从 2023 年金融业进出口数据来看，中国是 GFCI35 排名前 10 位金融中心城市所在国家（或地区）中唯一出现金融服务贸易逆差的国家（或地区）①，且英国、美国、新加坡、瑞士和香港的金融服务贸易净出口规模均排在全球前 10 位。从城市级数据来看，2023 年，上海和伦敦 GDP 和金融业增加值规模相近，约为纽约 GDP 和金融业增加值的一半。伦敦和香港金融业增加值占比超过 20%，有"脱实向虚"趋势；纽约和上海金融业增加值占比相当，约在 17%—

---

①　GFCI 35 金融中心竞争力排名前 10 的城市依次为：纽约、伦敦、新加坡、香港、旧金山、上海、日内瓦、洛杉矶、芝加哥和首尔。

图 2-3　全球主要国际金融中心 GFCI 五个客观指标维度排名变化(GFCI26-35)

资料来源:《全球金融中心指数》第 26—35 期报告

18％；东京该占比相对较低①，不到 10％。

银行：上海银行业机构数量偏低，但资产规模与香港相近，远超纽约、新加坡。从机构数量上看，纽约银行业活跃机构有 197 家，是这些国际金融中心城市中最多的，上海机构数量约是纽约七成。香港和新加坡机构数量大致相同，略低于纽约。从资产规模来看，截至 2023 年底，上海和香港银行业总资产规模相当，约为 3.5 万亿美元，约为东京七成，纽约、新加坡银行业资产规模相比上海较小。

股市：纽交所和上交所股市交投规模领先，纽交所存量规模较大，上交所新增规模较大。从上市公司数量看，截至 2023 年 12 月底，上海证券交易所（以下简称"上交所"）与纽约证券交易所（以下简称"纽交所"）均有 2 200 多家上市公司，香港证券交易所（以下简称"港交所"）稍多，有 2 600 多家；然而纽交所总市值 25.6 万亿美元，约是上交所市值 4 倍，港交所市值 6 倍。从 IPO 融资规模看，2023 年，共有超过 1 900 家公司在上交所上市，IPO 融资额约 270 亿美元，占全球 IPO 融资总额近 20％②，且分别是纽交所该年上市公司新增数量和 IPO 融资额的 18 倍和 2.5 倍。从市场流动性看，2023 年纽交所总成交额为 42.7 万亿美元，约为上交所 3.4 倍。从市场表现来看，上海股市相对较为低迷，2023 年 12 月末，上证综指收于 2 975 点；而纽约和东京股市相对活跃，纽约道琼斯工业平均指数和日经 225 指数分别收于 37 690 点和 33 464 点。

债市：上海债券存量仅次于纽约，但国际化程度与伦敦和新加坡差距较大。债券市场整体规模方面，根据国际清算银行（Bank for International Settlements，BIS）官网数据，截至 2023 年第 4 季度末，美国和中国未偿债券余额分别为世界第一和第二，美国未偿债券余额约为中国 2.5 倍，英国 5 倍。从债券发行结构来看，美国、英国、日本以政府为发行主体的债券占比超过 50％，新加坡则以金融机构为发行主体的债券占比最高（44％）。中国以政府、金融机构为发行主体的债券占比分别为 45％和 35％。2023 年海外投资者持有中国国债的比重为 8％，而美国、英国和日本的比重分别为 30％、18％和 14％。根据 BIS 工作论文③，2022 年第四季度中国本币主权债券市场境外持有者占比约为 4％。

外汇：上海场外外汇日均交易量低于其他领先国际金融中心，约占全球交易量 1.6％；交易量前三货币对依次为美元/人民币、美元/欧元和美元/日元。根据 BIS 数据，2022 年 4 月，上海场外外汇日均交易量 1 527 亿美元，约为纽约 8％、伦敦 4％。其中，纽约和伦敦外汇交易量排名前三货币对均为美元/欧元、美元/日元以及美元/英镑。香港和新加坡交易量排名前三货币对为美元/欧元、美元/日元以及美元/人民币，不同的是，香港交易量最大的货币对是美元/人民币，而新加坡是美元/日元。从人民币外汇交易来看，人民币外汇日

---

① 东京最新数据为 2021 年数据。
② 根据 LSEG 数据估算，2023 年全球 IPO 融资额约为 1 117 亿美元。
③ 该工作论文为 BIS Working Papers No.1099 "Who holds sovereign debt and why it matters"。

均交易额约是所有外汇日均交易额总和的 1/14，香港、伦敦、上海和新加坡依次是全球交易量第一到第四的国际金融中心城市，其中香港和伦敦的人民币外汇交易量总和约是全球交易量的一半。

衍生品：上海场内期权、期货交易量居世界前列；上海以期货交易为主，纽约以期权交易为主；但场外利率衍生品交易量不及其他领先国际金融中心。从场内衍生品交易规模看，根据国际期货业协会 2023 年统计数据，全球期货和期权成交量分别为 291 亿手和 1 082 亿手，中国约占 25.2% 和 2.3%。按照 2023 年全球衍生品交易所期货和期权成交量排名①，我国有三家交易所进入世界前十，分别是郑州商品交易所（第 7 位）、大连商品交易所（第 9 位）和上海期货交易所（第 10 位）。中国金融期货交易所排在第 25 位，共成交 1.68 亿手。按照 2023 年全球衍生品交易（或清算）所持仓量排名，排在第 1 位的是美国期权清算公司，持仓 4.83 亿手；中国（不包括香港地区）排名最靠前的是郑州商品交易所，排在第 13 位；上海期货交易所位于第 17 位，持仓 980 万手；中国金融期货交易所排在第 24 位，持仓 185 万手。从场外衍生品交易来看，根据 2022 年 4 月 BIS 调查数据显示，英国是利率场外衍生品日均交易量最大的国家，占全球交易份额的 45.5%；其次为日本，场外利率衍生品的日均交易量占全球份额 29.3%。中国交易量占比不足 1%，远低于香港、新加坡和日本。

保险：中国总保费仅次于美国，但保险渗透度和保险密度远小于其他全球领先国际金融中心。根据瑞士再保险 Sigma 统计数据，2023 年中国总保费 7 237 亿美元，占全球市场份额 10.1%，仅次于美国（32 267 亿美元）。中国保险密度 508 美元/人，保险渗透度 3.9%；美国保险密度 9 640 美元/人，保险渗透度 11.9%。中国的保险密度和保险渗透度与美国相比还有较大差距，也不如香港、英国、新加坡和日本。从保险构成来看，香港、日本、新加坡和英国寿险保费占总保费比例均超过一半，其中香港占比最高，约 86%；而美国寿险保费仅占其总保费 22%，财险占比更大。

资产管理：上海市场份额与伦敦、东京相当，公司数量与伦敦相当，均远低于纽约。根据智库 Thinking Ahead Institute 统计，2023 年，上海管理着全球约 5% 资产，与伦敦和东京相近，约为纽约资产管理规模的十分之一，香港和新加坡市场全球占比均不到 0.1%。从公司数量来看，根据该智库资产管理规模全球 Top 500 公司榜单，上海和伦敦均有近 40 家公司入榜，约为纽约公司数量的 20%，香港也有 3 家公司入榜。

绿色及可持续金融：上海总体表现居中，不如伦敦、纽约、新加坡，超过香港和东京；GSS 债券发行规模仅次于纽约，其中绿色债券占比超过 95%。在英国 Z/Yen 智库 2023 年 4 月发布的第 13 期全球绿色金融指数（The Global Green Finance Index，GGFI）中，上

---

① 依据金融和商品期货、期权总成交量数据进行排名。

海排名第 28 位，伦敦、纽约、新加坡、香港和东京分别位于第 1、4、5、37 和 41 位。其中，伦敦、纽约和新加坡在可持续性、商业、人力资源和基础设施四个维度均位于全球前 10 位。从 2023 年 GSS(绿色 Green、社会 Social 和可持续 Sustainable)债券发行规模来看，中国 GSS 债券发行量约 870 亿美元，仅次于美国 899 亿美元，超过英国两倍、日本三倍。从债券发行结构来看，GSS 债券发行量中绿色债券占比最大。其中，中国绿色债券发行量占 GSS 债券发行总量的 95.9％，美国社会债券发行量远超其他全球主要金融中心所在国家或地区，日本可持续债券发行量占比相比于其他国家和地区较大。

金融科技：上海总体发展不及纽约和伦敦，超过新加坡、香港和东京，属于消费者/市场拉动模式，产业、消费者体验和生态均位居全球前列。根据《2023 全球金融科技中心城市报告》[①]，上海位于全球第 5 位，纽约、伦敦、新加坡、香港和东京分别位于第 3、4、11 和 13 位。该报告将各金融科技中心城市的发展模式分为三类，纽约和香港是由产业/技术驱动，上海是由消费者/市场拉动，伦敦和东京是由生态/规则推动。从分排名来看，上海在全球金融科技产业位于第 5 位，落后于纽约和伦敦；在全球金融科技消费者体验位于第 3 位，超过其他全球主要金融中心城市；在全球金融科技生态位于第 5 位，落后于伦敦和纽约。

表 1　2023 年全球主要国际金融中心金融业数据

业务领域	参考指标	上海/中国	纽约/美国	伦敦/英国	香港/中国香港	新加坡/新加坡	东京/日本
总体情况	全球金融中心指数第 35 期(GFCI35)排名	6	1	2	4	3	19
	金融服务业贸易进口(国家/十亿美元/2023 年)	21	128	35	10	22	28
	金融服务业贸易出口(国家/十亿美元/2023 年)	11	200	133	28	53	15
	金融服务业贸易顺差(国家/十亿美元/2023 年)	−10	72	98	18	31	−13
	外商直接投资流入量(国家/亿美元/2023 年)	1 633	3 109	−892	1 127	1 596	214
	GDP(国家/万亿美元/2023 年)	126.1	27.4	3.3	0.4	0.5	4.2

---

①　《2023 全球金融科技中心城市报告(Global FinTech Hub Report 2023)》由北京前沿金融监管科技研究院(FIRST)、浙江大学金融科技研究院(浙大 AIF)、浙江大学国际联合商学院(浙大 ZIBS)以及浙江数字金融科技联合会(ZAFT)联合发布。

业务 领域	参考指标	上海/ 中国	纽约/ 美国	伦敦/ 英国	香港/中国 香港	新加坡/ 新加坡	东京/ 日本
总体 情况	GDP （城市/亿美元）	6 701 （2023 年）	16 027 （2023 年）	7 265 （2022 年）	3 821 （2022 年）	5 013 （2023 年）	7 590 （2021 年）
	金融业增加值 （城市/亿美元）	1 227 （2023 年）	2 726 （2023 年）	1 471 （2022 年）	783 （2022 年）	654 （2023 年）	662 （2021 年）
	金融业增加值/GDP（%）	18.3 （2023 年）	17 （2023 年）	20.2 （2022 年）	22.4 （2022 年）	13 （2023 年）	8.7 （2021 年）
银行	银行机构数量 （城市/家/2023 年底）	141	197	/	179	184	111*
	银行总资产 （城市/万亿美元/2023 年底）	3.44	1.17	/	3.48	2.38	5*
股票 （2023 年底）	上市公司市值 （城市/万亿美元）	6.5	25.6	4.5	4.0	0.6	6.1
	上市公司数量 （城市/家）	2 263	2 272	1 836	2 609	632	3 843
	外国上市公司数量 （城市/家）	0	563	269	181	220	6
	当年新增上市公司数量 （城市/家）	1 956	108	23	73	17	96
	股市年交易额 （交易所/万亿美元）	12.5	42.7	1.2	3.3	0.2	6.3
	当年 IPO 融资 （交易所/亿美元）	270	107	13	53	0.04	45
债券 （2023 年 第 4 季度）	债券存量 （国家/万亿美元）	22.91	55.30	5.84	1.11	0.75	11.50
	BIS 国际债券存量 （国家/万亿美元）	0.22	2.44	3.44	0.03	0.26	0.52
保险	总保费 （国家/亿美元/2023 年）	7 237	32 267	3 749	657	432	3 627
	寿险保费 （国家/亿美元/2023 年）	3 904	7 149	2 369	567	300	2 772

（续表）

业务领域	参考指标	上海/中国	纽约/美国	伦敦/英国	香港/中国香港	新加坡/新加坡	东京/日本
保险	保险渗透度（国家/%/2023年）	3.9	11.9	9.7	17.2	9.2	8.9
	保险密度［国家/（美元/人）/2023年］	508	9 640	5 513	8 769	7 799	2 938
外汇	场外日均外汇交易额（国家/亿美元/2022年4月）	1 530	19 120	37 550	6 940	9 290	4 330
衍生品	场内期货交易量（国家/亿手/2023年）	73.4	52.6	10.9	1.5	2.4	3.6
	场内期权交易量（国家/亿手/2023年）	24.5	124.2	1.8	1.8	1.3	0.3
	场外日均利率衍生品本地交易额（国家/亿美元/2022年4月）	126	16 891	26 261	3 211	1 560	507
资产管理	资产管理市场份额（国家/%/2023年）	4.4	55.5	6.0	/	/	4.5
	资产管理规模全球Top500公司数量（国家/2023年）	38	169	36	3	0	21
绿色及可持续金融	全球绿色金融指数第13期（GGFI13）排名	28	4	1	37	5	41
	绿色债券发行量（国家/十亿美元/2023年）	83.5	59.9	32.7	15.6	6.4	15
	社会债券发行量（国家/十亿美元/2023年）	0.5	20.2	0.5	2.5	0.1	2.9
	可持续债券发行量（国家/十亿美元/2023年）	3	9.8	4.2	0	0.1	9.6
	GSS债券发行量（国家/十亿美元/2023年）	87	89.9	37.4	18.1	6.5	27.5

注：1. 表中数据均为截至2023年7月最新公开数据；
　2. 表格中"/"为不可获取数据，带"＊"数据为估算数据；
　3. 2023年英国银行业规模为11.6万亿美元，约有328家银行业机构。
数据来源：数据由上海市金融稳定发展研究中心根据公开数据整理

第三节　上海国际金融中心建设未来展望

如上文所述，改革开放以来，尤其是党的十八大以来，上海国际金融中心建设取得了全方位的巨大成就，基本实现了建成与我国经济实力以及与人民币国际地位相适应的国际金融中心的阶段性战略目标，上海国际金融中心建设正由基本建成向全面提升能级阶段迈进。但是，与其他全球主要国际金融中心相比，上海仍存在差距，主要表现在国际化程度、全球资源配置能力、服务实体经济质量、防范化解金融风险能力等方面。当前，面对纷繁复杂的国际国内形势，面对新一轮科技革命和产业变革，上海国际金融中心建设肩负着新的时代使命。习近平总书记在 2023 年 10 月召开的中央金融工作会议上指出要"增强上海国际金融中心的竞争力和影响力"。2024 年 1 月，在省部级主要领导干部推动金融高质量发展专题研讨班开班式上，习近平总书记进一步深刻阐释了金融强国应当具备的六大关键核心金融要素，其中之一是拥有"强大的国际金融中心"。2024 年 7 月，党的二十届三中全会通过的《中共中央关于进一步全面深化改革　推进中国式现代化的决定》明确指出要"加快建设上海国际金融中心"。上海国际金融中心建设将继续补短板，争创新优势，通过进一步深化金融改革开放、提升服务实体经济质量、强化防范化解金融风险能力、优化金融营商环境等举措，全面提升上海国际金融中心竞争力和影响力，为金融强国建设贡献上海力量。

一是完善金融体系建设，夯实金融高质量发展基础。立足地方事权，配合健全金融市场体系、金融机构体系、金融监管体系、金融产品和服务体系、金融基础设施体系等方面。

二是深化金融改革开放，增强全球资源配置功能。推动多层次资本市场高质量发展，升级"浦江之光"行动，配合深化债券、期货和衍生品、区域性股权等各类市场改革。按照国家统一部署推进人民币国际化，打造全球资产管理中心，深化上海国际再保险中心建设。

三是围绕"五篇大文章"，提高金融服务实体经济质效。坚持金融服务实体经济的根本宗旨，强调金融对国际经济、贸易、航运、科创中心的能级提升支持，并围绕科技金融、绿色金融、普惠金融、养老金融、数字金融"五篇大文章"加大制度供给。

四是强化央地监管协同，提高风险防范化解能力。建立地方金融工作协调机制，加强与中央金融管理部门及其在沪机构的监管合作。依托金融稳定协调联席会议机制，开展常态化风险处置和风险处置评估。建立金融突发事件应急工作体系。推进行业信用信息应用，依法强化守信激励与失信约束。保护金融消费者合法权益。

五是加强金融人才环境建设，优化金融营商环境。打造强大的金融人才队伍，明确制定金融人才发展规划,加快复合型金融人才培养。加强金融信用信息基础数据库建设,推进金融审判、金融检察、金融仲裁机制创新。推进智库建设,发展专业化服务机构,建设国际金融资讯中心。

专栏 5

2023 年全球主要国际金融中心绿色金融发展动态

国际金融 中心城市	具 体 举 措
纽约	7月,美国环境保护署启动两项总额达 200 亿美元的拨款计划,其中 140 亿美元作为"国家清洁投资基金",60 亿美元作为"清洁社区投资加速器"资金。
	9月,美国财政部发布《净零排放融资与投资原则》,为金融机构提供结构化框架,建议金融机构制定明确的过渡计划。
伦敦	4月,英国政府发布更新版绿色金融战略,即《动员绿色投资——2023 年绿色金融战略》。
	英国金融行为监管局于 11 月推出新版《可持续发展披露要求和投资标签》,其中反"漂绿"规则于 2024 年 5 月底开始生效。
香港	5月,香港财政司宣布延长在香港发行的合资格绿色和可持续债务工具资助计划三年至 2027 年,同时扩大资助范围至转型债券及贷款。
	6月,香港绿色科技及金融发展委员会成立。
新加坡	4月,新加坡金融管理局发放 1500 万新币可持续债券与贷款资助金,并将原绿色与可持续相关贷款资助延长至 2028 年,将保险相关保证金资助延长至 2025 年。
	4月,新加坡金融管理局和中国人民银行成立中国—新加坡绿色金融产业工作小组,中新两国共同开展绿色分类法、产品工具与科技合作。
	4月,新加坡金融管理局在原计划基础上提出净零金融行动计划,推动新加坡社会发展从"绿色"向"净零"迈进,将转型金融纳入范畴,推动气候信息披露,建设适应气候变化的金融业和可信的转型计划,并提出转型解决方案。
东京	从4月份开始分阶段实施碳定价计划。该计划将碳排放交易和碳排放税结合,旨在鼓励企业减少排放,并到 2050 年实现碳中和的目标。
	日本政府6月在内阁会议上决议修订《氢能基本战略》。作为日本碳减排计划的一部分,政府决定使用更多氢气作为燃料计划,并承诺公共部门和私营部门将提供 15 万亿日元(1 076.7 亿美元)资金,在未来 15 年内建立与完善氢能相关供应链。
	东京证券交易所 10 月宣布,交易二氧化碳排放量的"碳信用市场"正式开始运营。

专栏 6

2023 年全球主要国际金融中心金融科技发展动态

国际金融中心城市	具 体 举 措
纽约	3 月,美国货币监理署(OCC)宣布成立金融科技办公室。
	8 月,美国联邦储备委员会公布"新型活动监管项目"。"新型活动"包括向非银机构提供银行服务以及加密资产、分布式记账和"区块链"技术相关活动。
	7 月 20 日,美联储宣布推出 FedNow 系统,旨在能够快速、全天候地进行账单支付、企业转账等。
	美国消费者金融保护局于 10 月提出一项新的个人金融数据权利规则,该规则保障消费者控制其财务相关数据,防止公司滥用。
伦敦	2 月 7 日,英国央行与财政部发布央行数字货币咨询文件和技术文件,旨在探索数字英镑的高级设计。
	2 月,英国政府设立的"金融、创新和技术中心"在英国北部城市利兹正式启动,并获得英国财政部与伦敦金融城公司 550 万英镑资金支持。
	3 月 23 日,苏格兰金融科技公司获得英国政府资金支持,计划与行业合作伙伴以及斯特拉斯克莱德大学和格拉斯哥大学合作,创建金融监管创新实验室。
	3 月 29 日,英国政府发布人工智能监管白皮书(《促进创新的人工智能监管方法》)。
	英国议会于 4 月 26 日公布《数字市场、竞争和消费者法案》。该法案涵盖消费者保护、数字市场和竞争 3 个重点领域。
	6 月,英国金融监管局发布有关加密资产营销的新规则。根据新规则,从 2023 年 10 月 8 日起,英国加密资产营销方需要为首次投资者引入 24 小时冷静期。
	英国财政部于 7 月首次就数字证券沙盒进行咨询,12 月推出国家金融监管机构新规则,并将于 2024 年秋季开放第一批申请。数字证券沙盒允许公司使用分布式账本技术等创新数字资产技术,开展证券托管、结算等服务以及运营交易场所。
香港	5 月,香港金融管理局开启数码港元 e-HKD 先导计划,探索诸如在线支付、代币化房地产资产、忠诚度计划和 NFT 交易等创新用例。
	6 月 1 日,虚拟资产服务提供商许可制度正式生效,散户投资者得以进入持牌虚拟资产交易平台。
	6 月,香港金融管理局在推动银行与银行间开放应用程序界面(OpenAPI)的发展已进入最后阶段,相关平台建设大致完成,并正与银行进行测试。
	12 月 4 日,与泰国央行合作推出 FPS x PromptPay QR 支付服务,利用手机扫描二维码以进行付款。

（续表）

国际金融中心城市	具 体 举 措
新加坡	2月新加坡金融管理局和印度中央银行推出 PayNow-UPI,连接新加坡的无现金支付平台 PayNow 和印度的统一支付接口(Unified Payments Interface,简称 UPI)。
	3月,新加坡金融管理局和马来西亚国家银行共同启动两国跨境支付联动,使客户能通过扫描新加坡星网电子付款公司和马来西亚付款网络公司进行零售支付。
	6月,新加坡金融管理局发布白皮书以规定使用数字货币(如央行数字货币、代币化银行存款以及分布式账本上的稳定币)相关标准,包括目的绑定货币从发行到赎回生命周期的技术规范,以及与数字货币接口的协议等。
	7月,新加坡金融管理局与柬埔寨国家银行签署谅解备忘录,旨在建立支持性数字基础设施,优化新加坡和柬埔寨金融机构之间信息交流,促进新加坡和柬埔寨中小企业之间贸易和跨境相关金融服务。
	8月7日,新加坡金融监管局宣布将在三年内投入高达1.5亿新元用于新的金融部门技术和创新计划(FSTI 3.0)。FSTI 3.0旨在通过支持涉及使用尖端技术或跨区域的项目来促进创新,继续支持人工智能和数据分析、监管科技等关键领域的能力开发和应用。
	8月15日,新加坡金融管理局宣布了新稳定币监管框架的特点,旨在确保该币价值具有高度稳定性。该监管框架将适用于在新加坡发行的与新加坡元或任何 G10 货币挂钩的单币种稳定币。
	9月,国际清算银行创新中心以及法国、新加坡和瑞士央行已成功完成 Mariana 项目。该项目测试了金融机构之间批发央行数字货币的跨境交易和结算,在公共区块链上使用去中心化金融技术概念。
	10月,新加坡金融管理局宣布与日本金融厅、瑞士金融市场监管局和英国金融行为监管局合作,推进固定收益、外汇、资产管理产品等数字资产试点工作。
	12月,新加坡金融管理局宣布和中国人民银行正式开展试点,让中国和新加坡旅客在两国旅游时能够使用中国数字人民币(e-CNY)进行支付。
东京	4月,日本央行启动零售央行数字货币的试点项目。
	6月,《货币结算法》修正案允许银行、信托公司等金融机构发行稳定币。

专栏 7

上海国际金融中心建设历年大事记

时　间	事　件
1992 年 10 月	中国共产党第十四次全国代表大会召开并正式确立了建设上海国际金融中心的战略目标
1994 年 2 月	中国外汇交易中心获批设立
1999 年 2 月	上海期货交易所获批设立
2002 年 10 月	上海黄金交易所正式运行
2004 年 2 月	上海市推出《推进上海国际金融中心建设行动纲要》并提出建设上海国际金融中心的"三步走"战略
2005 年 8 月	中国人民银行上海总部正式成立
2005 年 12 月	荷银金融期货（亚洲）有限公司参股银河期货经纪有限公司获得批准
2006 年 4 月	中国外汇交易中心推出人民币外汇掉期业务
2006 年 9 月	中国金融期货交易所挂牌成立
2007 年 1 月	上海银行间同业拆放利率（SHIBOR）正式运行
2007 年 3 月	锌期货在上海期货交易所上市
2007 年 6 月	综合金融信息服务系统"新华 08"投入市场试运行
2007 年 9 月	中国人民银行推出远期利率协议业务
2007 年 12 月	上海金融仲裁院正式成立
2008 年 1 月	黄金期货在上海期货交易所上市
2009 年 4 月	国务院发布《关于推进上海加快发展现代服务业和先进制造业 建设国际金融中心和国际航运中心的意见》并明确"到 2020 年基本建成与我国经济实力以及人民币国际地位相适应的国际金融中心"的阶段性战略目标
2009 年 8 月	上海出台《上海市推进国际金融中心建设条例》
2009 年 11 月	银行间市场清算所股份有限公司成立
2010 年 4 月	沪深 300 股指期货在中国金融期货交易所上市
2010 年 7 月	上海股权托管交易中心揭牌成立
	上海黄金交易所和上海证券交易所联合推出黄金 ETF 并上市交易
2011 年 1 月	上海启动合格境外有限合伙人（QFLP）试点政策
2011 年 4 月	银行间外汇市场正式开展人民币对外汇期权交易

（续表）

时　间	事　件
2011 年 12 月	人民币合格境外机构投资者(RQFII)业务正式运作
2012 年 3 月	中国银行上海人民币交易业务总部成立
2012 年 4 月	上海启动合格境内有限合伙人(QDLP)试点政策
2012 年 12 月	银联国际有限公司正式成立
2013 年 9 月	5 年期国债期货在中国金融期货交易所上市交易
2013 年 11 月	上海国际能源交易中心挂牌成立
2013 年 12 月	同业存单业务正式推出
2014 年 6 月	上海自贸区自由贸易账户落地设立
2014 年 9 月	上海国际黄金交易中心有限公司成立,黄金交易所国际板正式启动
2014 年 11 月	中国农业银行上海管理部正式成立
	沪港通正式启动
2014 年 12 月	上海市金融消费纠纷调解中心揭牌成立
	中证中小投资者服务中心揭牌成立
2015 年 2 月	上海证券交易所推出上证 50ETF 期权
2015 年 5 月	中国建设银行(上海)中心正式设立
2015 年 6 月	中国保险投资基金正式设立
2015 年 7 月	跨境银行间支付清算有限责任公司正式成立
	金砖国家新开发银行正式开业
2016 年 5 月	"上海金才工程"全面启动
2016 年 6 月	上海保险交易所正式开业
	全球中央对手方协会(CCP12)法人实体在上海注册
2016 年 12 月	上海票据交易所、中国信托登记有限责任公司正式开业
2017 年 7 月	债券通"北向通"正式上线
2017 年 12 月	中央国债登记结算有限责任公司正式设立上海总部
2018 年 3 月	原油期货在上海国际能源交易中心正式挂牌交易
2018 年 8 月	上海金融法院挂牌成立
2018 年 12 月	城银清算服务有限责任公司正式成立
2019 年 6 月	沪伦通正式启动

（续表）

时　间	事　件
2019 年 7 月	上海证券交易所科创板正式开市
2020 年 3 月	全国银行间同业拆借中心正式推出利率期权业务
	摩根大通证券(中国)有限公司正式开业
2020 年 4 月	上海市人大常委会发布《上海市优化营商环境条例》
	上海市人大常委会发布《上海市地方金融监督管理条例》
	上海票据交易所正式推出供应链票据平台
2020 年 7 月	国家绿色发展基金揭牌运营
2021 年 4 月	大宗商品清算通正式启动
	《上海市融资担保公司监督管理办法》正式印发
2021 年 5 月	《关于加快推进上海全球资产管理中心建设的若干意见》正式出台
2021 年 6 月	首批 9 个基础设施 REITs 试点项目挂牌上市
	贝莱德基金管理有限公司获批开业
2021 年 7 月	全国碳排放权交易市场开市
2021 年 8 月	上海市印发《上海国际金融中心建设"十四五"规划》
	《上海市融资租赁公司监督管理暂行办法》正式印发
2021 年 9 月	债券通"南向通"正式启动
	《上海市小额贷款公司监督管理办法》正式发布
2021 年 10 月	《上海加快打造国际绿色金融枢纽服务碳达峰碳中和目标的实施意见》正式发布
	数字化再保险登记清结算平台正式发布
2022 年 1 月	临港新片区开展跨境贸易投资高水平开放试点正式启动
2022 年 5 月	上海证券交易所正式推出科技创新公司债券
2022 年 6 月	上海证券交易所推出低碳转型公司债券和低碳转型挂钩公司债券
2022 年 9 月	上海普惠金融顾问制度正式启动
	上海资产管理协会正式成立
	上海股权托管交易中心私募股权和创业投资份额转让试点正式启动
2023 年 4 月	30 年期国债期货在中国金融期货交易所上市交易
2023 年 5 月	科创 50ETF 期权正式上市
2023 年 6 月	上海再保险"国际板"正式启动

（续表）

时　间	事　　件
2023 年 7 月	中国人民银行上海总部推出"沪科专贷""沪科专贴"两个专项工具
	合成橡胶期货合约在上海期货交易所挂牌交易
	《上海市促进浦东新区融资租赁发展若干规定》正式出台
2023 年 8 月	集运指数（欧线）期货在上海国际能源交易中心挂盘交易
2023 年 9 月	上海正式印发《建设科创金融改革试验区实施方案》
2023 年 11 月	《上海市推进国际商事仲裁中心建设条例》正式颁布
2023 年 12 月	《上海市转型金融目录（试行）》正式出台

市场篇

第三章　信贷市场

第一节　市场运行情况

2023 年,中国人民银行上海总部按照总行部署,稳健的货币政策精准有力,适时落实逆周期调节,统筹把握总量与结构、数量与价格、内部与外部均衡,有效防控金融风险,持续深化金融改革和开放,切实改进金融服务,不断巩固稳中向好的基础,有效支撑了实体经济高质量发展。

1. 各项存款增速放缓,各项贷款平稳增长

2023 年,上海本外币各项存款余额为 204 429.3 亿元,同比增长 6.3%,同比低 3.1个百分点,比同期全国存款增速低 3.3 个百分点。其中,中外资金融机构人民币和外币存款余额分别为 193 594.3 亿元和 1 529.8 亿美元,同比分别增长 7.1% 和下降 8.7%,

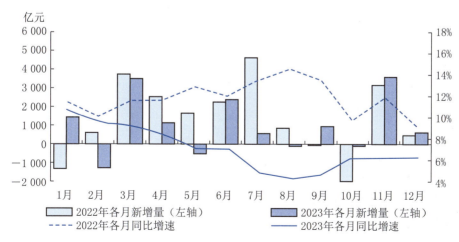

图 3-1　金融机构本外币存款增长

数据来源:中国人民银行上海总部。

增速分别较上年下降 3.2 个和上升 2.4 个百分点。从增量看,全市本外币各项存款比年初增加 12 444.8 亿元,同比少增 4 083.4 亿元。分币种看,人民币各项存款增加 13 275.2 亿元,同比少增 3 599.4 亿元;外币各项存款减少 145.2 亿美元,同比少减 63.9 亿美元。

2023 年,上海本外币各项贷款余额为 111 766.7 亿元,同比增长 7.3%,同比低 0.1 个百分点,比同期全国贷款增速低 2.8 个百分点。其中,中外资金融机构人民币和外币贷款余额分别为 105 906.6 亿元和 827.4 亿美元,同比分别增长 8.6% 和下降 13.3%,增速分别较上年下降 0.7 个和上升 8.4 个百分点。从增量看,本外币贷款累计增加 7 557.4 亿元,同比多增 167.9 亿元。分币种看,人民币各项贷款增加 8 343.6 亿元,同比少增 171.5 亿元;外币各项贷款减少 126.9 亿美元,同比少减 137.8 亿美元。

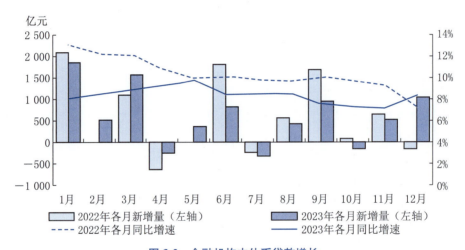

图 3-2　金融机构本外币贷款增长

数据来源:中国人民银行上海总部。

2. 结构性货币政策工具功能充分发挥,对重点领域和薄弱环节的支持持续加强

2023 年,人民银行上海总部累计发放支农支小再贷款再贴现资金超 2 121 亿元,同比增长 38.2%,再贴现额度居全国首位,支小再贷款额度居全国前 10。通过普惠小微贷款支持工具提供激励资金近 8.2 亿元,带动上海地方法人银行新增普惠小微贷款超 454 亿元。上海总部牵头上海九部门联合召开科创金融服务能力提升专项行动大会,发布 20 条措施,加大力度支持科技型企业融资;推动创建"上海科创金融联盟",打造上海金融支持科技创新生态圈;创新推出科创专项再贷款再贴现"沪科专贷""沪科专贴",精准支持小微、民营类科创企业。至 12 月,"沪科专贷"累计发放专项再贷款 112.7 亿元,惠及科创企业 1 800 余家,支持百余户科创企业首次获得贷款;"沪科专贴"累计发放专项再贴现 217.8 亿元,惠及科创企业 3 000 余家。

普惠小微、民营企业、科创领域贷款实现较快增长。2023年,上海普惠小微贷款余额同比增长22.9％,民营企业贷款余额同比增长10.6％,制造业中长期贷款余额同比增长32.2％,均高于各项贷款增速。专精特新中小企业贷款、高新技术企业贷款、科技型中小企业贷款余额同比分别增长20.8％、20.5％、37.1％,其中专精特新小巨人企业贷款余额同比增长29.8％。保障房开发贷款较快增长。2023年末,保障性住房开发贷款余额增长21.9％,同比上升18.9个百分点;比年初增加234.9亿元,同比多增145.6亿元。

3. 企业贷款增速企稳,住户贷款增长放缓

2023年末,上海企业贷款余额同比增长9.3％,增速比上年末上升0.5个百分点;比年初增加6 273.9亿元,同比多增545.6亿元。企业贷款增速企稳回升,主要与稳增长政策持续发力有关。分期限看,全年企业中长期贷款增加5 438.4亿元,同比多增1 959.5亿元;短期贷款增加785.0亿元,同比少增181.0亿元。分贷款品种看,固定资产贷款增速和票据融资增量明显回升。全年企业经营贷款和固定资产贷款分别增加3 452.63亿元和2 239.89亿元,同比分别多增290.05亿元和1 352.92亿元。

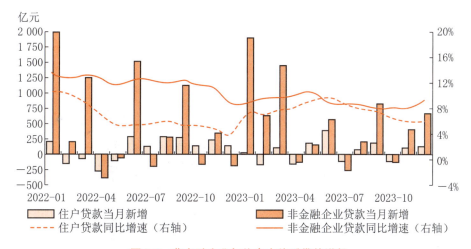

图 3-3 非金融企业与住户本外币贷款增长

数据来源:中国人民银行上海总部。

2023年,住户贷款余额同比增长2.3％,比上年低1.8个百分点。受提前还款和消费疲弱的影响,住户贷款增长不及预期。从增量看,线下消费和出行消费推动短期消费贷款持续修复,全年住户短期消费贷款增加420亿元,同比多增170亿元;个体工商户和小微企业主的生产经营资金需求增加,年末住户经营贷款余额同比增长22.9％。

第二节　市场运行主要特点

1. 融资成本持续回落，融资贵问题持续缓解

市场资金面总体宽松，银行间融资成本持续回落。但受万亿元国债发行影响，2023年银行间拆借及回购利率阶段性上升。2023年12月，银行间市场同业拆借及质押式债券回购月加权平均利率为1.780 1%和1.904 7%，分别较上年12月上升52.4个和49.5个基点。

不同品种贷款利率同步下行。2023年12月，上海人民币贷款加权平均利率为3.05%，较上年12月下降64个基点。其中，一般贷款平均利率为3.69%，较上年12月下降33个基点；票据融资平均利率为1.32%，较上年12月下降37个基点。

2. 社会融资规模同比微降，本外币贷款稳步增长，间接融资占比上升

2023年，上海社会融资规模为7 410.6亿元，同比少增1 431.7亿元。其中，人民币与外汇贷款合计增加6 944.5亿元，同比多增330.0亿元，合计占比93.7%，较上年同期上升18.9个百分点。信托贷款减少444.1亿元，同比少减962.0亿元，未贴现的银行承兑汇票增加540.6亿元，同比多增100.0亿元，委托贷款减少717.9亿元，同比多减645.8亿元。

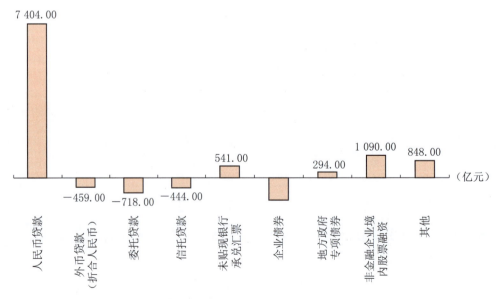

图3-4　社会融资规模结构（2023年）

数据来源：中国人民银行上海总部。

在直接融资方面,地方政府专项债融资回落。2023 年,政府债券融资 293.8 亿元,同比少增 899.5 亿元,占社融规模的 4.0%,同比下降 9.5 个百分点。股票融资占比依旧维持高位。2023 年,上海非金融企业境内股票融资 1 090.5 亿元,同比少增 19.9 亿元,占社融规模的 14.7%,同比上升 2.2 个百分点。受债券市场大幅波动影响,企业债券取消发行较多,2023 年企业债券融资减少 1 145.1 亿元,同比多减 1 497.3 亿元。

3. 流动性状况较为平稳,信贷资产质量基本稳定

贷存比和备付率水平微降。由于年初以来存款增速略高于贷款增速,全年贷存比小幅下降。12 月,上海中资商业银行人民币贷存比为 50.6%,比上年同期上升 1.1 个百分点;外资金融机构人民币贷存比为 62.0%,比上年同期上升 2.6 个百分点。12 月,上海中资商业银行人民币备付率为 1.25%,比上年同期小幅下降 0.17 个百分点。

2023 年,上海金融机构贷款不良率略微下降,信贷风险基本可控。随着更多的逾期 90 天以上贷款纳入不良贷款,上海不良贷款额较上年末上升。12 月,上海金融机构不良贷款余额 1 062.5 亿元,比上年同期增长 242.9 亿元;不良贷款率为 0.95%,比上年同期上升 0.16 个百分点,同时继续明显低于全国 1.59% 的水平。12 月,在沪法人银行拨备覆盖率为 317.2%,较上年同期下降 20.0 个百分点,显著高于全国同期水平 205.1%。综合来看,上海商业银行的资产质量基本稳定。

专栏 8

上海科创金融联盟

为贯彻国务院办公厅《加大力度支持科技型企业融资行动方案》文件精神,落实人民银行等八部委关于上海市等五城市建设科创金融改革试验区总体方案,丰富健全上海科技金融生态,整合政府、银行、证券、保险、股权投资机构等资源,促进辖内科技、产业、金融良性循环和协调发展,人民银行上海总部牵头,会同上海市科委、金融监管总局上海监管局、上海证监局、上海市地方金融监督管理局、市发改委、市经信委、市财政局、市知识产权局指导成立上海科创金融联盟。上海科创金融联盟涵盖近 100 家主要银行、证券、保险和股权投资机构作为创始会员单位,以服务培育初创期、成长期科创企业为主导,汇聚各方力量,形成优势互补,深化"政、银、投、担"合作,为上海辖内科创企业提供全生命周期的多元化接力式金融服务。

1. 联盟架构

联盟的性质是助力科技创新发展的非法人协作机制,制定《上海科创金融联盟章

程》。联盟由理事长单位、常务理事单位、理事单位和联盟会员组成，设置联盟秘书处。理事长单位由银行、证券、保险等大型机构轮值担任，负责召集联盟理事会、会员大会，指导联盟秘书处推动联盟日常工作。理事长单位每届任职1年。联盟实行邀请会员制，初期会员由各理事单位推荐入会。后续新会员由理事单位推荐，并经联盟秘书处审核通过。

2023年11月10日，首届上海科创金融联盟首届理事会召开，表决联盟章程、联盟理事长单位、常务理事单位、理事单位和联盟秘书长等。首届理事长单位为工商银行上海市分行。

2. 主要做法

上海科创金融联盟积极发挥科技金融桥梁纽带作用，加强科技企业信息共享和业务合作，提供综合科技金融服务。

（1）成立专项研究小组。上海科创金融联盟成立金企对接、投贷联动、产品创新、政策研究、标准制定等5个专委会。每个专委会由2家单位负责牵头，成员单位3家以上，各司其职，结合各单位实际分头推进相关领域工作。

（2）加强信息互通和资源共享。联盟秘书处已编发《上海科创金融联盟动态》8期，及时分享联盟成员工作进展和创新做法，并寄送上海市有关部门。

（3）探索开展金融产品和服务创新。积极开展股贷债保联动合作，稳妥审慎开展科技金融创新，开展科技企业员工持股计划和股权激励贷款试点。有效发挥股权投资在科技企业投早投小的作用，落实市政府办公厅《关于进一步促进上海股权投资行业高质量发展的若干措施》，开展私募股权创投基金向投资者实物分配股票试点。

（4）开展科技金融系列宣传。上海科创金融联盟各单位加强协作，及时开展线上线下多种形式的推广宣传，开展联盟进园区进企业活动，提高科技企业的知晓度。

3. 工作成效

（1）发布《上海金融助力新质生产力发展三年行动计划》。根据行动计划，3年内，上海科创金融联盟成员将通过股权、贷款、债券、保险等累计投放2万亿元以上，并通过探索综合金融服务创新模式、用好多层次资本市场功能、优化科技金融服务环境、加强跨境金融创新、畅通各类沟通渠道等5个方面16条举措，为科技型企业提供全生命周期的一站式综合金融服务，深入推动上海国际金融中心与国际科技创新中心联动发展，促进上海新质生产力加快发展。

（2）发布"新动力贷"担保专项方案。该产品由上海科创金融联盟配合市融资担保中心创设，对符合条件的中小企业提供最高不超过2000万元的信用担保额度，对大型民营企业提供最高不超过1亿元的信用担保额度，担保期限最长3年，担保基金累计代偿比率提高至5%,将更好利用人民银行的科技创新和技术改造再贷款、支小再贷款和"沪科专贷""沪科专贴"等政策工具,为科技型企业提供低成本资金支持。

(3)开展银企集中签约活动。联合上海市委统战部和上海市工商联举办金融支持民营经济高质量发展大会暨"政会银企"工作推进会。会上,10家商业银行与20家民营企业现场签署授信协议。在沪银行持续加大信贷资源投入,参加此次活动的10家商业银行近期已对50家民营企业审批授信1400多亿元,现场参加签约的20家企业在新能源、集成电路、交通物流、生物医药等重点领域均有重大投资。上海科创金融联盟5家代表机构与5家民营科技企业签署合作协议,相关企业获得贷款+股权、贷款+信托等跨机构融资对接。

(4)金融产品和服务创新取得突破。科技企业员工持股计划和股权激励贷款试点,目前已向科技企业的员工提供近1亿元的持股计划融资贷款。首批4单认股权登记项目已在上海股交中心认股权综合服务试点平台成功落地,建设银行、工商银行上海市分行等一批金融机构参与首批认股权登记。首单实物分配股票试点也已落地上海。

第四章　银行间货币市场和债券市场

2023 年,银行间市场流动性合理充裕,货币和债券市场保持平稳运行,交易规模持续扩大。货币市场利率稳中有升,总体围绕政策利率波动,交易期限结构继续呈现短期化趋势;现券交易保持活跃,对外开放稳步推进,市场高质量发展和服务实体经济质效不断提升。

第一节　市场运行特点

1. 货币市场利率中枢较上年略有上升,全市场与存款类机构间利差扩大

2023 年,银行间市场流动性合理充裕,DR001、DR007 加权均值分别为 1.57%、1.97%,较上年分别上升 14 个和 12 个基点。年末,DR001 收于 1.65%、较上年末下降 38 个基点;DR007 收于 1.91%,较上年末下降 45 个基点。全年 DR007 围绕同期限 OMO 利率上下波动。1 月、2 月、3 月、8 月和 10 月的 DR007 波动较大,波幅在 55—100 个基点,其他月份的波幅均在 50 个基点以下。DR007 月度均值在 1.80%—2.11%区间内波动运行,7 月波动下行至年度低点,之后波动上行。

市场通常用全市场加权利率(R)与存款类机构间加权利率(DR)之间的利差来衡量非银行机构流动性,一定程度反映了非银行金融机构与银行融资成本之间的差异。2023 年,R 与 DR 之间利差有所上升。7 天质押式回购利率 R007 和 DR007 之间利差中枢[①]为 19 个基点,同比上升 6 个基点;隔夜质押式回购利率 R001 和 DR001 之间利差中枢为 12 个基点,同比上升 4 个基点。R 与 DR 利差较 2022 年上升,说明存款类金融机构和非银类机构的融资成本差异有所扩大。

---

① 取全年每日利差的中位数(median)。

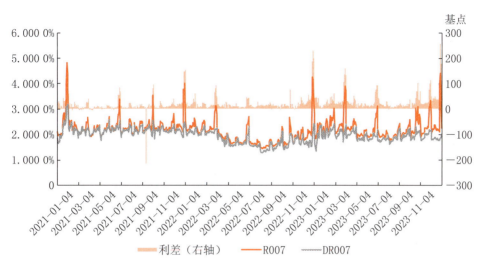

图 4-1　2021—2023 年 R 与 DR 之间利差水平

资料来源：中国外汇交易中心。

2. 债券市场收益率曲线大幅平坦化下行，信用利差收窄

2023 年，资金面先紧后松再收紧，宽信用政策发力，经济修复强预期与弱现实博弈，债市延续慢牛行情，短端收益率呈 V 形走势，长端收益率呈 M 形走势，收益率曲线大幅平坦化下行。2023 年，国债 1、3、5、7、10 和 30 年期到期收益率分别为 2.08%、2.29%、2.4%、2.53%、2.56% 和 2.83%，较上年分别下降 2、11、24、29、28、37 个基点。2023 年，10 年期国债曲线最低值 2.540 3%、最高值 2.934 1%，波动幅度约 39 个基点，较上年上升 6 个基点。信用债收益率全线大幅下行，信用利差显著收窄，等级利差收窄。

具体来看，年初（1—2 月）处于疫后恢复初期，国内经济快速修复，"宽信用"预期升温，资金利率中枢上行，10 年期国债收益率上行至年内高点（2.93%）后小幅回落，1 年期国债收益率持续上行；3 月初两会定调全年目标偏谨慎，政策强度不及预期，3 月下旬降准落地、4 月存款利率下调、6 月和 8 月两次降息落地，资金面较为宽松，叠加经济修复动能放缓，债券收益率趋势性下行，10 年期国债收益率 8 月下行至年内低点（2.54%），1 年期国债收益率最大下行超 100 个基点；9 月一线城市陆续跟进"认房不认贷""存量房贷利率调整"等地产政策，10 月特殊再融资债券密集发行以及万亿元国债增发消息落地，"宽信用"及供给扰动推动 10 年期国债收益率低位反弹至 2.71%，而资金面趋紧推动存单和 1 年期国债收益率加速上行超过年初高点；11—12 月，资金紧张情绪缓和，存单利率冲高回落，存款利率再度下调带动降息预期升温，收益率震荡后快速下行，10 年期国债收于 2.555%。

3. 成交规模明显增长,境外机构成交活跃

2023 年,银行间人民币货币市场成交 1 817.2 万亿元,同比增长 19.5%。其中,信用拆借成交 143.0 万亿元,同比下降 2.6%;质押式回购成交 1 668.8 万亿元,同比增长 21.4%;买断式回购成交 5.4 万亿元,同比下降 2.7%。从融资结构看,大型商业银行、政策性银行和股份制商业银行分列资金净融出规模前 3 位,分别净融出资金 727.4 万亿元、148.1 万亿元和 58.0 万亿元;基金、证券公司和基金公司的特定客户资产管理业务位列资金净融入额前 3 位,分别净融入 282.0 万亿元、270.5 万亿元和 100.4 万亿元。

2023 年,银行间债券市场成交 334.8 万亿元,同比增长 16.5%,其中债券借贷成交 27.5 万亿元。现券成交 307.3 万亿元,分券种看,政策性金融债、国债和同业存单成交最为活跃,分别成交 109.5 万亿元、69.8 万亿元和 63.3 万亿元,分别占 35.6%、22.7% 和 20.6%;从待偿期来看,现券成交主要在 1 年期以下(包括 1 年)和 7—10 年期(包括 10 年),分别成交 106.7 万亿元和 95.5 万亿元,占全部现券交易的 34.7% 和 31.1%。

2023 年,境外机构在银行间现券市场共成交 15.3 万亿元,同比增长 14.8%,占现券市场全部交易的 2.5%;境外机构全年在现券市场累计净买入 1.5 万亿元,较上年(182.7 亿元)大幅增加。2023 年,境外机构在银行间债券市场的托管余额为 3.7 万亿元,占我国银行间债券市场托管余额的 2.7%。

第二节　市　场　建　设

1. 优化买断式回购品种,接轨国际市场交易惯例

2023 年 10 月起,外汇交易中心与后台托管机构全面支持买断式回购多券交易品种。这是在买断式回购市场框架基础上创新推出的回购类型,可支持单笔交易使用一只或多只回购债券,且回购期间逆回购方应将收到的回购债券票息(如有)在次一营业日结束前支付给正回购方。该品种与境外主流回购模式更为接近,是国际经验在我国实践的重要创新,有助于提升回购债券的流通使用。

2. 绿色金融体系建设持续发力

2023 年 7 月,外汇交易中心联合中国金融学会绿色金融专业委员会(绿金委)发布首批次中欧《可持续金融共同分类目录》的中国存量绿色债券清单,此后每月发布一次。同时,外汇交易中心发布 CFETS 共同分类目录绿色债券指数。年内,首支绿债指数基金"招商 CFETS 银行间绿色债券指数基金"发行成立。至 2023 年 12 月 31 日,经专家组认证的银行间市场发行的符合中欧《共同分类目录》的中国存量绿色债券共 259 只,其

中219只在存续期。至2023年末,银行间绿色债券成交近1.5万亿元;CFETS绿债指数达到9只。

3. 推出债券组合交易业务(债券篮子)

外汇交易中心推出债券组合交易机制,支持创设机构向境内外投资者提供一篮子债券的一站式报价交易服务,有效提升资产配置及策略执行效率,着力解决部分个券流动性不足、交易困难的问题,助力境外机构多元化配置中国债券。2023年,共有35家做市商及活跃交易商发布87只债券篮子,其中包括14只挂钩指数的篮子及73只自定策略的篮子,共达成649笔、806.4亿元篮子成交,共有115家境内外投资者参与。债券利差交易共成交14 250组、成交债券总量达4 887.1亿元,成交覆盖跨品种、跨期限、新老券三大类策略的83个产品。

4. 扩大金融债线上发行覆盖范围,引入报价发行机制

2023年以来,外汇交易中心进一步加强推广金融债券线上发行业务,并首推报价发行机制,进一步提升金融债发行效率和透明度。全年,外汇交易中心为73家发行人提供金融债券线上化发行服务,支持金融债券发行130只,合计10 449亿元,同比增长146%,占当年金融债发行总量的36%。发行人与债券类型进一步丰富,发行人新增保险公司、消费金融公司、境外金融机构等类型,债券类型新增熊猫债、保险公司资本补充债、保险公司永续债、金融租赁公司小微债和消费金融公司金融债等。创新金融债发行方式,支持机构完成首批金融债券报价发行,发行量共计430亿元,银行、券商、基金、资产管理人等各类投资人直接参与投资,有效提升了金融债券发行的市场化程度和发行效率,促进一、二级市场联动。

5. 推动做市业务层次化发展

外汇交易中心继续发挥组织报价职能,不断优化报价分层体系。头部8家优质做市商充分发挥报价、客户、系统优势,对利率债和信用债的重点券最优价差分别在0.01 BP、5 BP以内。针对具有明显区域特色的做市商,推出区域做市制度,探索信用债承销做市一体化协同,支持区域做市商与政府、发行人、投资人的协同联动,充分发挥当地影响力优势、信息优势及客户优势。2023年启动湖南地区试点,将逐步扩大试点区域。

第三节　市场发展展望

2024年,在稳健的货币政策灵活适度、精准有效,保持社会融资规模、货币供应量同经济增长和价格水平预期目标相匹配的背景下,我国银行体系流动性将保持合理充裕,银行

间货币和债券市场有望继续平稳健康发展。

1. 优化业务品种,完善交易生态

一是继续坚持新发展理念,助力金融强国建设,以用户为中心,继续探索优化债券组合交易、跨品种交易等业务品种,为市场机构提供更多投资交易和风险管理工具。二是继续探索金融数字化智能化,构建以本币系统为核心、以 iDeal 为外延的智能交易生态。

2. 进一步加强对重点领域的支持,提升服务实体经济质效

中央金融工作会议提出要促进债券市场高质量发展。2024 年,我国债券市场将继续坚持新发展理念,强化对国家重大战略、科技创新、绿色低碳、民营和小微企业的支持,继续推进绿色金融发展,推动共同目录债券及指数的运用,扩大区域做市试点,促进区域协调发展,提升服务实体经济质效。

3. 更加注重保障市场运行安全,更好统筹安全和效率

银行间市场将不断扩展系统的风险管理服务范畴,拓展交易接口、交易机器人等的运用,夯实交易前中后端的风险管理。

专栏 9

互换通启航,衍生品市场开放更进一步

2023 年 5 月 5 日,中国人民银行、香港证券及期货事务监察委员会、香港金融管理局发布"互换通"业务联合公告,宣布 5 月 15 日正式推出"互换通"业务。"互换通"在坚持现行银行间衍生品市场发展道路的基础上,充分借鉴债券市场对外开放的成熟经验和整体框架,在不改变交易习惯、有效遵从两地市场法律法规的前提下,便捷地完成人民币利率互换交易和集中清算,降低境内外投资者参与难度与复杂度,更好满足境外投资者对利率风险的管理需求。

上线以来,境内外市场机构积极开展交易,市场反应热烈。至 2023 年末,共有 51 家境外机构入市参与、20 家境内互换通报价商为境外机构提供报价,累计成交名义本金近 1 万亿元。投资者类型多样,包括境外央行、境外商业银行、境外证券公司和境外基金等。交易标的品种丰富,参考利率包括 FR007、Shibor3M、ShiborO/N,期限覆盖 1 个月至 5 年期,主要交易标的参考利率为 FR007、期限在 1 年及以内。

随着境外投资者对人民币利率风险管理的需求持续增加,交易中心将继续与其他金融基础设施通力合作,持续提升"立足国内、服务全球"的基础设施服务水平,持续优

化"互换通"交易清算安排,新增以国际货币市场结算日为支付周期的互换合约(即IMM合约),支持历史起息、远起息,推出单一合约压缩服务,丰富、畅通"互换通"渠道,提升境外投资者参与便利度,扎实推进银行间衍生品市场高质量发展、高水平开放。

专栏 10

债券篮子/组合交易机制开启债市交易 2.0 时代

为满足投资者一篮子债券配置和交易需求,提升债券市场流动性,推动债券市场更高水平对外开放,交易中心探索推出了债券组合交易服务,包括多只债券组合的篮子交易和两只债券的反向利差交易,为市场参与者提供跟踪指数和开展策略交易的标准化组合交易工具,进一步促进境外机构多元化配置中国债券、有效提升资管机构大规模批量交易的效率。债券组合交易机制将投顾和交易结合起来,做市商以此为载体建立与投资者的长期交易生态,为金融市场的投融资两端架起桥梁,推动银行间市场首次从单券交易的 1.0 时代走向组合交易的 2.0 时代,并创新性地发挥做市商的骨干金融机构作用,优化地方债及信用债定价,服务全国及区域实体经济发展。

至 2023 年末,共有 35 家做市商及活跃交易商发布 87 只债券篮子,其中包括 14 只挂钩指数的篮子及 73 只自定策略的篮子,共达成 649 笔、806.4 亿元篮子成交,共有 115 家境内外投资者参与。债券利差交易共成交 14 250 组、成交债券 4 887.1 亿元,成交覆盖跨品种、跨期限、新老券三大类策略的 83 个产品。

第五章　银行间外汇市场

2023年,在复杂多变的国内外环境下,银行间外汇市场①保持平稳有效运行:人民币汇率在合理均衡水平上保持基本稳定,汇率预期总体平稳;流动性水平较上年有所上升;外币利率市场流动性整体紧张,市场结构保持稳定;对外开放继续稳步扩大,境外机构交易活跃度不断提升。

第一节　市场运行基本情况

1. 人民币汇率在合理均衡水平上保持基本稳定

2023年,受外需不足、地缘政治冲突加剧、美国利率维持高位等因素影响,人民币对美元汇率先升后贬,年末企稳回升,收于7.092 0,较上年末贬值1.98%。中国人民银行和外汇管理局适时上调跨境融资宏观审慎调节参数,下调外汇存款准备金率,强化预期引导,调节外汇市场供求,保持人民币对一篮子货币基本稳定。CFETS、BIS和SDR货币篮子指数贬值幅度相对较小,均在7月创下年内低点,此后至第三季度末有所回升,第四季度再次走低。2023年末,CFETS、BIS和SDR货币篮子指数分别收于97.42、102.42和93.23,分别较上年末下降1.3%、1.2%和3.0%。人民币汇率在全球主要货币中表现相对稳健。

2. 银行间外汇市场成交量实现增长,外币对成交增速较快

2023年,银行间外汇市场累计成交41.64万亿美元,折合人民币294.7万亿元,同比增长7.9%,较上年7.2%的降幅有明显回升。其中,人民币外汇市场累计成交30.57万亿美

---

① 目前包括人民币外汇市场、外币对市场以及外币利率市场等三个子市场。人民币外汇市场和外币对市场均有即期、远期、掉期、货币掉期以及期权等5个交易品种。外币利率市场包括外币拆借、外币回购、外币同业存款等3个货币市场品种与外币利率互换。

元,日均同比增长 6.4%;外币对市场累计成交 1.80 万亿美元,日均同比增长 18.9%,在全市场中增速较快;外币利率市场累计成交 9.26 万亿美元,日均同比下降 10.5%,主要由于美联储收紧货币政策、境内美元利率相对境外偏高等因素抑制流动性。

3. 境外机构交易活跃

2023 年,境外机构在银行间人民币外汇市场的交易活跃度和市场占比持续上升。境外机构全年累计成交 1.5 万亿美元,日均 61.2 亿美元,同比增长 31.3%;境外机构交易量占 2.4%,同比上升 0.5 个百分点,首次突破 2% 关口。分交易品种看,即期和掉期交易是增量的主要来源,日均成交量分别为 10.4 亿美元和 48.1 亿美元,同比分别上升 25.7% 和 34.9%,分别占 16.9% 和 78.6%。分机构类型看,参加行和清算行交易量显著增长,日均成交 35.9 亿美元和 10.7 亿美元,同比增幅均超四成。

第二节　市场运行特点

1. 人民币汇率双向波动

2023 年,人民币汇率弹性较强,双向波动成为常态,能在外部冲击发生时较短时间内恢复均衡,发挥了宏观经济和国际收支自动稳定器功能。全年人民币对美元汇率收盘价年化波动率为 4.9%,较上年下降 1.5 个百分点,仍处于 2015 年汇改以来第二高位。全年日均振幅为 269.9 个基点,较上年下降 30.3 个基点。

2. 境内外汇差总体平稳

2023 年末,离岸人民币对美元汇率收于 7.124 8,较上年末贬值 2.86%。全年在岸、离岸人民币汇率整体走势较为一致,离岸基本维持在岸贬值方向,日均境内外汇差(CNY-CNH)为 −73 BP。年内境内外汇差显著低于历史水平,反映出对离岸人民币市场流动性的调节措施成效显著,市场贬值预期相对较低。

3. 境内美元流动性年中阶段性紧张

2023 年 1 月至 7 月,受美联储加息影响,SOFR 利率整体单边走升,从年初的 4.3% 上升至 5.3%;8 月起美联储暂停加息,SOFR 维持在 5.3%—5.4% 区间震荡,境内美元隔夜拆借利率与 SOFR 利率走势基本保持一致。境内外美元利差方面,全年大部分时间境内外隔夜美元利差(境内—境外,下同)为正,市场流动性整体较紧。其中,1 月至 2 月上旬,利差维持负方向,在 −2 至 0 个基点区间波动,年初市场流动性较为充裕;2 月中旬至年末,利差转为正方向,流动性整体紧张。年中,境内美元流动性出现阶段性高度紧张。5 月至 6 月,伴随人民币连续贬值,利差攀升至 20 个基点附近,6 月下旬升至年内新高 23 个基点;7 月以后随着人民币汇率趋稳,利差大幅收窄,逐步回落至 6 个基点的较低水平。

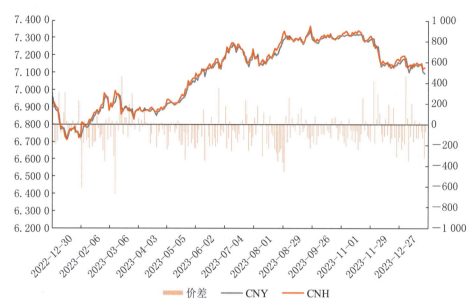

图 5-1　2023 年在岸、离岸人民币对美元即期汇率走势

资料来源:中国外汇交易中心、路透资讯。

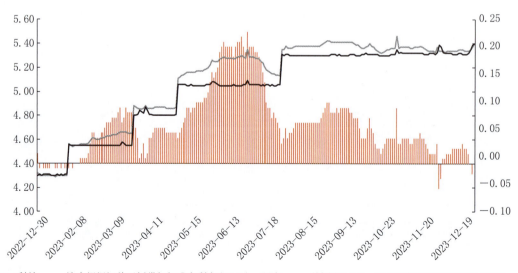

图 5-2　境内美元隔夜拆借利率及境内外利差

数据来源:外汇交易中心。

第三节　市　场　建　设

1. 延长银行间外汇市场交易时间

自 2023 年 1 月 3 日起,银行间人民币外汇市场交易时间从北京时间 23:30 延长至次日 3:00,覆盖亚洲、欧洲和北美市场更多交易时段。延长交易时间有助于拓展境内外汇市场深度和广度,促进在岸和离岸外汇市场协调发展。

2. 拓展银企平台服务范围

6 月 12 日起,银企平台全面开放互联网终端访问,有效降低机构接入成本,银企参与机构范围不断扩展。8 月以来,银企平台进一步完善服务功能,陆续推出询价双人复核、银行回价有效时间设置、交易短信提醒、定向意向报价行情、回价点差设置等功能,适应对客市场需求,切实加强外汇市场服务实体经济能力。

3. 推进继续减免带路货币对手续费

为落实金融服务实体经济,外汇交易中心于 7 月 21 日发布《关于继续暂免部分直接交易货币对交易手续费的通知》,继续暂免人民币对新加坡元、卢布、马来西亚林吉特、新西兰元、南非兰特、沙特里亚尔、阿联酋迪拉姆、波兰兹罗提、匈牙利福林、土耳其里拉、韩元和泰铢十二个直接交易货币对竞价和询价交易手续费,助力共建"一带一路"高质量发展。

4. 推出外汇掉期回测仿真交易平台服务

为提升银行间外汇市场自动化交易水平,回测及仿真平台在即期产品基础上新增掉期产品,支持参与机构进行外汇掉期策略回测验证及调优,通过掉期交易接口接入仿真交易平台开展模拟交易,满足会员外汇掉期程序化交易策略研究和技术储备要求。

5. 推出外币对中央对手清算业务

外汇交易中心与银行间市场清算所股份有限公司合作推出外币对交易中央对手清算业务,为在外汇交易中心平台达成的外币对询价和撮合交易提供中央对手方清算服务,扩大外币对交易集中清算范围,有助于防范清算风险,进一步提高清算效率,上线首月已有二十余家机构参与业务。

第四节　市场发展展望

未来,银行间外汇市场将继续大力创新,持续推进平台、产品、功能和机制建设,优化市场服务体系,强化市场监测机制。在持续推动对外开放的背景下保障境内外汇市场平稳运行,促进市场高质量协同发展。

1. 进一步丰富境内外汇市场汇率避险工具,持续加强外汇市场服务实体经济能力

进一步丰富境内汇率避险工具,完善衍生品产品序列及功能,有序推进人民币外汇期货试点准备工作。持续推进研究更多货币挂牌与机制优化,满足市场会员多元化交易需求。持续探索完善银企平台安全性与便利性,提高市场透明度和规范性,提升银企平台市场影响力。

2. 推进外汇对外开放和自贸区服务,提升跨境外汇服务能力

推进外汇市场高水平对外开放和跨境外汇服务能力提升,探索自贸区外汇交易创新,深化银行间"一带一路"国家货币交易发展,提高跨境人民币结算便利化,服务好"走出去"和"一带一路"建设,扎实推进人民币国际化。

3. 加快外汇市场业务创新

加快推进外币对市场引入国际外汇交易平台流动性落地,丰富境内外币对流动性来源,促进形成"双循环"新发展格局。拓展外币回购抵押品业务范围及结算方式,满足不同参与机构的交易需求,提升机构外币资产负债管理效率,深化外币货币市场建设。

专栏 11

延长银行间外汇市场交易时间　提升外汇市场对外开放水平

为扩大金融高水平开放,稳慎扎实推进人民币国际化,在人民银行和外汇局的指导下,外汇交易中心于 2023 年将人民币外汇市场、外币对市场和外币货币市场交易时间延长至次日凌晨 3:00。此次交易时间的延长,对外汇市场的发展具有重要意义。

首先,切实提升境外机构投资中国市场的便利性。延长交易时间前,银行间外汇市场交易时间为每日 7:30 至 23:30,覆盖亚洲和欧洲等地区的日常交易时段以及北美上午的交易时段,但与美元、欧元等支持全球 24 小时连续交易的货币相比仍有一定差距。此次将交易时间延长至次日凌晨 3:00,交易时间覆盖北美下午交易时段,可有效满足全球不同时区会员机构的外汇交易需求。

其次,进一步提升了人民币可自由使用程度。近年来,随着不断的改革创新、扩大开放,我国外汇市场稳健运行的基础持续夯实,国际竞争力和影响力不断提升,人民币于 2016 年 10 月加入 SDR 货币篮子,正式成为国际官方储备货币。2022 年,国际货币基金组织完成 5 年一次的 SDR 定值审查,人民币在 SDR 篮子的权重由 10.92% 上调

至12.28%。在延长外汇市场交易时间等相关措施保障下,人民币可自由使用程度进一步提升。

第三,促进在岸与离岸市场的协调发展。国际清算银行(BIS)调查显示,近三年来人民币外汇交易在全球市场的份额由4.3%增长至7%,排名由第8上升至第5,成为市场份额上升速度最快的货币,显示离岸主体更多参与人民币资金汇兑和风险管理。延长在岸市场交易时间与离岸市场接轨,有助于拓展境内外汇市场深度和广度,促进在岸和离岸市场形成良性循环、协调发展。

第六章 黄 金 市 场

第一节　市场运行情况

1. 交易情况

2023 年,上海黄金交易所在保障市场稳健运行的基础上,交易规模稳中有增、经营效益稳中向好,总交易额 19.53 万亿元。主要交易方式上,竞价业务成交额 4.72 万亿元,询价业务成交额 14.19 万亿元,定价成交额 6 177.38 亿元。交易品种上,黄金成交额 18.57 万亿元,成交量 4.15 万吨;白银成交额 9 418.43 亿元,成交量 17.06 万吨;铂金成交额 171.18 亿元,成交量 77.34 吨。上海黄金交易所国际板(以下简称国际板)成交额 2.52 万亿元,其中,黄金成交额 2.31 万亿元,成交量 5 219.41 吨;白银成交额 0.21 万亿元,成交量 38 434.95 吨。

2. 市场运行结构

(1) 黄金价格震荡上行

2023 年,伦敦黄金现货价格于 12 月 4 日创 2 146.79 美元/盎司历史新高。上海黄金交易所 Au(T＋D)合约全年开盘价 411.49 元/克,最高 485.00 元/克,收盘价 479.91 元/克,较上年末上涨 17.19％。白银 Ag(T＋D)合约全年开盘价 5 351 元/千克,收盘价 5 973 元/千克,较上年末上涨 11.92％。铂金 Pt99.95 合约全年开盘价 249.00 元/克,收盘价 237.32 元/克,较上年末下跌 3.34％。

(2) 询价交易规模稳步上扬

2023 年,竞价成交额 4.72 万亿元,占市场 24.18％。询价成交额 14.19 万亿元,同比增长 27.71％,市场占比 72.66％。定价成交额 6 177.38 亿元,占市场 3.16％。

(3) 黄金 ETF 业务运行稳健

2023 年黄金 ETF 业务运行稳健。黄金 ETF 全年成交额 3 155.58 亿元,成交量 726.83 吨。

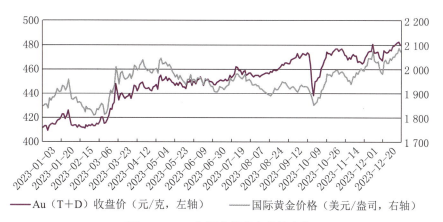

图 6-1　2023 年国内外黄金价格走势

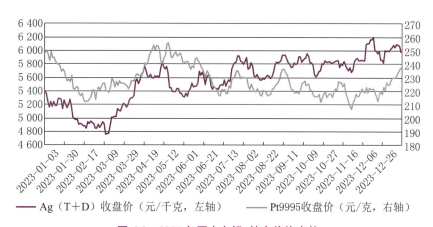

图 6-2　2023 年国内白银、铂金价格走势

数据来源：上海黄金交易所。

（4）国际会员规模持续增加

2023 年新招募国际会员 8 家至年末有国际会员 103 家，国际客户 73 家，覆盖商业银行、投资机构、券商、精炼企业、贸易公司等多种类型。

第二节　市　场　建　设

1. 制定业务发展规划

在深入调研市场参与主体、金融基础设施，统筹研判外部形势和自身情况的基础上，编制完成并实施《上海黄金交易所业务发展规划(2023—2025)》,确定上海黄金交易所工作的指导思想、基本原则、战略导向、主要目标,明确未来发展方向,突出重点工作,推动各项业务进入高质量发展新阶段。

2. 健全市场交易机制

优化做市商市场服务功能,推出 Au(T+D)、沪纽金合约做市项目,调整银行间黄金询价做市商。调降 Au(T+D)、mAu(T+D)合约短线开仓手续费,实施会员扶持手续费减免,增强市场流动性。深入商业银行、证券公司、资管机构等调研,研究推动新资金入市,丰富市场生态体系。

3. 完善清算交割功能

积极配合中国人民银行大额支付系统升级改造,参与人民银行大额资金集中存放管理试点。持续提升交割服务水平,加强指定仓库和精炼企业管理,强化进口黄金质量管理,做好黄金 ETF 产品服务和租借业务日常管理,定期发布黄金租借基准费率。

4. 将人民币 NRA 账户纳入国际板结算账户体系

2023 年 10 月,上海黄金交易所将人民币 NRA 账户纳入国际板结算体系,成为首家同时兼容 FT 账户与 NRA 账户双结算体系的国际金融资产交易平台。新结算体系进一步拓展资金划付渠道,更好发挥 FT 账户本外币一体化金融服务功能、NRA 账户地域普适性优势,增强离岸市场清结算服务能力,提升基础设施国际化水平。

5. 持续强化风险管控体系

制定《上海黄金交易所风险分级管理规定》,开展重点风险模拟演练,夯实风险管控基础。密切关注市场变动,适时开展压力测试,测算调整市场参数,及时发布风险提示,强化异常交易监控处置,做好日常风险防控。深入分析研判市场风险信息,根据市场变化开展多轮压力测试,做好场内业务重点环节风险监测。

第三节   2024 年第一季度业务运行情况

2024 年第一季度,上海黄金交易所全部黄金品种累计成交量 1.53 万吨,同比增长 32.29%,成交额 7.49 万亿元,同比增长 54.73%。上海黄金交易所 Au9999 合约 3 月末收盘价 527.54 元/克,较年初开盘价上涨 9.72%。白银成交量 3.52 万吨,同比下降 28.35%,白银成交额 2 135.24 亿元,同比下降 14.20%,铂金成交量 14.36 吨,同比下降 6.86%,铂金成交额 30.92 亿元,同比下降 8.68%。

专栏 12

人民币 NRA 账户落地黄金国际板

为更好满足市场需求,提升投资贸易便利化水平,上海黄金交易所将人民币境外机构境内银行结算账户(NRA 账户)纳入黄金国际板结算体系,成为首家同时兼容自由贸易账户(FT 账户)与 NRA 账户双结算体系的国际化金融资产交易平台。新体系下,机构既可使用 FT 账户,也可使用 NRA 账户开展黄金国际板交易结算,资金划付渠道进一步拓展。

人民币 NRA 账户具有地域普适性、资金划转便捷性等特点。NRA 账户结算体系落地国际板标志着上海黄金交易所在离岸市场清结算服务能力进一步增强,基础设施国际化水平进一步提升,有助于更好整合市场资源,创造更多市场机遇。

下一步,上海黄金交易所将持续做好系统优化、市场服务等工作,推进人民币 NRA 账户和 FT 账户体系的兼容应用,不断完善国际板基础设施,深化跨境产业和金融合作,持续增强国际板市场资源配置能力和国际化水平。

第七章　票　据　市　场

2023年，票据市场各类主体主动作为、靠前发力，通过加强系统建设、推动产品运用以及深化风险防控等，有力推动票据市场高质量发展迈上新台阶，并在支持宏观经济回升向好、促进产业链供应链有效运转、助力实体企业降本增效等方面发挥了积极作用。

第一节　市场运行情况

1. 票据承兑和背书业务情况

（1）承兑额同比增长，余额较上年末略有下降。2023年，全市场票据承兑额31.3万亿元，同比增长14.5%。其中银票承兑27.1万亿元，同比增长17.3%；商票承兑3.6万亿元，增长3.6%；财票承兑0.7万亿元，下降17.3%。受疫情后市场形势变化等因素影响，第一、第二季度承兑额同比分别下降15.7%和7.7%；经过市场的逐步调整和不断适应，第三、第

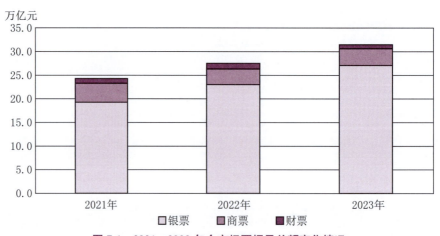

图 7-1　2021—2023 年全市场票据承兑额变化情况

四季度分别增长 36.4％和 47.1％。2023 年全市场票据承兑余额 18.6 万亿元,较上年下降 2.7％。年末社融口径票据承兑余额占社会融资规模存量比重为 4.1％,较上年末下降 0.4 个百分点。

（2）不同类型机构承兑额增速有所分化。2023 年,股份制银行承兑额为 11.6 万亿元,同比增长 11.1％;国有银行和城商行承兑额分别为 6.9 万亿元和 6.8 万亿元,分别增长 31.2％和 16.4％;农村金融机构承兑额为 1.4 万亿元,增长 19.9％。

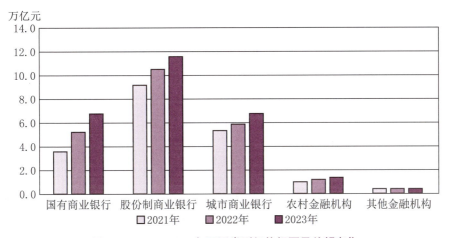

图 7-2　2021—2023 年不同类型机构银票承兑额变化

（3）背书额总体增长,平均背书流转次数基本持平。2023 年,全市场票据背书额 62.7 万亿元,同比增长 7.0％。其中银票背书 59.4 万亿元,同比增长 7.9％;商票背书 2.0 万亿元,增长 2.0％;财票背书 1.3 万亿元,下降 18.1％。第一、第二季度背书额同比分别下降

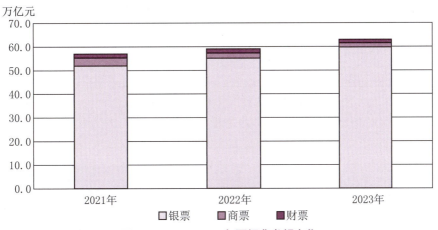

图 7-3　2021—2023 年票据背书额变化

10.7%和7.4%,第三、第四季度则分别增长16.2%和31.0%。2023年全市场平均背书流转次数为5.5次,较上年基本持平。

2. 票据贴现业务情况

(1)贴现规模同比增长,年内走势先降后升。2023年全市场票据贴现额23.8万亿元,同比增长22.4%。其中银票贴现21.7万亿元,同比增长22.3%;商票贴现1.8万亿元,增长37.5%;财票贴现0.4万亿元,下降17.1%。第一、第二季度贴现额同比分别下降18.7%和7.0%,第三、第四季度则分别增长51.4%和69.4%。2023年全市场票据贴现(未结清)余额13.3万亿元,较上年增长2.1%。全年票据融资余额占企(事)业单位人民币贷款余额的8.5%,较上年下降0.9个百分点。

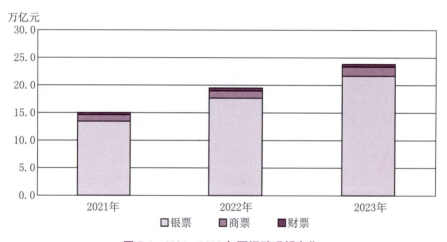

图7-4　2021—2023年票据贴现额变化

(2)贴现业务总体活跃。股份制银行和国有银行贴现额分别为8.6万亿元和7.5万亿元,同比分别增长17.3%和29.1%;城商行和农村金融机构贴现额分别为5.2万亿元和2.0万亿元,分别增长18.9%和53.7%;财务公司贴现额为0.4万亿元,下降27.8%。(见图7-5)

3. 票据转贴现和回购业务情况

(1)转贴现交易总体保持较快增长,年内走势同样先降后升。2023年,全市场转贴现交易额73.4万亿元,同比增长26.1%。其中银票转贴现额64.9万亿元,同比增长24.1%;商票转贴现7.7万亿元,增长48.1%;财票转贴现0.8万亿元,增长14.2%。第一季度转贴现额同比下降13.0%,第二季度基本持平,第三、第四季度则分别增长52.7%和74.8%。剔除内部交易,农村金融机构和国有银行转贴现额同比分别增长23.2%和20.5%,城商行和股份制银行分别增长16.8%和14.0%,证券公司则下降20.4%。农村金融机构和国有银行是主要净买入方,股份制银行和城商行是主要净卖出方。(见图7-6、图7-7)

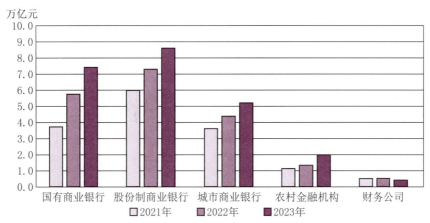

图 7-5 2021—2023 年不同类型机构票据贴现额变化

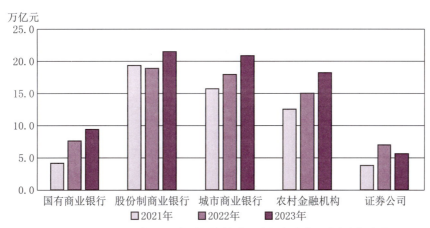

图 7-6 2021—2023 年不同类型机构转贴现交易额变化（剔除内部交易）

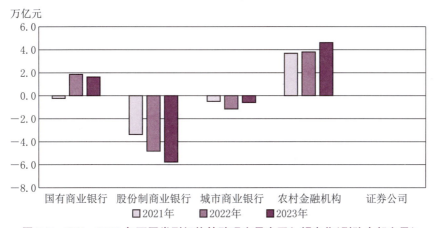

图 7-7 2021—2023 年不同类型机构转贴现交易净买入额变化（剔除内部交易）

（2）回购交易同比增长，年内走势先升后降。2023年，全市场票据回购交易额31.5万亿元，同比增长5.3％。其中，质押式回购交易额29.7万亿元，同比增长7.1％；买断式回购额1.8万亿元，下降17.5％。第一、第二季度回购交易额同比分别增长15.0％和19.1％，第三、第四季度回购额分别下降3.2％和7.8％。股份制银行回购交易额同比增长19.0％，国有银行和证券公司均增长11.8％，农村金融机构增长3.3％，城商行则下降3.8％。国有银行是主要资金融出方，城商行、证券公司和农村金融机构是主要资金融入方。

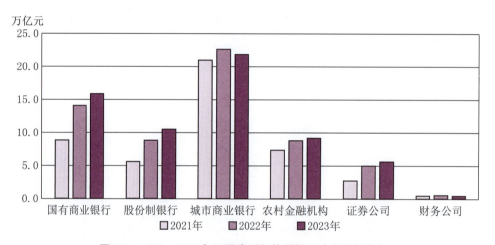

图7-8　2021—2023年不同类型机构票据回购交易额变化

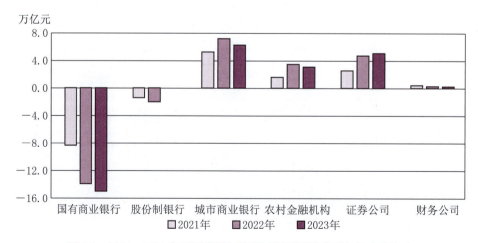

图7-9　2021—2023年不同类型机构通过票据回购净融入资金额变化

第二节 市场运行主要特点

1. 落实政策要求、深化系统建设，票据市场服务实体经济功能进一步提升

一是在落实票据管理新规方面，上海票据交易所（以下简称票交所）作为市场基础设施，围绕票据类别、最长期限等对票据业务系统的相关参数、统计指标等进行调整，深入推进信息披露、持续强化信用约束和风险防控等；市场机构配合做好相应的业务规则、流程调整及面向客户的宣传解释等，有力支持新办法各项要求落到实处、取得实效。二是在深化系统建设方面，票交所和市场机构统筹资源、加强联动，通过持续优化新系统功能、拓展新系统应用以及稳步推进 ECDS 业务迁移等，推动新系统的市场覆盖面有效拓展、业务渗透率稳步提升。至 2023 年末，新系统参与者覆盖面接近 100％，业务量占比也有显著提升。总体来看，随着票据新规平稳落地以及系统建设深入推进，票据的市场定位更加明确、服务功能更趋完善、供求对接更有效率，能够更好满足实体企业和市场机构多样化、全链条的业务需求，有利于充分发挥票据服务中小微企业作用，并在增强供应链产业链韧性、支持重点领域和薄弱环节、促进经济高质量发展的过程中发挥更大作用。

2. 锚定目标导向、强化资源保障，票据市场服务实体经济作用进一步增强

在票据定位更加明确、服务功能更趋完善、资源保障持续有力的情况下，票据市场对实体经济特别是中小微企业、基础科研等领域的支持力度持续加大，在支持宏观经济回升向好、推动企业降本增效等方面发挥了积极作用。一是实体企业用票保持平稳增长。2023 年全市场企业用票金额达 117.9 万亿元，同比增长 11.8％；用票企业家数达 319.1 万家，增长 3.6％。二是票据支持重点领域、薄弱环节扎实有力。2023 年全市场中小微企业用票额 87.2 万元，占 74.0％；中小微用票企业家数 312.8 万家，占 98.0％。科学研究和技术服务业，信息传输、软件和信息技术服务业用票额同比分别增长 28.8％和 22.1％，较全市场平均水平分别高 17.0 个和 10.4 个百分点。三是票据市场作为贯通货币政策与实体经济的有效渠道，其政策直达性强、传导效率高的优势持续彰显。2023 年，全市场票据贴现加权平均利率为 1.78％，较 1 年期贷款市场报价利率（LPR）均值低 177 个基点，可为企业节约超过 1 800 亿元的融资成本。

3. 拓展产品运用、精准对接需求，票据市场服务实体经济质效进一步优化

一是票交所在摸实摸透市场需求和痛点难点的基础上，针对性地优化和完善产品功能和服务方式，有效扩大各类创新产品应用覆盖，进一步满足各类用票需求、提升市场服务效率。至 2023 年末，"集票宝"和"票信宝"两个信息产品覆盖的集团企业和市场机构数

量分别达47家和68家。二是银行机构特别是国有银行通过贴身服务"活跃客户"、有效激活"长尾客户"，精准唤醒"沉睡客户"等，进一步挖掘企业用票潜在需求，有效强化对实体企业的支持力度。全年国有银行承兑、贴现额分别达到6.9万亿元和7.5万亿元，同比分别增长31.2%和29.1%。同时，银行机构还通过充分运用金融科技手段简化审批流程、缩短业务链条、提升线上化服务水平等，有力支持企业便捷高效地使用票据，进一步改善企业用票体验、提升票据服务水平。

第三节　市场建设与产品创新

1. 票据市场信息披露工作成效显著

2023年1月1日《商业汇票承兑、贴现与再贴现管理办法》落地施行，对票据信息披露提出新的要求。一是在前期商业承兑汇票、财务公司承兑汇票信息披露要求的基础上，将披露范围扩大到银行承兑汇票。二是增加约束措施，通过持续逾期和延迟披露名单的制度安排，一定程度上阻断风险的扩大。新办法实施以来，信息披露率稳步上升，票据市场生态环境持续优化，持票人合法权益进一步得到保障。至2023年末，信息披露平台累计注册用户约8.3万家，承兑信息和信用信息披露率均超过97%。

2. 供应链票据助推产业经济提质升级

2023年，上海票据交易所（以下简称"票交所"）全面提升供应链票据服务效率和水平。一是支持向企业的开户机构实时发送供应链票据资金清算结果，实现平台持票企业通过开户机构实时收取到期资金回款，提高企业资金周转效率。二是优化企业操作流程，避免企业在贴现环节线上线下重复提交交易背景资料，提升企业贴现融资的受理效率和便利性。三是将企业备案信息的必输项由原来的21项减少为5项，减少企业操作时间，减轻企业操作负担。四是扩充贸易背景跟单数量，放宽附件上传大小限制，满足供应链核心企业与产业链上下游企业之间信息整合的实际诉求。五是实现供应链票据客户端功能与新一代票据业务系统客户端功能的融合，新增保证、质押、追索等客户端功能，为中小金融机构参与供应链票据承兑、流转、融资、交易至到期处理的全生命周期业务提供了系统支持。

同时，票交所不断加强供应链票据风险防控机制建设。在事前严格遴选符合条件的供应链平台，引入企业信息报备、企业名称校验、票据账户主动管理等风险控制功能；在事中落实人民银行管理要求，系统刚性控制供应链票据签发环节上传交易关系背景资料，实现票据交易背景的可查可视；在事后定期开展交易真实性检查工作，对交易身份、金额等交易关键信息进行提取核验，将交易关系与票据信息进行匹配比对，督促平台落实企业身份、业务意愿、交易关系真实性审核等主体职责。

至 2023 年末,共有 24 家供应链平台与票交所完成系统对接,登记企业 24 000 余家,各项业务合计突破 4 400 亿元。其中,2023 年接入供应链平台 7 家,供应链票据业务总量 2 234.66 亿元,同比增长 46.67％。

3."贴现通"支持实体企业融资纾困

2023 年,"贴现通"系统功能持续优化,业务规模不断增长,在做好普惠金融、科技金融、绿色金融等方面发挥了积极作用。在普惠金融方面,全年"贴现通"新增参与企业中,中小微企业占 90.47％;促成贴现票据中,100 万元及以下的小额票据张数占 45.36％;"贴现通"业务加权平均贴现利率为 1.80％,较一年期贷款市场报价利率(LPR)均值低 175 个基点,可为企业节约融资成本近 20 亿元。在科技金融方面,促成科技企业持有的票据贴现 132.60 亿元,同比增长 9.81％。在绿色金融方面,促成绿色企业持有的票据贴现 89.19 亿元,同比增长 5.69％。

至 2023 年末,"贴现通"累计登记企业超 2.5 万家,促成贴现突破 5 000 亿元。其中,2023 年"贴现通"新增登记企业 5 000 余家,促成贴现 2 237.19 亿元,同比增长 33.35％。

4. 票据线上支付助力制造业减负增效

2023 年,票交所以市场需求为导向,以提高线上票据支付业务普适性为目标,优化参与机构接入流程,不断迭代新"票付通"功能,上线智能分包支付、快捷支付等功能,持续释放各参与主体业务潜能。2023 年,科技制造业企业"票付通"参与数量以及业务量分别占 62.7％、86.90％;盘活小微科技制造企业存量票据近 5 亿元,有效缓解小微企业现金占用压力;以服务制造业为主的工业品采购平台业务量同比增长 33.9％。

至 2023 年末,累计 11 家合作金融机构、210 家电票接入机构、44 家 B2B 平台参与"票付通",累计发起支付订单 1 058.6 亿元,完成票据支付 799.5 亿元。其中,2023 年发起支付订单 132.58 亿元,完成票据支付 123.46 亿元。

第四节　市场发展展望

2024 年第一季度,票据市场业务总量 55.7 万亿元,在上年基数较低的基础上同比增长 30.2％。票据市场总体运行平稳,各项业务保持增长。下阶段,在宏观经济持续向好、各项政策加力增效的背景下,随着新一代票据业务系统应用更趋广泛,票据市场有望保持量的合理增长和质的有效提升,并在做好科技金融等五篇大文章、服务实体经济特别是中小微企业高质量发展的过程中展现新作为、取得新成效。

第八章 证券市场

第一节 股票市场运行情况

1. 市场概况

一是股票市场规模保持稳定。至 2023 年末,上海证券交易所(以下简称上交所)有上市公司 2 263 家,其中,主板公司 1 697 家,科创板公司 566 家。股票总市值 46.3 万亿元,其中,主板市值 40.2 万亿元,科创板市值 6.2 万亿元。全年股票累计成交 89.4 万亿元,日均成交 3 693 亿元,同比下降 7.2%。其中,主板成交 73.6 万亿元,科创板成交 15.7 万亿元。根据世界交易所联合会(WFE)排名,上交所股票总市值、股票成交额在全球交易所中分别位居第 4、第 5[①]。

二是股票融资结构继续优化。2023 年,沪市股票累计筹资 6 076.6 亿元,同比下降 28.3%。完成首次公开发行(IPO)103 家,同比下降 33.1%,募集资金 1 936.5 亿元,同比下降 46%。其中,主板新上市公司 36 家,同比增长 16.1%,募集资金 497.7 亿元,同比下降 53.4%;科创板新上市公司 67 家,同比下降 45.5%,募集资金 1 438.8 亿元,同比下降 42.9%,占首发筹资总额的 74%,高于 2022 年的 70%。再融资 621 家,募集资金 4 140.1 亿元,同比下降 15.3%。根据 WFE 排名,上交所股票 IPO 数量和 IPO 筹资额分别位居全球第 3 与第 1[②]。

三是上市公司质量持续提升。全面加快新一轮推动提高上市公司质量三年行动,规范公司治理,推动形成一大批体现高质量发展要求的沪市上市公司群体。至 2024 年 4 月末,沪市主板全部公司完成 2023 年度报告披露,营业收入、净利润同比变化分别为微增

---

① 根据 WFE 统计数据,截至 2023 年底,上交所股票总市值位居全球第 4,仅次于纽交所、纳斯达克、泛欧所;股票交易额位居第 5,仅次于纳斯达克、纽交所、深交所、CBOE Global Markets。

② 根据 WFE 统计数据,2023 年,上交所 IPO 筹资额位居全球第 1;IPO 数量位居全球第 3,仅次于印度国家交易所和深交所。

0.7％、微降1.2％,扣非后净利润同比增长0.8％,经营业绩较上一年度基本持平,超八成公司实现盈利。传统产业新兴产业互融互促,新质生产力发展势头良好。2023年合计研发支出近9 000亿元,同比增长5％,连续3年保持增长态势。上市公司积极开展提质增效重回报行动,2023年,沪市主板公司现金分红规模再创新高,共有1 290家公司宣告分红方案,年度累计分红合计1.70万亿元,平均分红比率为40.22％,股息率达3.74％。常态化退市生态持续巩固,全年平稳推进14家公司强制退市,其中,4家公司财务类退市,8家公司面值退市。

2. 创新发展

一是科创板改革"试验田"功能有效发挥。2023年,科创板始终坚持"支持科技创新"这一核心关键,持续发挥产业链集群示范效应。全年累计支持34家"硬科技"企业、突破"卡脖子"企业和国产替代企业在科创板上市,"硬科技"企业、突破"卡脖子"技术企业、进口替代企业占51.5％。新一代信息技术行业、生物医药行业和高端设备行业产业集聚效应凸显,新增融资1 321.9亿元,占91.9％,总市值5.1万亿元,占83.3％,已形成龙头引领、集群发展、产业链贯通的新发展格局。面对国内外多重因素挑战,科创板上市公司聚焦重点领域加快科技攻关,研发投入迭创新高,创新成果屡获突破,国际竞争展露良好势头,为我国加快发展新质生产力贡献力量。至2024年4月末,科创板全部571家公司共计实现营业收入13 977.8亿元,同比增长4.7％;超6成公司实现营业收入正增长,47家公司营业收入增幅超过50％。研发强度保持高位,研发投入金额合计达1 561.2亿元,同比增长14.3％,研发投入占营业收入比率中位数为12.2％,83家公司研发强度连续三年超20％。创新成果不断涌现,取得一系列技术突破和科研进展。至2023年末,累计124家次公司牵头或者参与的项目获得国家科学技术奖等重大奖项,六成公司核心技术达到国际或者国内先进水平;累计形成发明专利超10万项。

二是优化完善科创板规则体系。科创板宣布设立5年以来,上交所持续推进改革"试验田"功能,不断优化制度安排,提高服务科创企业能级,打造服务科技创新良好生态。在功能发挥方面,配合中国证监会制定《资本市场服务高水平科技自立自强行动方案》,将建立IPO及并购重组"绿色通道"、完善股权激励制度、建立储架发行制度、提升科技型企业重组估值包容性等政策方案作为活跃市场、提振信心的重要举措。在制度创新方面,优化完善《科创板上市公司自律监管指南第4号——股权激励信息披露》,监督科创板公司用好用足改革红利和制度优势;发布《上海证券交易所、中国证券登记结算有限责任公司科创板上市公司股东以向特定机构投资者询价转让和配售方式减持股份业务指引》,着力推动完善询价转让、再融资和减持等制度安排,提升融资融券、转融通业务透明度。在监管规则优化方面,修订《上海证券交易所科创板股票上市规则》,有效落实党中央、国务院关于独立董事制度改革要求;发布《关于就修订上市公司现金分红相关业务规则公开征求意见的通知》,引导上市公司积极、合理分红,增加现金分红频次;修订《科创板上市公司自律监管指南第3号——日常信息披露》《科创板上市公司自律监管指南第5号——退市信息披露》等4项自律监管指南,持续完善科创板复用规则目录;新增《上海证券交易所上市公司自律监管指引第5号——交易与关联交易》,引导上市公司规范有序开展期货和衍生品交易,真实、准确、完整、及时地披露期货和衍生品交易相关信息。

3. 市场展望

2024年第一季度,沪市上市公司数达2 272家,总市值47.3万亿元。股票成交22.7万亿元。市场融资功能持续发挥,沪市首发上市企业11家(主板7家,科创板4家),募集资金148.3亿元(主板91.3亿元,科创板57.0亿元)。285家上市公司完成再融资,募集资金623.6亿元。至2024年3月底,上交所股票市场筹资额、成交额和总市值分别位居全球第3、第5和第5[①]。

第二节　债券市场运行情况

1. 市场概况

坚持服务企业用好债券融资工具,积极探索服务国家战略的有效途径。至2023年底,上交所债券托管量17.1万亿元,同比增长7.1%。债券挂牌30 063只,同比增长12.0%,品种涵盖国债、地方债、金融债、企业债、公司债、可转换公司债和资产支持证券等。全年债券市场融资总额7.0万亿元,同比增长1.4%。其中,公司债券发行4.2万亿元,地方政府债券发行1.8万亿元,资产支持证券发行0.9万亿元,政策性金融债发行110亿元,可转换公司债发行635亿元。进一步支持服务国家战略领域债券融资,2023年累计发行科创债、乡村振兴债等服务国家战略的创新债券5 138亿元,同比增长56%。全年债券累计成交439.8万亿元,日均成交1.8万亿元,同比增长15.7%。其中,现券成交35.8万亿元,回购(包括债券质押式回购、协议回购、三方回购和报价回购)成交404.0万亿元。

2. 市场创新

一是扎实稳妥做好企业债承接工作。2023年,上交所落实党中央、国务院关于机构改革的决策部署,稳妥承接企业债券发行审核职能。坚持制度先行,构建全链条制度机制。系统修订审核、发行承销、上市挂牌、存续期监管和交易管理5个板块3个层级20项配套

[①]　根据WFE统计数据,2024年第一季度,上交所股票市场筹资额位列第2,仅次于纽交所;季末股票总市值位列第5,仅次于纽交所、纳斯达克、泛欧所、日交所;股票交易额位列第5,仅次于纳斯达克、纽交所、CBOE Global Markets、深交所。

业务规则,深化注册制理念,进一步健全"简明清晰友好型"债券规则体系,提高监管透明度。稳妥做好平移和增量项目受理审核工作,平稳承接239单在审企业债券项目。

二是着力推进 REITs 常态化发行,加快市场体系建设。2023 年,上交所共有 7 只基础设施公募 REITs 产品上市(含 2 单扩募),融资 205 亿元。至 2023 年底,上交所基础设施 REITs 项目共上市 20 单,融资规模 746 亿元。REITs 资产类型拓展至消费基础设施、新能源等领域。持续优化发行定价与交易机制,建立信息披露体系。修订发布《上海证券交易所公开募集基础设施证券投资基金(REITs)规则适用指引第 1 号——审核关注事项》《上海证券交易所公开募集基础设施证券投资基金(REITs)规则适用指引第 5 号——临时报告》。

三是债券做市业务正式上线。2023 年 2 月 6 日,上海证券交易所正式上线债券做市业务。首批债券做市标的包括利率债券和高等级信用债基准做市品种,各家做市商可以自选做市标的。债券做市业务的上线,对提升做市商市场价格发现能力,提高债券市场流动性,激发二级市场活力具有重要意义,是上交所持续加强买方市场建设的重要一环。做市业务上线以来,首批 12 家债券做市商充分发挥交易所市场"竞价交易匿名撮合、报价交易显名竞争"的优势特点,吸引大批投资机构积极参与交易。

3. 市场展望

2024 年第一季度,上交所债券现货挂牌 3.04 万只,债券托管 17.1 万亿元,债券市场融资 1.52 万亿元。其中,公司(企业)债券发行 9 924 亿元,产业类企业发行达 3 106 亿元,服务实体经济质效不断提升;地方债发行 3 690 亿元;资产支持证券发行 1 523 亿元,有力支持企业盘活资产。

第三节 衍生品市场运行情况

1. 市场概况

2023 年,股票期权市场运行平稳,规模稳步增长。全年股票期权累计合约成交 9.91 亿张,日均成交 409.41 万张,日均持仓 548.31 万张,日均成交面值 1 352.6 亿元,日均权利金成交 18.81 亿元。上交所期权市场共有上证 50ETF 期权、沪深 300ETF 期权、中证 500ETF 期权、华夏科创 50ETF 期权和易方达科创 50ETF 期权 5 只 ETF 期权产品,覆盖上证 50、沪深 300、中证 500、科创 50 四个核心宽基指数。股票期权投资者稳步增长,年末期权投资者账户达 63.97 万户,年内新增 4.84 万户。随着市场规模扩大,越来越多的投资者使用期权进行保险和增强收益,期权经济功能逐步发挥。

2. 市场创新

一是不断完善产品体系。2023 年 6 月 5 日，上交所上市华夏科创 50ETF 期权和易方达科创 50ETF 期权。推出科创 50ETF 期权，填补此前科创板场内衍生品风险管理工具的空白，是落实国家科技创新战略规划的重要举措，是完善科创板配套产品体系建设、提升科创板吸引力和流动性的重要配套措施，有利于促进科创企业进一步发挥科创能效，以满足市场参与者多维度的产品风险管理需求。

二是持续优化股票期权业务规则体系。为贯彻落实《期货和衍生品法》有关制度安排，立足保障交易者合法权益的出发点，整合现有业务规则，优化业务运行机制，在中国证监会的统筹下推进《股票期权试点交易规则》《股票期权风控管理办法》的修订工作。

三是进一步发挥股票期权做市商功能。2023 年，2 家证券公司和 4 家期货子公司成为上交所股票期权业务主做市商，新增 1 家期货子公司成为上交所股票期权业务一般做市商。2023 年，上交所期权做市商之间、做市商与投资者之间以及投资者之间的合约成交分别占 18.02%、57.43% 和 24.55%，市场各主体之间的成交占比情况合理。同时，做市商义务履行情况良好，使得市场功能得到有效发挥。

3. 市场展望

2024 年第一季度，衍生品市场保持良好的发展势头。上交所股票期权日均成交 521.05 万张，日均持仓 635.36 万张，日均权利金成交 26.61 亿元，日均成交面值 1 555.21 亿元。其中，上证 50ETF 期权日均成交 168.24 万张，日均持仓 198.64 万张，日均权利金成交 6.41 亿元，日均成交面值 398.88 亿元；沪深 300ETF 期权日均成交 141.95 万张，日均持仓 158.51 万张，日均权利金成交 7.6 亿元，日均成交面值 485.19 亿元；中证 500ETF 期权日均成交 112.31 万张，日均持仓 98.71 万张，日均权利金成交 10.15 亿元，日均成交面值 589.68 亿元；华夏科创 50ETF 期权日均成交 65.24 万张，日均持仓 123.15 万张，日均权利金成交 1.68 亿元，日均成交面值 54.14 亿元；易方达科创 50ETF 期权日均成交 33.31 万张，日均持仓 56.33 万张，日均权利金成交 0.77 亿元，日均成交面值 27.32 亿元。

第四节　基金市场运行情况

1. 市场概况

基金规模持续增长，财富管理功能日益显现。至 2023 年底，上交所基金挂牌 684 只，市值 1.6 万亿元，同比增长 23.5%。全年累计成交 21.7 万亿元，同比增长 15.8%。其中，共有 539 只 ETF，市值 1.56 万亿元，分别较 2022 年末增长 14.9% 和 25.3%。沪市 ETF 累计成交 21.67 万亿元,占境内 ETF 总成交额的 78%。其中,权益型 ETF(含跨境 ETF)成交 10.64 万亿元。上交所 ETF 成交额、规模分别位居亚洲第 1、第 2。ETF 市场投资者 669 万户,近 5 年年均增长 36.13%。

2. 市场创新

一是首批沪新 ETF 在上海新加坡同步上市。2023 年 12 月 4 日,华泰柏瑞南方东英新交所泛东南亚科技 ETF 和南方东英华泰柏瑞上证红利 ETF 同步在上交所和新加坡交易所集团上市。首批沪新 ETF 同步在沪新两所挂牌上市,标志着沪新 ETF 互通正式启动。这是上交所贯彻落实党中央关于扩大金融高水平开放有关决策部署的重要举措,对于深化中新金融合作具有积极意义。此次开展沪新 ETF 互通,将进一步便利跨境投融资,促进要素资源全球化配置,助力打造中国—东盟资本市场相互融合的新发展格局。

二是更好满足投资者财富管理需求。产品方面,一方面,大力发展宽基 ETF,打造沪市基金市场名片,充分发挥资本市场"压舱石""稳定器"功能。上交所 123 只宽基 ETF 实现对上证 50、沪深 300、中证 500、中证 1000、中证 2000、科创 50、科创 100 等重要宽基指数的全覆盖。2023 年,资金加速净流入宽基 ETF,在维护市场稳定方面发挥积极作用。推动首批 5 只中证 2000ETF 和 8 只科创 100ETF 在上交所上市。另一方面,丰富风险低、收益稳产品,发挥基金市场普惠金融作用。2023 年,上交所债券 ETF 规模实现高速增长,规模从年初的 309 亿元大幅增加到 542 亿元,增长 75%;推出首只 30 年国债 ETF,进一步丰富场内低风险产品,满足长期资金入市需求;推出首只做市基准国债 ETF,满足低风险偏好投资者的配置需求。机制方面,进一步扩大集合申购业务试点范围,2023 年内上交所纳入试点的 19 个标的都已落地。此外,推动首只类 QFII 结算模式 ETF 产品上市。规则层面,完善配套规则,修订发布《上海证券交易所基金自律监管规则适用指引第 1 号——指数基金开发》,丰富优质产品供给。

3. 市场展望

至 2024 年 3 月底,上交所基金市场产品总数达到 699 只,总市值 1.87 万亿元。ETF 已成为基金市场发展主力,拥有 551 只产品,市值 1.82 万亿元,累计成交 6.10 万亿元,ETF 规模和交易量均占境内市场约 8 成。

第五节　双向开放情况

1. 持续拓展优化境内外市场互联互通机制

一是持续优化沪港通机制,丰富可投资标的品种。沪港两地交易所在两地证监会的统筹安排下，通力协作，不断优化完善沪港通机制。2023 年 3 月 13 日，沪股通股票进一步拓展至沪市中小盘，市值覆盖率提升至 90.94%；港股通股票新纳入满足条件的外国公司股票。完成标的扩容后，沪股通股票达 1 192 只，新增纳入 598 只；港股通股票达 560 只，新增 4 家外国公司。自 2023 年 4 月 23 日起，沪港通下全部两地共同交易日放开交易，将当前沪港通每年无法交易的天数减少约一半。2023 年港股通新增 6 个交易日，沪股通新增 4 个交易日。沪港通自 2014 年开通以来，运行平稳、交易活跃，至 2023 年底累计成交 74 万亿元。

二是完善互联互通存托凭证机制，助力境内企业海外展业。2023 年，在中国证监会指导下，完成境外上市备案制实施后互联互通存托凭证规则修订工作，继续支持 A 股上市公司参与 GDR 发行，加强境外市场推介，引导 GDR 业务规范有序发展。全年新增 GDR 发行 6 家，完成融资 20.61 亿美元，年度融资额同比增长 59.4%。自 2019 年沪伦通业务开通以来，已有 14 家沪市上市公司完成 GDR 发行并在境外上市，融资 91.92 亿美元。7 月 18 日，修订发布《上海证券交易所与境外证券交易所互联互通存托凭证上市交易暂行办法（2023 年修订）》，明确境外上市备案制实施后 GDR 发行配套流程及相关要求。

2. 深化资本市场开放合作

一是不断丰富对外合作形式，探索新模式。2023 年，上交所继续推进与境外市场的交流合作。3 月 24 日，落地与泰国交易所行情相互展示合作，首批 5 条上证、中证系列指数行情在泰交所集团旗下 SETTRADE 网站展示，3 条泰交所核心指数行情在中证指数官网同步上线。2023 年 12 月，首批 2 只沪新 ETF 互通产品在上交所和新交所同步上市。至 2023 年末，上交所上市的华泰柏瑞南方东英东南亚科技 ETF 规模达 6.80 亿元，较发行规模 2.58 亿元增长 164%。与蒙古证券交易所、沙特交易所集团和迪拜金融市场等 3 家交易所签署合作谅解备忘录，并组织蒙古资本市场日活动。至 2023 年底，上交所已与 58 家境外交易所或市场机构签署合作谅解备忘录。

二是推动共建"一带一路"高质量发展。依托海外参股机构，助力中资企业海外展业，协助中国银行法兰克福分行发行的 16 亿元离岸人民币绿色债券在中欧国际交易所挂牌交易，支持"一带一路"建设。中欧国际交易所 A 股指数衍生品事项成功列入中德第三次高级别财金对话成果清单。

3. 全方位做好国际投资者服务，积极参与国际组织事务

一是全方位开展国际投资者服务。持续开展国际投资者服务工作，举办 2023 年上交所国际投资者大会，超 150 家国内外投资机构报名参会。全年共组织 4 场线上专题国际路演，20 场国际投资者走进沪市公司活动，邀请近 100 家国际投资机构与沪市公司高管面对面交流调研。推进绿色金融国际推介工作，在国际投资者大会、国际路演系列活动中设置绿色专题环节，促进可持续投资，并面向沪市公司举办"对话国际投资者：ESG 赋能上市公

司"活动,增进国际投资者与沪市公司在 ESG 议题方面的交流互动,帮助沪市公司及时了解国际可持续信息披露规则制定相关进展。

二是积极参与国际组织事务,深化 ESG 绿色金融国际交流合作。2023 年,积极参与国际组织相关活动。履行 WFE 董事职责,参加 WFE 董事会会议和第 62 届会员大会暨年会,与亚洲金融合作协会合作举办"一带一路"金融合作专题研讨暨"走进上交所"活动。反馈国际证监会组织(IOSCO)等国际组织有关监管、市场结构和企业融资等议题相关意见。参加亚洲暨大洋洲交易所联合会工作委员会(AOSEF)、博鳌亚洲论坛的各类工作会议和研讨会。参与 WFE 年度交易所可持续发展调研,部分工作入选 WFE 官网新闻作为会员亮点展示。

第六节　上海上市公司情况

1. 上海上市公司概况

2023 年,上海有上市公司 444 家,占全国 8.3％,位居全国各省区市第 5;总市值为 7.28 万亿元,占全国 8.7％,位居全国各省市第 3。按上市板块分,沪市主板 233 家,科创板 89 家,深市主板 33 家,创业板 79 家,北交所 10 家。

表 8-1　2023 年上海上市公司概况

类　　别	家数	总市值 (万亿元)	总资产 (万亿元)	净资产① (万亿元)
上海上市公司	444	7.28	42.77	6.31

资料来源:wind 资讯。

2. 上海上市公司 2023 年业绩特点

(1) 总体业绩较上年同期改善,实体企业业绩同比增长

2023 年,上海上市公司实现营业收入② 6.13 万亿元,同比增长 0.3％;实现净利润③ 3 522.3 亿元,同比下降 7％;扣除非经常性损益后的净利润 3 061.5 亿元,同比下降 7％。361 家公司实现盈利,83 家公司亏损,亏损金额合计 560.58 亿元。近六成公司实现营收规模扩大,逾四成公司实现净利润增长。上海 428 家实体类上市公司共实现营业收入 5.2 万

---

①　本报告中净资产指归属于母公司股东的净资产。
②　数据来源为 Wind 资讯,下同;本报告营业收入为营业总收入。
③　本报告中净利润均指归属于母公司股东的净利润,下同。

亿元、净利润1 300.9亿元,同比分别增长1.3%、2%;16家银行业和非银金融业上市公司共实现营业总收入9 653.1亿元、净利润2 221.4亿元,同比变动为－4.7%、－11.6%,分别占上海上市公司营业收入、净利润总额的15.7%、63.1%。

（2）市国资控股上市公司盈利能力下降

124家国资控股上市公司2023年度合计实现营业收入4.7万亿元、净利润2 880.3亿元,同比分别下降0.1%、5.6%。其中,80家上海市属国资控股上市公司合计实现营业收入3.3万亿元、净利润1 656.5亿元,同比分别下降0.7%、20.3%,占上海上市公司净利润的47%。245家民营控股上市公司2023年度实现营业收入9 130.5亿元、净利润501.5亿元,同比分别增长4.5%、8.1%,营业收入、净利润增速总体优于全国民营控股上市公司(5.4%、－13.3%)。

（3）科创板上市公司业绩承压,研发投入持续加码

2023年,上海在科创板上市公司89家,占全国15.7%,位居全国各省市第2[①];总市值1.5万亿元,占全国23.3%,首发融资2 284.9亿元,占全国25.3%,均列全国各省市第1。2023年,上海科创板公司实现营业收入2 027.1亿元、净利润103.7亿元,同比分别下降3.1%、59.9%;研发投入307.6亿元,同比增长12.5%,营业收入占比15.2%。先惠技术、艾为电子、新致软件、斯威特-W等4家公司实现扭亏。

3. 融资及并购重组情况

（1）融资及并购重组情况概括

2023年,上海共有26家企业实现A股首发上市,其中主板上市6家,科创板上市11家,深交所创业板上市6家,北交所3家。首发募集资金共541亿元。

2023年,108家(次)上市公司完成再融资,共计募集资金2 320亿元,包括股权融资724.2亿元,债券融资1 595.8亿元。3家(次)上市公司完成并购重组,涉及交易额229.4亿元。

（2）主要特点

上海上市公司持续利用多层次资本市场开展再融资等,促进产业转型和技术升级,服务高质量发展。2023年,上海企业实现A股首发上市家数位居全国各省、自治区、直辖市第4,首发募集资金位居全国各省市第3。2023年,上海上市公司债券融资同比增长6.6%,股权融资同比下降15.5%。

4. 2024年第一季度上海上市公司经营情况[②]

2024年第一季度,上海有上市公司共447家,占全国8.3%。按上市板块分,沪市主

---

① 列江苏省之后。
② 上市公司第一季度经营数据未经审计。

板 235 家、科创板 90 家、深市主板 33 家、创业板 79 家、北交所 10 家。2024 年第一季度，上海上市公司实现营业总收入 1.4 万亿元，同比下降 0.6%；净利润 1 078 亿元，同比下降 5.7%。3 家公司首发上市，共募集资金 42.7 亿元；2 家（次）上市公司实施股权再融资，募集资金 3.5 亿元；16 家（次）上市公司通过债权融资 313.8 亿元。

第七节　上海股权托管交易市场运行情况

1. 市场运行概况

上海股权托管交易中心（以下简称上海股交中心）是按照国务院指示精神，经上海市政府批准、中国证监会备案的区域性股权市场，是《证券法》规范的多层次资本市场体系的重要组成部分，是上海国际金融中心建设和具有全球影响力的科技创新中心建设的重要载体。上海股权托管交易中心紧紧围绕"金融市场赋能科技创新"这一核心目标，聚焦服务科创投资及科创企业两大领域，依托私募基金份额平台、"专精特新"专板等业务平台，聚力发挥"为科创企业提供综合服务，促进股权和创业投资融资交易，培育支持中小企业规范上市"三大市场功能，以市场需求为导向、以专业服务为核心、以数字赋能为引擎、以先进市场为标杆，四驱并进推动上海股交中心高质量发展。

经过 12 年的创新发展，上海股交中心在拓宽中小微企业融资渠道、支持创新创业、助力实体经济发展等方面发挥了突出作用，已形成服务非上市公司的多板块、多平台市场格局，创设了上海专精特新专板、科技创新板、股份转让系统、Q 板等多层级市场板块，建立了私募股权和创业投资份额平台、认股权综合服务试点平台、股权及份额托管登记平台、市场化债转股转股资产交易平台等丰富服务载体。

至 2023 年，上海股交中心共计服务企业 12 441 家，其中科技创新企业股份转让系统（科技创新板）挂牌企业 387 家，股份转让系统（E 板）挂牌企业 397 家，展示板展示企业（含基础信披层、完整信披层、科创 Q 板、绿色 Q 板）2 248 家，纯托管企业 296 家，其他服务企业 9 113 家。

2023 年，上海股交中心各业务板块新增融资、交易总额 340.27 亿元，其中，基金份额转让成交 161.87 亿元，份额质押融资 24.01 亿元；纯托管企业非交易过户金额 68.36 亿元，纯托管企业融资 81.18 亿元。

至 2023 年，上海股交中心累计中介机构 797 家，其中推荐机构（含推荐展示机构）373 家，专业服务机构 286 家，交易服务机构 97 家，基金份额转让服务机构 41 家；合格及特定投资者累计 15 753 户。

表 8-2　2023 年上海股权托管交易市场运行情况

主要业务	指　标	2023 年
科技创新企业股份转让系统（N 板）	挂牌企业数量(家,累计)	387
股份转让系统（E 板）	挂牌企业数量(家,累计)	397
展示板（Q 板）	展示企业数量(家,累计)	2 248
其他服务企业	服务企业(家,累计)	9 113
中介机构	推荐机构(家,累计)	373
	专业服务机构(家,累计)	286
	交易服务机构(家,累计)	97
	私募基金份额转让服务机构(家,累计)	41
投资者	开户数量(户,累计)	15 753
股权托管登记	托管企业数量(家,累计)	296
新增融资、交易	基金份额转让成交总金额(亿元,新增)	161.87
	份额质押融资金额(亿元,新增)	24.01
	纯托管企业非交易过户金额(亿元,新增)	68.36
	纯托管企业融资金额(亿元,新增)	81.18

2023 年,上海股交中心加速创新转型,先后推动认股权综合服务试点获复函同意,上海"专精特新"专板方案成功备案公示、私募基金份额平台交易规模突破 200 亿元,实现市场发展的新跨越、新突破。

2. 市场运行特点

(1) 深化私募基金份额平台建设,示范效应逐步彰显。私募基金份额平台运行两年以来,在地方立法、配套政策、市场生态、系统建设以及交易规模等方面创下行业内第一:包括配合政府颁布国内第一个基金份额质押登记立法,被明确赋予开展份额质押登记的业务职能,有效拓宽 LP 作为出质人的资金融通渠道,同时通过官网公示、授权启信宝、企查查引用质押登记信息的方式,进一步强化份额质押权益保障;推动市国资委出台国内第一个国有基金份额转让监管办法,对基金国有权益有序流动做出系统规定,为上海市国有基金份额的退出提供有效路径;与上海科创基金共同发起设立国内第一个 S 基金买家联盟——上海S基金联盟①,搭建广泛覆盖全国知名S基金份额交易主体及中介服务机构的沟通纽带,为创新产品、集聚买家、活跃市场奠定基础,进一步健全私募股权投融资生态圈;在技术领域深入创新,自主开发上线国内第一个国有基金份额转让估值系统,为份额转让交易提供价值参考,形成开创性的头部示范效应,提升私募基金份额平台"做估值、做流程、做标准"的核心竞争力。此外,在提升平台应用场景建设方面,还自主研发基金份额交易系统,实现份额交易线上智能化;自主开发"爱私基摩"私募股权和私募基金份额报价平台,引导集聚S市场买卖双方,成为私募股权和创业投资份额转让平台交易前置撮合环节的有效补充。

(2)认股权综合服务试点获批,创新业务突破落地。2023年10月末,上海股交中心获证监会复函同意启动认股权综合服务试点后,扎实开展试点建设。在制度设计和服务上实现"四个率先",一是率先设立发行环节,确保业务合规开展;二是率先建立认股权登记公示制度,基于区块链技术的登记托管系统和交易系统,确立行业标准;三是率先规范行权业务流程,夯实平台保障功能;四是率先开发认股权估值系统,解决认股权转让过程中定价基准问题,构建服务生态。在业务创新上,上海认股权试点创建"X+认股权"等多种联动方式,吸引银行、产业园区、担保机构等参与投早、投小、投科技,已形成"银行+认股权""银行+产业园区+认股权""产业园区+认股权""银行+担保+认股权"等模式。在园区模式中,更通过探索"先投后股+认股权"等业务模式,实现对重点科技成果转化项目的精准赋能。如宝山技转遵循科技型企业全生命周期发展特点,通过"先投后股"方式落地认股权业务,率先建立风险共担的科技金融支持体制,是宝山区推进科创中心主阵地建设的重要举措。

(3)构建科创企业金融服务体系,服务能级持续提升。上海股交中心集聚市场资源优势,整合传统挂牌、展示业务板块,扎实开展"专精特新"专板建设,打造科创企业孵化综合服务平台,全面升级优化对科创企业的金融支持服务。一是持续聚焦科创中小企业综合金融服务。积极对接高层次资本市场,与全国中小企业股份转让系统签署"监管合作备忘录",建立绿色通道;联合上交所举办科创沙龙活动,为拟上市企业提供股权融资、上市辅导咨询、券商推荐等综合服务,全年累计推动3家企业在沪深北主板上市及被上市企业收购,1家企业进入全国中小企业股份转让系统挂牌,5家企业进入主板、科创板上市辅导备案阶段。二是高质量筹建"专精特新"专板。根据《关于高质量建设区域性股权市场"专精特新"专板的指导意见》要求,扎实开展专板筹建工作。在市委金融办、上海证监局的指导下,联动市经信委、市科委等10个委办局,形成凸显上海特色的专板建设方案,并于2023年12月22日获证监会、工业和信息化部备案公示,超过200家企业进入专板储备

---

① 上海S基金联盟累计吸纳境内外知名S基金买家和中介服务机构逾80家。

库。三是积极提升登记托管服务质效。持续优化股权托管登记业务,完善场内托管企业配套服务,推出中间账户服务、非上市股份公司以及私募股权和创业投资份额质押登记市监局业务代办服务等业务,提高客户体验感同时确保资金交易办理高效、安全;探索员工持股、股权激励计划托管登记及认股权证登记业务等多项创新工作,更新升级登记中心官网,上线开户 App 等,实现股东远程开户和过户交易功能,有效推动登记业务数字化转型发展。

3. 市场展望

(1)持续深化基金份额转让平台功能,推动私募基金与股权市场深度融合。中心将积极培育买方市场和中介机构,加强与 S 基金上下游合作机制建设,构建基金二级市场生态体系;进一步提升评估定价、技术支撑和交易效率等核心优势,吸引并沉淀大量优质的特别是专注于科技创新的基金;积极探索产品创新,研发基金份额与底层资产的多策略投资组合产品,促进市场活跃,实现资本接力;健全基金份额登记和份额出质登记全流程服务体系,持续强化基金份额质押登记的必要性。

(2)加快认股权业务创新研发,逐步健全市场生态体系。中心将加大对金融机构、产业园区、私募股权和创投机构、地方金融组织等市场主体参与认股权业务的引导力度,帮助其争取主管单位对其参与认股权业务的支持,协助解决业务监管难点;做好认股权作为新金融工具的宣传科普,完善其相关法律和财务处理问题的研究,进一步激发企业和投资主体参与认股权创设的积极性,推动金融服务资源向早期企业集聚,发挥认股权对科技中小企业的支持效应;与认股权市场参与方战略合作,围绕认股权产品模式创新、客户资源共享和开展培训活动等方面进一步深化合作,促进金融赋能科创;协同银行业金融机构、产业园区及创投机构等市场参与者,逐步建立认股权服务联盟,激发参与方活跃度,发挥试点平台交易功能,积聚力量服务科创企业。

(3)做深做优上海"专精特新"专板,构建科创企业金融服务体系。通过集聚上海股权市场的资源、产品,中心将进一步加强专精特新专板中优质企业导入规模,构建企业服务功能和上市孵化培育功能双促进、双融合的服务平台;发挥区块链建设优势,探索与高质量孵化器、大企业创新中心等创新链主,央企、大型民企等产业链主以及金融机构、私募创投机构等金融链主等三类重点链主的对接合作,持续提升专板服务实体经济尤其是专精特新企业的发展质效;结合市、区两级政府机构改革工作成果,协同监管部门,配合出台支持专板及上海股权交易市场创新发展的政策措施。

(4)坚持推动市场数字化转型升级,打造示范样板。上海股交中心将依托科技金融手段,重点加强区域化股权交易市场数字化转型力度,积极推进上海股交中心各项制度、业务、产品和技术全面创新,探索形成区域性股权市场服务地方经济高质量发展的示范路径。

专栏 13

上交所主板实行注册制

全面实行注册制是资本市场全局性的重大改革部署,对健全资本市场功能,提高直接融资比重,促进资本市场高质量发展具有重大战略意义。2023 年 4 月,全面实行注册制改革平稳落地,在中国资本市场改革发展进程中具有里程碑意义。

在中国证监会的统一领导下,上交所坚持稳中求进工作总基调,在总结评估科创板试点注册制改革实践的基础上,扎实做好全面实行注册制各项准备工作。一是发布实施 26 项配套业务规则,成立新一届上市委、重组委。二是及时完成 248 个主板平移项目的申报受理工作,首批 5 家主板注册制企业如期成功上市。三是统筹完成上交所业务规则适应性修改,集中修订、废止业务规则 20 项。

上交所全面实行注册制配套业务规则,是按照《证券法》、全面实行注册制总体要求和中国证监会规章制定的,共同构成保障改革落地的整体性、配套性制度安排。规则制定方面,遵循坚定贯彻改革方向和目标、充分承继试点注册制的改革经验、各板块统一安排整体推进和保留板块特色的差异安排的总体思路,对发行上市审核、发行承销、上市公司持续监管以及交易组织和管理相关规则进行扩展性、适应性修改和完善,并同步整合优化规则体系。板块定位方面,上交所切实承担起注册制改革实施的主体责任,明确主板定位,优化主板发行上市条件;坚守科创板定位,推动形成错位发展、功能互补、有机联系的多层次市场体系,全力服务好实体经济发展。

全面注册制落地以来,项目审核工作稳步推进,基础制度持续评估优化。2023 年,IPO 方面,沪市受理企业 278 家,注册生效 98 家。再融资方面,受理企业 237 家,注册生效 118 家,实际募集资金 3 044 亿元。并购重组方面,受理发行股份购买资产申请 20 单,交易额 1 094 亿元,配套募集资金 398 亿元。此外,上交所及时回应市场关切,优化减持、再融资政策,修订回购分红自律监管规则,健全一二级市场平衡机制与投资者回报机制,推动改革行稳致远。

第九章 期货市场

第一节 商品期货市场业务概况

2023年，上海期货交易所（以下简称上期所）坚持服务实体经济的根本宗旨，坚持防控风险的永恒主题，统筹发展和安全，助力现代化产业体系建设，更好服务经济社会高质量发展。上市氧化铝期货、合成橡胶期货及期权，以及集运指数（欧线）期货，构建多元化衍生品市场框架体系；打造上期"强源助企""企业深耕计划"等市场服务品牌，以精准服务匹配一线产业稳定经营需求；实施差异化保证金、开展二日交割等，持续完善市场机制，为实体企业参与利用期货市场提供便利；坚守监管主责主业，强化研判、科技赋能、精准施策，加强市场预期引导，严厉打击违法违规行为，保持市场平稳有序运行。

2023年，上期所（包括子公司上海国际能源交易中心，以下简称上期能源）成交期货、期权合约共22.27亿手，成交额187.21万亿元，同比分别增长14.59%和3.26%，分别占全国期货市场的26.20%和32.93%；产业客户日均持仓量同比增长40.77%，境外客户数同比增长30%。根据期货业协会（Futures Industry Association，FIA）统计的全年成交量数据，上期所排名全球第10，若仅统计场内商品衍生品的成交手数，上期所排名全球第3。

表 9-1　2023 年上海商品期货市场交易情况

分类	品种名称	2023 年累计成交量	同比增降	占全国期货市场份额	2023 年累计成交额	同比增降	占全国期货市场份额
		（手）			（亿元）		
有色金属	铜	38 816 257	−16.52%	0.46%	131 585.78	−13.75%	2.31%
	铜（BC）[1]	5 798 963	4.46%	0.07%	17 499.85	6.90%	0.31%
	铜期权	20 605 099	70.09%	0.24%	357.16	9.09%	0.01%

（续表）

分类	品种名称	2023年累计成交量	同比增降	占全国期货市场份额	2023年累计成交额	同比增降	占全国期货市场份额
		（手）			（亿元）		
有色金属	铝	76 540 221	−23.44％	0.90％	71 026.36	−29.20％	1.25％
	铝期权	24 908 803	118.57％	0.29％	129.83	20.17％	0.00％
	锌	54 857 681	−19.72％	0.65％	58 296.48	−31.14％	1.03％
	锌期权	21 725 967	161.30％	0.26％	157.28	57.49％	0.00％
	铅	20 029 393	−0.14％	0.24％	15 913.04	3.60％	0.28％
	镍	65 415 198	25.58％	0.77％	106 292.54	9.58％	1.87％
	锡	39 444 206	32.77％	0.46％	83 578.35	24.91％	1.47％
	氧化铝	13 679 753		0.16％	8 198.61		0.14％
贵金属	黄金	52 731 024	35.15％	0.62％	238 462.15	55.37％	4.19％
	黄金期权	9 380 318	126.19％	0.11％	320.64	124.45％	0.01％
	白银	239 277 772	26.76％	2.81％	200 405.77	48.26％	3.53％
	白银期权	26 901 857	34 421.87％	0.32％	229.11	18 425.67％	0.00％
黑色金属	螺纹钢	502 039 529	−4.41％	5.91％	194 352.47	−11.98％	3.42％
	螺纹钢期权	58 347 337	23 649.52％	0.69％	239.3	11 454.79％	0.00％
	线材	38 862	140.45％	0.00％	16.69	111.82％	0.00％
	热轧卷板	151 521 192	6.66％	1.78％	59 893.11	−3.10％	1.05％
	不锈钢	43 178 557	19.61％	0.51％	32 414.31	1.78％	0.57％
能源化工	原油[1]	49 545 477	−7.53％	0.58％	287 819.40	−17.55％	5.06％
	原油期权[1]	14 275 227	116.26％	0.17％	898.61	41.31％	0.02％
	低硫燃料油[1]	51 611 671	26.37％	0.61％	21 426.06	7.27％	0.38％
	燃料油	252 884 063	20.16％	2.97％	78 786.50	14.79％	1.39％
	石油沥青	106 990 118	−34.19％	1.26％	39 825.25	−37.53％	0.70％
	丁二烯橡胶	11 550 987		0.14％	7 502.99		0.13％
	丁二烯橡胶期权	5 184 790		0.06％	45.57		0.00％
	天然橡胶	86 769 150	8.95％	1.02％	113 225.27	8.47％	1.99％
	天然橡胶期权	12 070 804	125.60％	0.14％	211.66	90.16％	0.00％
	20 号胶[1]	19 456 285	43.15％	0.23％	19 811.26	37.91％	0.35％
	纸浆	125 804 767	55.01％	1.48％	71 545.98	29.85％	1.26％

分类	品种名称	2023年累计成交量	同比增降	占全国期货市场份额	2023年累计成交额	同比增降	占全国期货市场份额
		（手）			（亿元）		
指数	集运指数（欧线）[1]	25 576 515		0.30％	11 676.08		0.21％
	合计	2 226 957 843	14.59％	26.20％	1 872 143	3.26％	32.93％

注1：上期能源上市品种

数据来源：中国期货业协会。

第二节　金融期货市场运行情况

1. 2023年金融期货市场运行情况

2023年金融期货市场累计成交量1.68亿手，占全国期货市场成交量1.98％，成交量同比增长10.85％；全年累计成交额133.17万亿元，占全国期货市场成交额的23.42％，成交额同比增长0.10％。

（1）股指期货市场

2023年，沪深300、上证50、中证500、中证1000四个股指期货产品总成交量7 005.38万手，同比下降5.96％；总成交额77.12万亿元，同比下降10.69％；日均成交量28.95万手，同比下降5.96％；日均持仓量84.36万手，同比增长24.20％；日均成交持仓比0.34，持续处于较低水平。股指期货4个产品期现货价格相关性高，沪深300、上证50、中证500、中证1000股指期货主力合约收盘价和对应标的指数收盘价的价格相关系数分别为99.83％、99.72％、99.75％和99.70％。

（2）国债期货市场

2023年，2年期、5年期、10年期和30年期4个国债期货产品总成交量4 567.39万手，总成交额55.78万亿元，同比分别增长17.67％、20.17％；日均成交量、日均持仓量分别为18.87万手、39.91万手，同比分别增长17.67％、12.36％；日均成交持仓比0.47，持续处于合理水平。国债期现货价格联动紧密，2年期、5年期、10年期、30年期国债期货主力合约与现货价格相关性分别达96.12％、97.75％、98.22％、99.87％以上。2023年，国债期货顺利完成15个合约的交割，共计交割40 367手，平均交割率为3.19％，交割平稳顺畅。

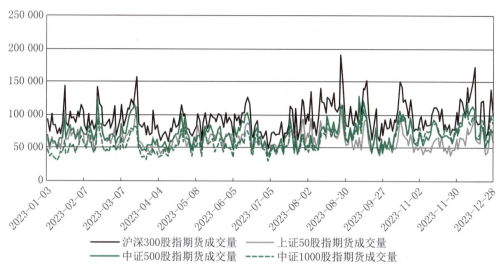

图 9-1　2023 年股指期货每日成交量(单位:手)

数据来源:中金所。

图 9-2　2023 年股指期货每日持仓量(单位:手)

数据来源:中金所。

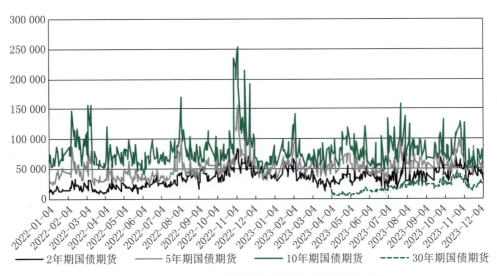

图 9-3　2022—2023 年国债期货每日成交量(单位:手)

数据来源:中金所。

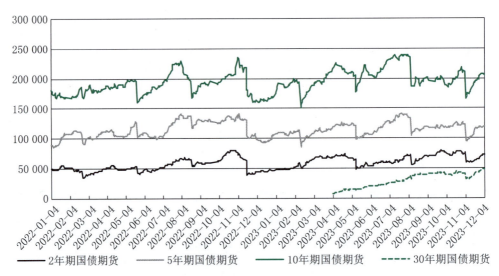

图 9-4　2022—2023 年国债期货每日持仓量(单位:手)

数据来源:中金所。

(3) 股指期权市场

2023 年,沪深 300、上证 50、中证 1000 三个股指期权产品总成交量 5 261.23 万手,日均成交量 21.74 万手,同比增长 36.47%;累计成交面值 17.69 万亿元,日均成交面值 958.57 亿元,同比增长 31.11%;权利金总成交额为 2 691.25 亿元,同比增长 1.81%;日均持仓量 36.0 万手,同比增长 70.71%;日均成交持仓比为 0.60,处于较低水平。股指期权产品期现货价格相关性高,沪深 300、上证 50、中证 1000 股指期权当月平值合约合成期货价格与对应标的指数收盘价的价格相关系数分别为 99.92%、99.84%、99.91%,与对应股指期货当月合约收盘价的价格相关系数分别为 99.99%、99.99%、99.99%。

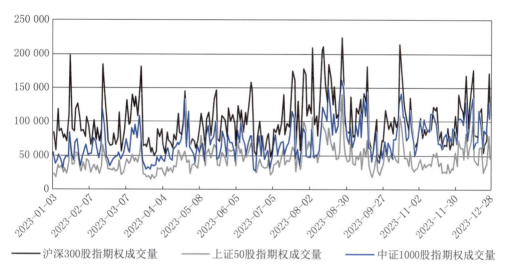

图 9-5　2023 年股指期权每日成交量(单位:手)

数据来源:中金所。

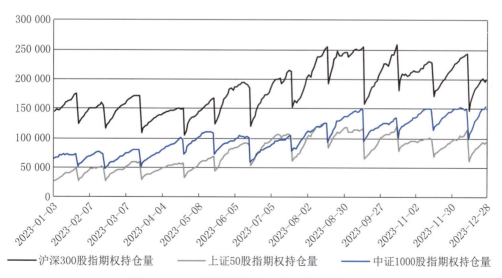

图 9-6　2023 年股指期权每日持仓量(单位:手)

数据来源:中金所。

2. 2023 年金融期货市场建设和产品创新情况

（1）30 年期国债期货平稳上市

2023 年 4 月 21 日,30 年期国债期货在中金所挂牌上市,填补了超长期利率风险管理工具的空白,标志着覆盖基准收益率曲线"短、中、长、超长"端的国债期货产品体系基本构建完成,是推动资本市场高质量发展的最新成果。

30 年期国债期货上市后运行平稳、交易理性,呈现以下运行特征:一是市场规模稳步增加,2023 年 30 年期国债期货日均成交 1.90 万手、日均持仓 2.93 万手。二是期现价格紧密联动,30 年期国债期货与对应现券的价格相关系数为 99.88％。三是交割平稳顺畅。30 年期国债期货平均交割率为 4.33％。

30 年期国债期货推出后,功能逐步发挥。30 年期国债期货有助于助力超长期国债发行,健全中长期资金供给制度安排,更好地服务国家战略;有助于改善长期债券市场流动性,进一步健全反映市场供求关系的国债收益率曲线,提升国债收益率曲线的基准定价功能;有助于改善长期债券市场投资环境,增强机构投资者的风险管理能力。

（2）第二批试点银行、保险机构参与国债期货交易落地

2023 年,在相关部委的关心和支持下,第二批试点银行、保险机构参与国债期货交易落地。银行方面,2023 年 1 月 4 日,渣打银行(中国)作为第二批试点银行正式参与国债期货交易。作为首家参与国债期货市场的外资银行,渣打银行(中国)入市以来运用国债期货管理国债承销、做市、交易等环节的利率风险,取得积极成效,有效助力债券市场高质量发展和高水平对外开放。保险方面,第二批 3 家保险机构分别于 2022 年 7 月、9 月及 2023 年 3 月入市交易,至此前两批保险机构已全部入市并实现常态化交易。保险机构入市后,在运用国债期货降低保险资产组合净值波动、锁定未来资产购入成本、辅助进行资产负债管理等方面不断进行探索实践,积累经验。

（3）股指期货交易安排进一步调整,持续提升市场运行质量

2023 年 3 月 20 日,中金所进一步调整股指期货交易安排,将股指期货平今仓交易手续费标准由成交金额的万分之三点四五调整为万分之二点三。此次平今仓手续费调整进一步降低了市场交易成本,有利于改善股指期货市场流动性,提升市场运行质量和效率,促进产品功能更好发挥。在调整措施落地过程中,中金所密切关注市场运行动态,持续跟踪分析市场流动性变化,加强市场运行监控和交易行为监管,努力维护市场安全稳定运行,切实保障了相关调整措施平稳有序实施。

（4）优化做市商管理制度,促进市场流动性进一步提升

一是优化股指期权做市商考核方案。按照针对性提升报价时点覆盖、更好匹配市场交易需求与做市资源供给、加强考核管理与信息反馈的思路,中金所对股指期权做市商考核方案再次进行修订优化。优化方案于 2023 年 12 月实施后,做市商将报价资源更为合理

地分布在品种不同月份合约间,当月合约五档深度上升 2%,给予投资者在成交需求更高的月份合约上更多的成交机会。做市商在做市合约连续交易初末期报价质效持续增强,市场最优买卖价差平均缩窄 69.7%,市场流动性显著提升。

二是 30 年期国债期货做市商启动做市交易。2023 年 4 月,中金所完成 30 年期国债期货做市商招募,新产品上市后同步启动做市交易,做市商积极履行报价义务,为市场提供较为合理充裕流动性,保障市场平稳运行。

三是国债期货主、一般做市商首次资格轮动。2023 年 3 月,中金所完成国债期货主做市商和一般做市商首次资格轮动,资格轮动后两家做市商完成平稳过渡。资格轮动的落地实施进一步增强做市商梯度建设,更好促进做市商结构层次多元化发展。

3. 金融期货市场对外开放情况

(1)持续深化对外开放业务准备

持续服务资本市场高质量发展,稳步推动扩大金融期货市场制度型开放。2023 年,中金所按照"放得开、看得清、管得住"的要求,持续深化金融期货对外开放各项业务准备工作,持续跟踪分析离岸市场 A 股期货和衍生品产品设计及市场发展情况,深入研究对外开放实施路径,完善业务方案,进一步深化扩大对外开放有关业务准备。

(2)稳步推进境外合作项目发展

2023 年,中金所立足资本市场对外开放整体布局,认真落实证监会对境外股权投资项目发展要求,持续推动巴基斯坦证券交易所(以下简称巴交所)和中欧国际交易所(以下简称中欧所)"一带一路"境外合作项目建设。一是协调推动巴交所正式上线新一代交易系统,持续与巴基斯坦监管机构密切沟通,推动巴交所各项工作平稳进行。二是按照第三次中德高级别财经对话精神和证监会整体部署,与上交所和德交所紧密合作,共同推进中欧所离岸 A 股指数期货项目。

第三节 市场发展展望

2024 年,上海期货市场深入推进落实习近平总书记考察上海的重要指示精神,贯彻落实中央金融工作会议、中央经济工作会议精神和新"国九条"工作部署,坚持以人民为中心的价值取向,以新理念探索新模式、以新作为闯出新路子,打好产品体系攻坚战、对外开放阵地战、服务实体整体战、改革创新主动战、防范风险持久战,向着加快建成世界一流交易所稳步前进,为探索中国特色期货监管制度和业务模式、建设上海国际金融中心作出更大贡献,更好服务金融强国建设和中国式现代化。

专栏 14

习近平总书记考察上海期货交易所

2023 年 11 月 28 日,到上海考察的习近平总书记一下列车,就前往上期所。习近平总书记结合电子屏幕和重要上市品种交割品展示,听取上期所增强全球资源配置能力、服务实体经济和国家战略等情况介绍,了解上期所日常资金管理和交割结算等事项。习近平强调,上海建设国际金融中心目标正确、步伐稳健、前景光明,上海期货交易所要加快建成世界一流交易所,为探索中国特色期货监管制度和业务模式、建设国际金融中心作出更大贡献。

习近平将上期所作为本次上海考察的第一站,显示出对推动我国金融高质量发展、加快建设金融强国的高度重视与殷切期望,给全所上下以强大的思想指引、精神鼓舞和前进动力。习近平从党和国家事业发展的高度,进一步明确上海国际金融中心建设战略谋划的高点站位和远大追求,指明上期所立足上海、服务全国的重大责任和光荣使命,具有强大的思想引领力、政治感召力、战略指导力,为期货市场改革发展稳定各项工作提供了根本遵循。

上期所紧紧围绕习近平总书记提出的"加快建成世界一流交易所,为探索中国特色期货监管制度和业务模式、建设国际金融中心作出更大贡献"的目标,进行深入讨论,围绕构建产品体系、提升重要大宗商品价格影响力、发挥一线监管效能、防范化解风险、完善交割治理、推进对外开放、优化技术支撑、强化队伍建设等方面研究思路举措、细化责任分工,全面提振干事创业的精气神。

上期所深入学习贯彻习近平重要指示,结合贯彻落实中央金融工作会议精神,在证监会党委的领导下,坚守监管工作的政治性和人民性,履行好监管主责主业,防范化解各类风险,以底线思维和极限思维确保市场安全平稳运行;坚持服务实体经济的宗旨,主动对接国家战略,聚焦"加快建成世界一流交易所"的重要使命,把习近平总书记的殷切期望和深切嘱托转化为助力上海国际金融中心建设、服务国家发展大局的实绩,以更振奋的精神、更坚定的担当、更务实的举措和更迅速的行动,为探索中国特色期货监管制度和业务模式、建设国际金融中心作出更大贡献。

专栏 15

上市集运指数(欧线)期货,助力航运业高质量发展

为贯彻落实习近平总书记加快建设海洋强国、航运强国的指示精神和党的二十大精神,助力上海"五个中心"建设,提升航运金融服务能级,上期所子公司上期能源于2023年8月18日挂牌上市航运指数期货,即集运指数(欧线)期货。2023年11月28日,习近平考察上期所期间,对航运指数期货表示了肯定。航运指数期货被证监会誉为"我国近年来最具创新性的期货品种"。

我国是航运大国,超过90%的进出口货物通过海运完成。近年来,受国际国内多重因素影响,国际航运市场价格波动剧烈,市场风险进一步加大,相关套保需求更加强烈。上期所适时推出全球首个依托我国指数开发的航运指数期货,是积极响应市场呼声、提升航运金融服务能级、服务国际集装箱运输行业稳健发展,协助全球客户管理风险、发现价格、配置资源的使命要求。

自2023年8月18日上市至2023年末,航运指数期货共运行90个交易日,累计成交2 557.65万手,日均成交28.42万手,累计成交额1.17万亿元,日均成交额129.73亿元,12月29日收盘时持仓10.89万手。总体上,市场运行平稳,各方评价积极正面。

第十章 保险市场

第一节 市场总体情况

作为国家级金融基础设施，上海保险交易所紧跟国家发展大局，按照"辅助监管、服务市场"的战略定位，一方面发挥数字化底座枢纽连接作用和集中运营优势，助力保险业更好服务科技创新、普惠民生、绿色转型等国计民生领域；另一方面发挥交易所一线风险监测功能和科技优势，支持强化"五大监管"。至 2023 年末，全年交易保险额 101.4 万亿元，注册、登记航运保险及保险资管相关产品 1 992 只。市场主要情况如下：

一是保险交易服务领域。安责险运营支持平台全年提供保险金额 4.39 亿元。巨灾保险平台全年惠及城乡居民 165.5 万户次，提供保险额 7 100 万元，支持中国城乡居民住宅地震巨灾保险共同体出险排查 5 次。支持"惠民保"提供保险额近 97 万亿元，服务 2 944 万人。数字化保险中介交易平台集中对接 734 家保险中介机构和 48 家保险公司，累计上线产品 121 款，全年交易保险额 4 832 亿元。

二是国际再保险等领域。中国再保险登记系统登记境内外再保险接受人 696 人，再保险经纪人 240 家。国际航运保险平台新增登记保单约 10.9 万件，新增保险额 2.73 万亿元。

三是保险资产领域。累计开立持有人账户 12 257 个，登记监测约 16.83 万亿元保险资金的运用信息，登记保险资管产品约 9.14 万亿元；全年完成 969 只组合类资管产品、93 只资产支持计划产品及 2 只专项产品发行前登记；完成 1 509 只债权投资计划、股权投资计划、资产支持计划估值，规模 0.45 万亿元。

第二节　基础设施建设情况

1. 特定风险分散交易功能建设蹄疾步稳、服务大局

一是服务"打造国际一流再保险中心"。在党中央、国务院的高度重视下，在国家金融监督管理总局、上海市委、市政府的指导支持下，上海国际再保险中心迈入高站位建设阶段。政策争取实现突破进展。国务院发文强调"在临港新片区内建设再保险国际板"。上海市市长和国家金融监督管理总局局长共同启动上海国际再保险登记交易中心（以下简称"登记交易中心"）。央地专项差异化政策加速赋能，包括差异化偿付能力风险因子（K_4）、再保险保费统计发布规则、梯度化场内交易奖励政策等。框架搭建跑出"中国速度"。经监管批复后发布首批4项规则，交易所规则首次成为监管规范的重要补充。登记交易中心核心系统上线运行。已有15家保险公司、3家经纪公司经批复在登记交易中心设立主体。成功举办第五届上海国际再保险会议，吸引349家机构（外资120家）参会，全球影响力持续提升。二是做好巨灾保险平台运营支持。持续为巨灾保险提供投保出单、保单管理、共保清结算等一站式服务，探索为上海巨灾保险试点和创新提供统一运营服务，支持运用保险机制提升城市建设韧性。

2. 特定产品交易功能持续发力、不断升级

一是拓展"政府引导＋市场运作＋基础设施支持"的普惠保险产品发展模式。依托数字化手段，提升普惠保险覆盖面、可得性、满意度。2023年支持15个省市"惠民保"运营推广，服务人数位居全国首位。打造普惠保险一站式运营的"地域样本"。完善上海"随申码—保险码"产品投保、"一码通赔"等功能；同时对接上海医保局，支持个人医保账户余额购买商业健康保险，上线30余款产品，已成为上海市进一步完善多元支付机制支持创新药械发展的重点项目；宁波"浙里甬 e 保"新增家财险、贷款保险等普惠型产品。二是支持保险业参与社会管理。安责险运营支持平台已在水利行业试点，集中链接投保人、保险公司及相关行业协会；组织行业力量为南水北调集团提供战略性保险保障，全力护航国家民生工程。搭建上海市统一的工程质量潜在缺陷保险（IDI）平台，支持保险业为上海住宅项目提供超过 1 900 亿元的保险保障。

3. 保险资产交易运营功能全面升级、提质拓面

一是持续打造保险资管产品全生命周期运营平台，涵盖发行、登记、估值、结算、信息披露等全业务场景，推动业务流、数据流、资金流"三流合一"。资产支持计划、组合类资管产品登记规模同比分别增长48%、38%；建设保险资管产品智能查验系统和集中登记系统，提升

服务监管质效和水平。二是畅通保险资金服务实体经济渠道。一方面,搭建投融资对接综合服务系统,与多省建立投融资精准对接的长效合作机制,实现项目签约 800 亿元,有效推动保险资金服务重庆、宁波、贵州、武汉、内蒙古等地重大项目和战略产业发展。另一方面,持续为保险机构直接投资开放式公募基金提供全流程、一站式、数字化服务,累计基金交易超2 000 亿元;服务保险资管机构和保险资管产品代理销售机构对接,年内代销超 1 200 亿元。

4. 数据要素交易交互功能多地布局、作用凸显

一是"总对总"推进保险业与其他行业数据对接交互,激活数据价值、构建保险新生态。医疗领域,合作共建上海医保大数据创新实验室,在全国首次规范流程、形成机制,推进商业健康保险在精算研究、产品研发、服务创新等方面的探索应用,助力上海医药产业发展,已成为医保商保数据融通共享的标杆样本。在上海、重庆、宁波等地优化"零感知"快赔,在孝感试点医保商保直接结算,更大范围实现"数据多跑路、群众少跑路"。航运领域,已对接上海国际贸易单一窗口,推进行业为上海国际航运中心建设提供更高能级的保险服务。新能源车险领域,已与上海新能源车公共数据中心等对接合作,为市场机构提供"风险评分""销售评分"等产品,全年调用约 2 100 万次。二是辅助监管治理行业数据,支持强化"五大监管"。保险资金运用领域,持续运营保险资金监测系统,对保险资金投向重点领域、非标债权违约风险进行跟踪监测,深度参与非现场穿透检查及现场检查,辅助监管摸清行业风险底数、排查合规问题、开展政策评估。公司治理领域,升级数智化关联交易监管服务平台,开发关联方档案报送质量评估、关联交易漏报问题筛查、存款公允性评估、司法涉诉查询服务等功能,支持实现穿透式监管,成为穿透式监管的重要"工具箱",已与上海、北京、重庆等 19 地监管局建立常态化合作机制。

5. 交易所配套功能进一步完善

年内新增场内保险交易账户约 83 万户,累计达 1 050.5 万户;提供数据核验查询 510.76万笔,累计提供 1 852.5 万笔;推出跨境结算和银行卡代收等新功能。上海保险交易所功能被监管写入《关于推动绿色保险高质量发展的指导意见(征求意见稿)》。

第三节　市场发展展望

2024 年是中华人民共和国成立 75 周年,也是实施"十四五"规划的关键一年。

上海保险交易所将以习近平新时代中国特色社会主义思想为指导,深入领会中央金融工作会议精神,贯彻落实国家金融监督管理总局工作部署,充分发挥"辅助监管、服务市场"的职责作用,打造自主可控安全高效的保险业数字化基础设施。一是加快登记交易中心建设。落实党中央、国务院相关部署,在国家金融监督管理总局和上海市委市政府的支持下,全力打造再保险内循环中心节点和双循环战略通道,通过进一步集聚再保险交易要素、制定场内配套规则、提供标准化流程管理和信息交互的机构间集中市场,全面服务境内和跨境再保险业务。二是打造保险业务管理平台。围绕民生普惠、社会治理、科技创新等领域,打造提供方案制定、共保体组建、销售渠道支持、资金支付结算等全流程运营服务的一站式平台,助力保险业优化承保理赔流程、规范产品管理、辅助社会管理。三是建设跨行业数据交互枢纽。以"总对总"方式推进保险业与其他行业之间数据对接交互,在保障数据安全基础上,基于跨行业联通数据,探索提供数据治理、模型构建、关联分析等应用,服务医疗、航运、新能源车险等领域保险交易全流程提质增效。四是持续建设保险资产交易平台。进一步推动各类保险资产管理产品在场内集中的全生命周期运营管理,继续做好保险资金运用集中登记监测,完善保险资管产品代销平台、保险业基金投研交易电子化平台、投融资对接综合服务系统建设,为保险资金服务实体经济提供有力支持。

专栏 16

以上海国际再保险登记交易中心为载体
上海国际再保险中心建设蹄疾步稳

一是上海国际再保险中心迈入高站位建设的全新时期。上海国际再保险登记交易中心(以下简称"登记交易中心")是为再保险交易活动集聚交易要素、提供标准化信息交互的公司间集中市场。2023 年 6 月,上海市市长龚正与国家金融监督管理总局局长李云泽在第十四届陆家嘴论坛上共同主持发布《关于加快推进上海国际再保险中心建设的实施细则》,正式启动登记交易中心建设。12 月,国务院发布《全面对接国际高标准经贸规则推进中国(上海)自由贸易试验区高水平制度型开放总体方案》,要求"在临港新片区内建设再保险国际板"。中央政治局委员、上海市委书记陈吉宁,国家金融监督管理总局局长李云泽多次就登记交易中心建设作出重要指示批示。建设登记交易中心已经成为央地协作落实金融强国战略任务、上海国际金融中心和国际再保险中心建设的重要载体和加速引擎。

二是登记交易中心交易系统功能及配套规制不断完善。登记交易中心交易系统由上海保险交易所负责建设,已具备交易对手方资信查询、业务信息发布、标准化合同签订、标准化账单生成、机构间账务清算、资金结算、信息披露、履约管理、跨境收付便利、电子档案集中存证等功能;同时,国家金融监督管理总局积极给予差异化监管政策支持,指导并授权上海保险交易所制定和发布国际分入业务登记规则、国际分入业务交易规则、国际分入业务统计规则和再保险业务适配偿付能力规则Ⅱ(再保险交易对手违约风险特征系数操作指引)等四项业务及系统配套规则。

三是登记交易中心的机构集聚效应初步显现。临港新片区为登记交易中心提供集中办公楼宇,以及梯度化场内交易奖励政策,构建与境外税赋差距最小的再保险交易市场。境内外市场主体高度关注,先后有中外机构赴临港调研约200家次。至2023年末,已有15家保险公司再保险运营中心和3家中介机构再保险分公司获监管批复,落户临港新片区。

未来,登记交易中心将加快机构、业务、人才等要素集聚,推动建立统一明确的再保险市场规则和标准,分步、有序实现产品和机制创新,进一步提升保险行业对战略安全、国计民生等重点领域的承保能力,打造再保险内循环中心节点、双循环战略通道。

第十一章　信　托　市　场

在资管新规实施元年的新发展格局背景下,《关于规范信托公司信托业务分类的通知》(以下简称信托业务新分类)发布,进一步厘清信托业务的边界与服务内涵,为整个信托行业的转型明确方向。2023 年,在经济恢复向好的同时,房地产、地方政府隐性债务以及中小金融机构等重点领域的潜在风险仍有待化解和处置。面对复杂多变的外部环境和行业调整的压力,信托业积极响应国家宏观调控政策,紧密围绕服务实体经济的核心任务,不断优化资产结构,加强风险管理,推动业务创新,高质量助力金融强国建设。

第一节　市场运行情况

1. 信托资产规模稳定增长,增速稳步加快

近几年,信托行业转型持续深入,在"稳字当头、稳中求进"工作总基调下,2023 年信托资产规模延续持续回升的发展趋势,产品结构也得到优化。至 2023 年第四季度末,信托资产规模余额为 23.92 万亿元,同比增加 2.79 万亿元,同比增长 13.17%;较第三季度末环比增加 1.28 万亿元,环比增长 5.65%。2022 年第二季度以来,信托资产规模开始企稳回升,同比增速逆转为正,到 2023 年末已连续 7 个季度保持正增长,且增速有逐步加快的趋势,反映了信托业在资管新规以来的转型工作已取得明显成效。

2. 行业发展结构持续优化

(1) 在信托资产来源结构上,依旧呈现"两升一降"趋势

从资金来源看,至 2023 年第四季度末,集合资金信托规模为 13.52 万亿元,占 56.5%;管理财产信托规模 6.55 万亿,较 2023 年 9 月末增加 3 498 亿元,环比增长 5.64%,占 27.37%,两项合计占比超过 80%,呈现质效增进的"二八"结构。单一资金信托规模为 3.86 万亿元,较 2023 年第三季度末减少 1.05 万亿元,环比减少 2.64%,占 16.12%。

图 11-1　信托资产规模变动情况(单位:亿元)

数据来源:中国信托业协会。

图 11-2　信托资产按来源分类的规模及占比情况(单位:万元)

数据来源:中国信托业协会。

(2) 在信托功能分布上,行业资产投资功能显著增强

至 2023 年第四季度,投资类信托规模为 11.57 万亿元,较第三季度增加 8 711 亿元,环比增长 8.15%,占 48.34%;融资类信托规模为 3.48 万亿元,环比增加 2 291 亿元,增长 7.06%,占 14.5%;事务管理类信托规模为 8.88 万亿元,较第三季度增加 1 798 亿元,增长 2%,占 37.12%。服务信托和融资信托"有进有退"的结构优化调整,服务实体经济转型效果从"精准有力"向"精准有效"持续增强。

3. 资金投向结构优化,标准化投资能力持续提升

(1) 资产管理信托业务强势增长

资管新规实施以来,信托公司根据"信托业务新分类"的通知要求,大力发展标品信

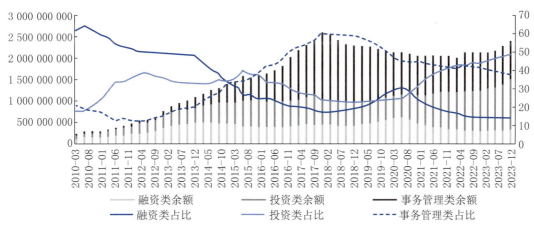

图 11-3 信托资产按功能分类的规模及占比情况（单位:万元）

数据来源:中国信托业协会。

托,投向证券市场、金融机构的规模和占比持续提升。信托公司作为机构投资者积极参与资本市场,培育专业化的资产管理能力,大力开拓资产管理信托业务。

2023 年第四季度末,资金信托总规模达 17.38 万亿元,环比增加 9 300 亿元,环比增速 5.66%;同比增加 2.24 万亿元,同比增长 15.59%。从资金信托投向结构来看,投向证券市场(含股票、基金、债券)规模合计为 6.6 万亿元,较第三季度末增加 8 536 亿元,环比增长 14.85%,合计占 38%,环比上升 3 个百分点;与 2022 年第四季度相比,增长 2.25 万亿元,同比增长 51.52%,占比则提升近 10 个百分点。

2023 年第四季度末,信托资产投向金融机构的规模为 2.37 万亿元,环比增加 1 331 亿元,环比增长为 5.95%,占 13.64%,与第三季度末基本持平。与 2022 年同期相比,规模增加 3 575 亿元,同比增长 17.76%,占比小幅提升约 0.2 个百分点。

从证券投资信托的配置类型总体上看,信托公司专业化的资产配置能力逐步增强。从证券投资信托的合作方式来看,私募基金(特别是私募债券基金)和银信合作是信托公司开展外部合作最重要的两类渠道,信托公司服务和融入大资管的合作生态获得进一步培育。

(2)资金信托运用方式更加聚焦

信托公司运用金融工具开展受托服务的主流方式已经从贷款信托向以交易性金融资产为代表的多元金融工具使用转化。2023 年第四季度,资金信托用于交易性金融资产规模达 10.44 万亿元,环比增加 8 372 亿元,环比增长 8.72%,占 60.1%,较第三季度上升 1.69 个百分点;规模同比增加 3.61 万亿元,同比增长 52.75%,占比大幅上升 14.62 个百分点。

　　与此同时,信托贷款规模和占比持续下降,2023年第四季度,信托贷款规模降至3.32万亿元,环比下降约100亿元,占19.13%,环比微降1.14个百分点;规模同比减少1 539亿元,同比下降4.42%,占比下降约4个百分点。除此之外,信托公司也在积极探索长期股权投资、债权投资、同业存放、买入返售等多样化的金融工具运用。

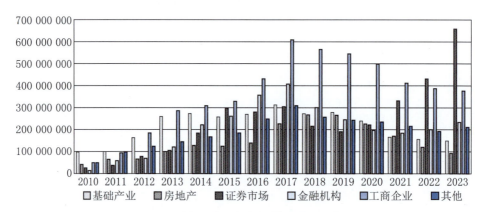

图11-4　信托业资金投向的情况(单位:万元)

数据来源:中国信托业协会。

第二节　行业基础设施建设情况

　　1. 全面履行产品登记职责,行业数据中心雏形显现

　　2023年,中国信托登记有限责任公司(下简称"中国信登")配合监管部门严把信托产品入市关,更好发挥"站岗放哨"作用。通过信托产品初始登记、变更登记、更正登记、终止登记,构建信托产品从发行成立、存续期间管理、到期清算的完整信息跟踪链条,实现对信托产品全流程动态监测。公司以信托业务新分类为契机,稳步推进事前报告职能,有序推进登记要素优化,持续推进EAST规范优化,助力服务"五大监管"和"五篇大文章"。

　　2. 重点发挥数据应用作用,服务监管和行业有质有量

　　着力强化数据应用工作,助力行业风险早识别、早预警、早暴露、早处置。数据口径更加直观易懂。根据上报监管部门的数据口径,按照新业务分类、产品成立和存续情况、业务份额及发展趋势等维度,定期提供报表。专题分析作用逐步显现。中国信登已形成业务创新、合规管理、舆情热点、机构风险等专题分析框架,全年向监管部门和行业提供分析报告30余篇,助力相关问题的整改与规范,引导行业主动转型发展。

3. 赋能金融科技创新，数智工具应用多点开花

依托自身科技优势，通过共建和自主研发，为监管部门提供全要素报表数智工具、信托监管数智工具和公司监管门户模块功能，助力提升监管科技能力。金融科技赋能成效显著。依托"信托业协会金融科技专委会"和"信托业金融科技创新联合实验室"两大平台机制，结合信托业金融科技发展数据库建设，中国信登面向行业提供信息系统互联互通、自动化报送、数据质量治理、数据核验等13项产品服务，支持信托公司持续监测各类互联网资产3万余个，识别提示网络安全风险隐患800余处，开发测试体系获得ISO9001质量管理体系权威认证，满足信托公司在监管报送、风险监测、财富管理等领域的科技应用需求。

4. 回归交易流转职能，信托流通市场机制建设探索日益深入

探索信托受益权集中登记流转机制。在监管部门指导下，制订资产管理信托受益权集中登记和交易转让方案，分步提升封闭式产品、开放式产品的受益权集中登记和交易流转等功能，完善多层次资本市场体系。探索信托财产登记。根据前期《关于在上海开展信托财产查询试点的意见》《上海市浦东新区绿色金融发展若干规定》，将重点聚焦信托财产登记法律障碍，积极推进制订不动产信托财产短期标注登记试点方案。

第三节　市场发展展望

2024年，中国信登将围绕中央金融工作会议和中央经济工作会议精神要求，在监管引导下，与行业一同围绕立足信托本源优势，做好科技信托、绿色信托、普惠信托、养老信托、数字信托五篇大文章，深刻把握金融工作的政治性、人民性，不断提升专业性，擘画具有中国特色的信托业高质量发展之路。

1. 聚焦"五篇大文章"，服务实体经济高质量发展

中央金融工作会议首次以"金融强国"为行业发展指明方向，在推动信托行业向资产管理、财富管理、其他服务类信托和慈善信托转型的同时，进一步运用制度优势为科技发展提供多元化的支持，持续丰富绿色信托服务供给，打好"普"＋"惠"组合拳，迎接养老信托发展良机，探索数字信托创新应用场景，中国信登也将进一步落实统计监测分析工作，拓展数据分析服务，深化数智和金融科技工具应用，提高会员服务质效，力争在社会财富传承与管理、社会治理服务、公益慈善等空间发挥独特的创新价值。

2. 着眼"业务新分类"，助推信托业务新格局

根据《关于规范信托公司信托业务分类的通知》《信托公司监管评级与分级分类监管

暂行办法》，信托行业机构根据战略规划逐步走向差异化特色化发展之路。中国信登将顺应行业转型趋势，进一步做好信托产品登记，加快信托行业数据中心建设，实现信托业务数据统一采集，逐步推动信托流通市场建设。

3. 坚持信托本源航向，助推引导行业平稳健康发展

中央金融工作会议提出，"依法将所有金融活动全部纳入监管，全面强化机构监管、行为监管、功能监管、穿透式监管、持续监管"。中国信登将强化投资者保护，聚焦类信贷融资、通道业务、多层嵌套、关联交易等业务风险，力争提升数据分析穿透能力、监测能力和数智化能力，强化行业数据治理，对风险早识别、早预警、早暴露、早处置。

专栏 17

中国信登上线信托业数字化监管工具

为切实发挥中国信登行业基础设施服务职能，积极探索创新服务监管的工作模式，在原银保监会信托部的指导下，中国信登与上海监管部门稳妥推进监管科技合作共建，于2021年8月签订《关于共同开展信托业数字化监管研究的合作备忘录》，共同推进信托业数字化监管工具建设试点工作。信托业数字化监管工具依托大数据、人工智能等先进技术，打造监管驾驶舱、监管监测、行业监测、监管智库、报告报表、数据治理、自助分析等功能模块，为开展属地信托机构的经营情况监测提供便捷化、智能化的工具应用，有效提升信托业风险识别、监测、防控、处置能力。

针对信托行业数据特点，中国信登积极采用大数据、人工智能、BI等成熟信息技术，科学、经济、高效地支撑行业数据中心功能数字化转型发展，并探索引入隐私计算等前沿技术，有力支持信托登记数据"可用不可见"的运用原则，加强数据流动，提升数据的社会价值。

中国信登探索监管科技与合规科技融合赋能，立足行业数据中心功能定位，不断深化在行业数据治理、合规内控等应用场景的数字化增值服务建设，在监管与合规"一体两面"的框架下，通过建设数字化监管工具，探索形成监管要领的经验积累，并以此为基础打造数字化合规科技服务，促进行业自律合规，支持行业转型发展，服务上海数据生产要素市场建设，助力上海打造全球数据资源配置枢纽。

第十二章 产权市场

第一节 市场运行概况

2023年，上海产权市场坚持服务国家战略和全市发展大局，主要经济指标保持平稳，全口径市场交易规模13 392.98亿元；上海联交所本部交易规模3 766.16亿元，同比增长1.71%，创历史新高。上海产权市场聚焦业务模式和产品创新，不断增强平台功能，提升发展能级。同时，加快构建全要素、全资源市场体系，持续深化跨区域、多领域交易合作，牢固确立国内产权市场领头羊的地位。

1. 上海产权市场保持高质量运行，行业领先地位进一步巩固

一是上海产权市场项目成交宗数和金额均创新高。2023年产权交易类项目成交3 044宗，同比增长65%，成交额2 314.36亿元，同比增长2%。上海产权交易市场化程度进一步提升，市场服务价值进一步体现，在促进国有资本保值增值、推动国有经济布局优化和结构调整等方面提供了强大助力。市场整体竞价率为29.82%，表明优质的资产和产权项目通过产权市场平台能够更好地实现价值和高效流转，有力地促进了国有资本与多种所有制资本的融合发展。二是产权转让业务增加，备案登记业务取得突破。从交易品种分布看，产权转让、企业增资和资产转让等国资三项依然是最主要的品种。产权转让项目成交560宗，成交额1 201.1亿元，同比增长39.6%，企业增资成交677.19亿元。备案登记业务成交宗数和成交金额均创历史纪录，分别为784宗和217.30亿元。上海产权市场资源汇聚和资本融通能力进一步增强，多维度全方位的投行化专业服务能力持续提升。三是央企业务竞争激烈，非国资业务表现亮眼，外地业务具有广阔空间。从项目属性分布看，中央企业成交各类项目836宗，同比下降6.4%，成交额1 029.35亿元。上海市国有企业各类进场交易项目成交924宗，同比增长84.8%，成交额934.04亿元，同比增长31.4%。非国资业务表现亮眼，项目成交1 197宗，同比增长222.6%，成交额299.53亿元，同比增长90.8%。四是国有存量资产盘活成效显著，房地产和制造业等行业成交领先，高效服务实体经济。

从项目行业分布情况看，房地产业，制造业，水利、环境和公共设施管理业，租赁和商务服务业，金融业五大行业成交额居前。

2. 主责主业更加凸显，全要素、全资源业务体系加快健全

一是上海产权市场坚持市场导向、客户导向，聚焦重点领域，加强业务集成，服务国资国企高质量发展。央企业务板块总体保持历史较高水平，行业排名稳定。围绕先导产业、战略性新兴产业、未来产业，加快构建"投资＋交易＋产业"发展模式，助推新质生产力加速形成。成功牵线国家绿色基金助力南水北调重大工程，合计募资金额180亿元，创下全国产权市场年度单笔最大规模的一次融资。上海交易总部在业务集成、业务创新上积极实践，以推进"一企多策"为抓手，加深对市属国资二三级企业和浦东、黄浦等重点区域区属国企的服务力度，不断挖掘各企业在混改和存量盘活方面的差异化需求，积极拓展专业交易业务品种、国有经营性资产以及非公交易业务，市场服务能级不断提升，业务集成效果显现。国有不动产租赁业务成交面积55.59万平方米，同比增长3倍多，实现了里程碑式突破。持续服务城市更新与区域发展，完成黄浦、虹口两区首宗旧区改造更新以及浦东三林地区更新项目招商工作，合计交易规模292.68亿元。

二是多平台要素市场建设正在纵深推进，成效显著。金融业务总部在巩固核心业务的同时，在融资租赁间市场建设、特殊资产交易拓展等方面持续发力，多个创新产品首单落地，形成规模化发展路径。公共资源交易总部统筹"一网交易"总平台建设，取得积极成效。招标采购业务连续两年突破千亿。配合市水务局开展用水权交易课题研究，实现首批试点项目落地。国家考核排名连续多月保持全国第一。上海环交所保障全国碳市场和区域碳市场平稳运行，有序开展市场建设，实现交易额150.4亿元，同比增长373.69％。上海区域股权市场的基础建设和金融创新取得突破，实现交易额166.72亿元，同比增长116.8％。上海知识产权交易平台在打造产品和服务模式方面取得突破，实现交易额66.91亿元，同比增长155.92％，知识产权质押融资实现融资额25亿元，同比增长4倍。上海农交所持续深化服务区域乡村振兴，呈现较好发展态势，实现交易额13.05亿元，同比增长93％。

3. 聚焦重大创新项目，服务国家战略落地落实

一是金融服务科技创新建设取得重要进展，基本形成私募基金份额转让、认股权综合服务、"专精特新"企业服务、知识产权质押融资等围绕科技创新建设的市场服务体系，"科技产业金融一体化"新生态加快构建。2023年，上海私募基金份额转让平台实现交易额161.87亿元，同比增长300％，并完成单笔金额超百亿的份额转让项目。上海股交中心认股权综合服务试点、"专精特新"专板等金融服务创新相继获批，区域股权市场服务能级再提升。知识产权国际运营平台被认定为特色服务类国家知识产权运营（上海）国际服务平台，"国际服务"特色定位和成效得到国家认可。二是深耕绿色"双碳"领域，服务国家"双

碳"战略稳步推进。围绕打造"碳交易中心、碳定价中心、碳金融中心"目标,持续深化碳市场建设,在碳金融、碳管理、碳普惠、碳咨询等方面取得积极成效,形成一系列"双碳"领域"上海标准"。三是产权和公共资源、碳排放权交易的长三角一体化进程加快。长三角区域公共资源交易统一门户正式开通运行,示范区公共资源交易目录落地,长三角产权交易共同市场建设加快。长三角碳普惠生态圈已现雏形,碳管理体系在示范区内落地应用。

4. 科技赋能产权市场发展,数字化转型步入新阶段

依托新一代产权交易平台三期、公共资源"一网三平台"等重点项目,全面提升系统数字化、智能化水平。基本建设形成以"集约化服务、电子化交易、智慧化监管"为一体的高水平数字化平台,实现综合交易、综合服务、综合监管三统一,以及国有产权业务、创新业务的融合发展。一是数智赋能,全面提升系统服务能级。上线新版沪联天下 App,支持所有交易品类掌上竞价功能;增加业务审核环节的智能工作台、智能预警、智能助审功能,提升审核智能化水平和效率;引入智能算法,在智能标签、智能推荐等方面取得初步成果。利用体态分析、双目视觉定位等 AI 创新技术提高专家行为分析准确率,提升智慧监管水平,该创新成果获国家信息中心评定的年度全国 9 个创新成果之一。二是完成系统异地灾备部署,筑牢安全发展基石。基本建成基于"两地三中心"架构的基础设施环境,包含上海主生产中心(宝山)、上海灾备中心(张江)以及北京的异地备份中心,完成北京数据备份中心向应用备份中心的升级。将集团主要系统接入云防护、云监测等平台进行统一安全管控,保障系统安全零事故。三是深化数据中台建设,持续推进数据治理。初步建成上海联交所数据中台,发布数据管理制度,完成 80% 以上业务类场景数字化。四是开发上线"区块链业务平台系统"。实现市场 9 类主题数据与监管链对接,率先在区域性股权市场上线应用 DID 分布式数字身份,实现身份认证全过程闭环管理。

5. 合规风控体系建设持续完善,产权市场更加规范高效

一是健全合规风控体系。成立清理整合优化内部管理制度体系攻坚小组,对内部管理制度体系进行再梳理、再审视、再优化。修订《风险管理办法》《规章制度制定操作指引》等制度体系,并就"立改废"开展培训,释明制度制定流程。二是交易审核机制持续创新。审核体系标准化建设持续发力,编制《企业国有产权转让项目审核工作手册》《股东优先购买权操作口径》等。加大企业内训力度,同时用好外部资源加强培训统筹,形成"人人学制度""人人懂制度""人人守制度"的思想共识。三是加强集约管理。设立人力资源共享中心、财务共享中心、数字化转型中心、创新业务中心,形成一体化业务集成、一体化内控管理、一体化生态构建的管理模式。四是深化"一体化管理"。以 OA 系统为基础,破除信息孤岛和数据壁垒,推进下属投资机构管理系统建设,完成下属投资机构 OA、资产系统、合同系统、人事系统、财务系统、数字档案系统等管理系统覆盖并投入使用。拓展审计管理功能,实现审计项目全过程在线监管;建设数字档案系统,助力无纸化交易和

无纸化办公。

6. 合作生态进一步优化，行业影响力稳步提升

一是提升经纪机构管理能力，优化合作生态圈。牵头修订经纪机构相关管理制度，如《市场服务机构管理办法》《经纪机构风险保证金管理细则》等，推动建立经纪机构优胜劣汰的管理机制。举办经纪机构主题日活动，组织经纪机构满意度测评，开发上线经纪机构与业务人员间交易业务双向测评功能。以培训为载体赋能经纪机构执业能力建设，组织经纪机构排行榜、上海产权市场成立30周年长期执业经纪机构表彰等活动。加强同业合作机构服务管理，拟定《合作交易机构交易通道管理操作细则》，建立管理闭环。推进长三角产权交易共同市场建设工作，起草《长三角产权交易共同市场项目推介办法（试行）》，组织长三角线上联合项目推介会、研讨会等活动，推进同业机构交流合作。二是多维度多渠道建设品牌，持续打造品牌美誉度。丰富品宣工具，拓展宣传载体，强化项目推介，优化生态、打响品牌、提升行业影响力。同时，举办系列化的高质量论坛、营销推介活动打造品牌影响力。成功举办上海产权和要素市场高质量发展大会，汇聚各方智慧力量助力全国统一大市场建设；成功举办中国碳市场大会，全面展示全国碳市场建设工作成效，打造应对气候变化国际交流合作"新名片"；连续举办上海国际知识产权论坛分论坛暨"中知路"国际知识产权运营论坛，打造国际一流的知识产权运营"新高地"。

第二节　市场发展展望

上海产权市场将贯彻落实国家和上海市国资国企改革深化提升行动方案重点任务要求，坚持以服务国家战略和上海市重大任务，推动高质量发展为主题，以建设统一、规范、高效的要素和资源市场为发展主线，以专业化、市场化、数字化、绿色化、国际化为发展路径，奋力打造具有国际影响力的全要素、全资源市场化配置交易平台。

1. 坚定发展信心，实现经营业绩持续增长

一是持续巩固和提升核心业务。央企业务聚焦重点工作：深入落实央企业务结构优化调整方案，深化打造服务央企"1＋5＋N"业务体系。央企业务总部、长三角总部承担起主体责任，发挥好积极性，做好"对接总部"和"属地服务"两篇大文章，推动央企业务打开新局面。上海总部定位于集成服务的排头兵、总前台，依托属地资源优势在业务集成、业务创新上积极实践，发挥示范带头作用。公共资源交易总部深入了解央企招标采购业务需求，主动推介服务，并对全市国资、各级政府在加强公共资源招投标规范化、专业化方面的需求再对接、再挖掘。

二是不断开拓和壮大新兴业务。"双碳"服务、不动产租赁、私募基金份额转让、知识产权质押融资等业务要持续用力,力争交易规模从十亿元级、百亿元级发展为千亿元级。"双碳"服务形成专业化的产品服务体系和运营管理体系,推动碳管理、碳认证、碳培训等"双碳"服务规范化、规模化发展。国有不动产租赁业务具有广阔的市场空间,主动挖掘、积极引导更多优质项目和投资资源向平台集聚,有效提升资源整合效率和品牌形象;打造租赁服务生态圈,更好服务产业招商和区域经济发展。私募基金份额转让业务将总结国资基金重大项目的成功经验,加大对先导产业、战略性新兴产业项目资源拓展力度,在提升专业能力、推动业务创新、拓展市场生态方面再发力,助力金融资本与产业资本循环畅通。知识产权质押融资业务依托上海金融要素集聚优势,深化知识产权金融服务创新,探索多样化的知识产权质押融资工具和金融服务手段,加快推动科技创新成果转化为现实生产力。

三是努力探索和创新培育业务。持续探索培育特殊资产处置、"专精特新"企业服务、专业化市场培训、投资咨询与管理等业务。特殊资产处置业务对标学习京东、阿里平台已较为成熟的商业模式,化繁为简、创新模式,持续完善生态圈建设,增强精准匹配投资诉求、促进交易撮合的平台功能。"专精特新"企业服务形成标准化服务清单,依托证监会和市经信委培育"专精特新"企业的政策支持双向发力,持续提升服务质量,为政府部门对接市场主体、中小企业适配政策资源提供助力支持。专业化市场培训业务加强对标学习,打造核心培训产品,形成规范化、体系化培训体系,持续扩大品牌影响。投资咨询与管理业务聚焦区域经济发展和产业结构优化,构建"投资＋交易＋产业"发展模式,围绕交易主业,推动交易服务向两端延伸,强化投资功能,实现投资引领交易,把交易资源更好转化为招商资源、发展资源。

2. 持续攻坚突破,聚焦重点任务和关键环节形成专项行动

一是融入中央企业高质量发展专项行动。围绕推动中央企业高质量发展目标,聚焦中央企业服务国家战略、推动高水平科技自立自强、推动国有资本布局优化结构调整、深化国资国企改革等,加快构建业务集成服务体系,打造"研究＋投行"业务模式,致力成为产权市场服务央企"领跑者"。助力深化央沪合作、服务央企深度融入长三角一体化战略,发挥资源集聚、信息集聚优势,为中央企业与上海及长三角区域在服务国家战略与中心任务双向合作中作出积极贡献。

二是深度融入上海区域经济发展专项行动。立足服务上海加快建设"五个中心"、五大新城、浦东引领区、上海自贸试验区临港新片区、长三角示范区等国家及上海市战略承载区域功能,深度融入上海区域经济社会发展,充分发挥各类要素交易平台功能,促进金融资源、技术资源、空间资源、数据资源等优质要素资源向重点产业及重点区域聚集,在推动国企深化改革、央地融合发展、优化非公经济发展环境、落实双碳战略、促进城乡融合发

展等方面拓展全方位集成服务，扩大市场影响力，打响综合性、全要素、市场化交易服务品牌。

三是助力长三角一体化发展专项行动。全面落实《长江三角洲区域一体化发展规划纲要》，高质量建设长三角要素和资源共同市场。探索项目、平台、资本层面的合作，加强一体化云平台建设，建立合作共赢机制，加快推进产权交易信息披露、项目推介、交易规则等一体化合作；加快推进市场主体信息共享互认、远程异地评标等合作，促进公共资源跨域高效配置；开展碳管理、碳市场能力建设，服务长三角区域碳普惠联建；开展跨区域排污权交易研究，率先探索跨区域先行先试；加强与区域股权市场合作，推进跨区域共建共享，支持中小微企业发展。

四是金融赋能服务实体经济发展专项行动。积极贯彻落实金融服务高质量发展的目标要求，发挥综合业务协同优势，强化金融产权、知识产权和区域性股权市场资源高效配置的作用。深化私募基金份额转让平台建设，开展认股权综合服务试点，建设"专精特新"企业专板，着力发挥连接实体经济、金融、科技的枢纽作用；拓展知识产权质押融资服务，服务技术成果转化和金融创新；积极推进融资租赁流转服务平台建设，促进设备资产和资金的融通，为科创租赁业务提供良好的退出和风险管理渠道。

3. 强化"内功"修炼，为产权市场发展提供支撑保障

（1）进一步推进市场化改革，激发经营活力与发展动力

一是牢牢把握高标准要素交易市场建设和完善要素市场化配置的内涵，做好实体化改革路径的系统谋划，有序实施，落实落细，确保改革见实效。二是持续推动"三能"机制落地，建立更加简明清晰的职位体系、公正透明的薪酬体系和科学高效的考核体系。三是加强公司实体化治理背景下中层管理人员的能力建设，提高"管部门、带队伍、出业绩、创效益"的综合水平。

（2）进一步推进支撑体系建设，长效赋能业务增长

一是加强生态建设，集聚优势资源。分类探索与央企国企、经纪机构、同业机构等合作模式，不断扩大朋友圈、巩固合作圈、发展生态圈；通过举办专题活动、专场推介会，增强同央企国企、项目方、投资人等交流，提高客户黏性，形成资源吸附。二是提升"投行＋研究"能级，服务业务创新产品研发。强化智力资源建设，打造高端智库；整合全集团、跨市场的研究力量，提升客户需求响应能力，在实现和满足客户需求的同时，形成新产品新功能，不断扩大服务半径。三是加强业务标准化建设，促进业务统一规范。通过标准化建设，实现服务统一标准、文本统一内容、业务语言统一表述，提高业务的一致性，提升客户满意度。

（3）进一步推进员工队伍建设，夯实人才智力支撑

一是树立鲜明的选人用人导向，坚持"德才兼备、群众公认、注重实绩"配优配强核心

骨干队伍,不断优化干部梯次结构。有序做好党员发展工作,为党组织输送新鲜血液,为发展提供新生力量。二是在人才培养、人员评价考核、评优评先、晋级提职等激励约束体系上建立公开、公平、公正的机制。三是加强员工队伍管理和教育,强纪律、树正气,激发正能量。

(4)进一步推进企业文化建设,凝聚全员奋进力量

一是引领全体干部员工主动融入产权市场发展建设大局,在落实一系列改革任务、发展任务、创新任务中展现新作为,迸发新气象。二是发挥工团组织作用,因地制宜、因时制宜开展团建活动和文体活动,增强员工队伍的活力和凝聚力。三是大力选树先进典型,激励广大员工在市场化改革、业务创新发展中建功立业。

第十三章　金融市场基础设施

第一节　上海清算所业务情况

2023年，上海清算所认真贯彻落实中央经济工作会议、中央金融工作会议精神，将主题教育与中心工作融合贯通、一体推进，紧密围绕服务央行履职和推动金融市场高质量发展，支持上海国际金融中心建设获得新发展。

2023年，上海清算所清算业务总规模635.8万亿元，同比增长15%。其中，中央对手清算174.6万亿元，同比增长15.9%；其他集中清算461.2万亿元，同比增长14.8%①。2023年，上海清算所登记债券发行37.7万亿元，代理兑付债券34.6万亿元，年末债券托管余额34.3万亿元，同比增长10%；创设登记信用风险缓释工具203只、名义本金378.9亿元，年末托管信用风险缓释工具334只、名义本金648.4亿元。至2023年末，服务发行人账户7 823个，投资者账户38 818个，分别同比增长5.0%和12.4%。

1. 集中清算服务

2023年，上海清算所不断丰富清算品种、优化系统功能、提高服务质量，全力保障债券、外汇、利率、信用、大宗商品等各项清算业务安全稳定运行，获"亚洲风险奖——2023年度清算机构"称号。

债券清算业务方面，落地中央债券借贷业务；外汇清算业务方面，推出外币对交易中央对手清算业务，顺利将外汇中央对手清算业务和外汇双边清算业务接入境内外币支付系统；利率衍生品清算业务方面，成功落地"互换通"，推出利率互换合约移仓交易业务，优化标准利率互换集中清算服务；信用衍生品清算业务方面，为挂钩绿色债券的信用衍生品

---

① 中央对手清算包括：债券净额清算、中央债券借贷、人民币利率互换集中清算、标准债券远期集中清算、外汇中央对手清算、大宗商品衍生品中央对手清算与信用违约互换中央对手清算等；其他集中清算包括：债券全额清算、外币回购清算、外汇交易双边清算、大宗商品清算通与信用衍生品逐笔清算等。

交易提供逐笔清算服务,拓展逐笔清算双边履约保障品管理等增值服务;大宗商品清算业务方面,落地清算通数字人民币清结算服务。

清算规模方面,2023 年,上海清算所债券集中清算 462.0 万亿元;外汇集中清算 141.7万亿元;利率衍生品集中清算 31.3 万亿元,其中利率互换集中清算 31.0 万亿元,标准债券远期集中清算 3 088.2 亿元;信用衍生品集中清算 295.2 亿元;大宗商品集中清算 6 774.4亿元。

中央对手清算业务参与者数量方面,至 2023 年末,共有清算会员 92 家,其中上海清算所综合清算会员 6 家,产品类综合清算会员 7 家,A 类普通清算会员 32 家,B 类普通清算会员 26 家,C 类普通清算会员 21 家。

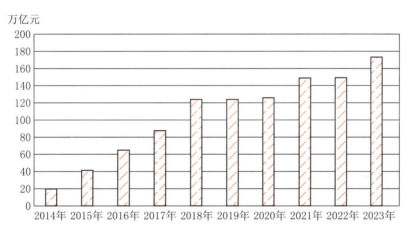

图 13-1　上海清算所历年中央对手清算业务规模

2. 发行登记托管结算服务

2023 年,上海清算所持续向市场提供高效稳健的发行登记托管结算服务,全力支持银行间债券市场高质量发展,为金融债券、非金融企业债券、货币市场工具、凭证类信用衍生品等提供发行招标、登记托管、清算结算的一站式服务。

发行登记服务方面,支持运用信用风险缓释工具发债,实现信用风险缓释凭证创设登记线上化;有力支持混合型科创票据、能源保供特别债、保障性租赁住房债务融资工具等创新产品落地,服务绿色发展、小微企业、乡村振兴等主题金融债券发行,加大重点领域的金融支持力度,增强服务实体经济质效。2023 年,支持非金融企业债务融资工具发行近 9万亿元;支持金融债券发行超 3 万亿元,同比增长 69%,"清发"品牌影响力持续提升。

托管结算服务方面,服务央行货币政策操作,扎实做好中期借贷便利、再贷款等业务操作保障,上线常备借贷便利业务券款兑付结算功能;畅通货币政策传导,做好通用回购业务上线准备；丰富债券市场功能，提升债券交易结算成功率；稳步推动债券市场互联互通配套业务流程自动化开发；有序拓展柜台债券品种功能，探索银行理财子入市试点安排。

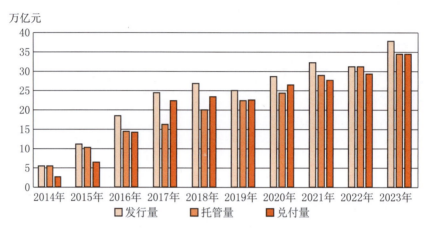

图 13-2　上海清算所历年债券发行托管兑付业务量

3. 金融基础设施建设

2023 年，上海清算所不断完善全面风险管理体系，主动深化合作共赢，广泛凝聚各方发展合力，推动建立健全自主可控安全高效的金融基础设施体系。

法律基础方面，有力推动上海金融法院就中央对手清算业务违约处置测试案例组织庭审并出具司法意见书，从司法角度认定上海清算所违约处置规则符合生效要件，具有法律约束力，同时对违约处置行为合理性予以认可，推动形成中央对手清算风险处置领域的"中国标准"。此外，上海清算所还与上海金融法院、金融监管及金融基础设施共建"金融司法与金融监管防范化解金融风险协同机制"，助力金融司法监管协同共治。

风险管理方面，扎实细致做好业务风险管理。优化中央对手清算业务风控机制，扎实细致开展逐日盯市、风控测试、参数调整及风险资源计收等工作，改进优化保证金模型，落地全景式债券信用分析系统，提升风控精细化水平；完善债券风险监测与违约处置机制，优化债券信息披露和延期兑付流程，实现现金要约收购及置换业务线上化，上线债券拍卖处置平台，提升风险处置能力；深化保证金标准相关工作机制建设，迭代优化风险试算平台功能，成为国内唯一、全球第五家通过彭博终端为全球投资者提供高质量试算服务的中央对手清算机构；推出中资美元债估值、科创债券指数、共同富裕中高等级信用债指数等主题产品，逐日发布 8 万余只产品估值、30 条收益率曲线、82 只指数，为市场定价提供重要参考。

市场服务方面，践行"金融为民"理念，在债券、外汇、利率、大宗商品等多个业务条线打出"减、免、降、让"等一系列"组合拳",2023 年为市场主体让利规模约 12 亿元;搭建市场常态化交流平台,精细化清算会员服务。

国际合作方面,与境内外同业紧密合作并成功落地"互换通"项目;服务全球首单人民币"玉兰债"发行,推动欧清银行将其纳入合格担保品范围,支持相关税务管理部门依托"玉兰债"首次实现税务抵免政策落地;保障"债券通"双向平稳运行;持续通过全球中央对手方协会(CCPG)参与国际行业治理,推动落地的全球首例中央对手方金融测试案例成功入选 CCPG《年度行业发展报告》行业创新大事件。

4. 发展展望

2024 年,上海清算所将在中国人民银行党委统一领导下,坚决贯彻落实党中央和人民银行决策部署,坚定不移加强党的建设和全面从严治党,坚守金融工作政治性人民性,全力推动金融基础设施服务质效再上新台阶。

一是丰富业务产品供给。有序推进债券发行机制改革及产品创新;加大对普惠小微、民营企业、科技创新等重点领域直接融资支持力度;延长人民币外汇交易中央对手清算业务期限,推进外汇中央对手清算业务功能优化;上线标准到期日利率互换远期合约集中清算。

二是优化服务功能。推动民营企业债券融资支持工具扩容增量、稳定存量;巩固扩大金融债发行业务规模;完善"玉兰债""互换通""债券通"功能;推动衍生品存续期管理服务,深化合约压缩、移仓业务合作;拓展保证金管理服务,优化扩容风险试算平台功能;探索将清算通供应链金融服务对接碳市场,稳步建设大宗商品衍生品综合服务平台。

三是保障安全运行。进一步完善风险防范、预警和处置机制;全力落实监管工作部署,有序开展应急演练,筑牢网络安全防线。

第二节　中央国债登记结算有限责任公司上海总部业务情况

中央国债登记结算有限责任公司(简称中央结算公司)成立于 1996 年 12 月,是 26 家中央金融企业中唯一一家专门从事金融基础设施服务的机构。公司于 2015 年 7 月设立上海分公司,承载着公司战略实施、业务拓展和人才培养的重要任务。2017 年 12 月,公司在上海分公司的基础上挂牌设立上海总部。

公司是中国金融市场重要基础设施,从国债集中托管起步,逐步发展成为各类金融资产的中央登记托管结算机构。近年来,公司积极承接管理部门赋予的监管支持职能,基于金融基础设施企业架构和专业优势,稳步搭建透明、便捷的金融资产中央登记平台。至2023 年末,公司登记管理各类金融资产 143 万亿元;债券登记托管总量突破 106 万亿元,占银行间债券市场总量的 86.82％①。公司忠实履行国家金融基础设施职责,全面深度参与中国债券市场的培育和建设,已成为中国债券市场重要运行服务平台、国家宏观政策实施支持服务平台、中国金融市场定价基准服务平台和中国债券市场对外开放主门户。

在各主管部门和上海市的指导支持下,公司上海总部坚持开放、创新、协作的发展导向,着力推进跨境发行、跨境结算、担保品管理、金融估值、金融科技等核心功能平台能级提升,探索创建离岸债券业务中心,健全区域客户体系,全力打造与国际一流金融基础设施和上海国际金融中心地位相适应、具有国际影响力的上海总部。

2023 年,公司上海总部主要业务情况如下:

1. 业务概况

(1) 债券发行服务

2023 年,公司上海总部共支持各发行主体在沪发行各类债券 543 期,共计 20 235 亿元。其中,为上海、浙江、江苏、宁波、湖北、湖南、大连、安徽、贵州等 11 个省市提供地方政府债券发行服务,支持发行 366 期,共 16 160 亿元;支持金融债发行 56 期,共 3 237 亿元;支持各类企业债券发行 91 期,共 656 亿元,受理企业债申报 347 支,规模 4 960.2 亿元;全年支持资产支持证券发行 30 期,共 132 亿元。此外,伴随着上海自贸试验区开埠 10 周年,自贸区离岸债券规模累计达千亿元人民币。年内,首单区块链支持发行的证券公司自贸区离岸债券、首单"一带一路"沿线国家外资机构发行的人民币自贸区离岸债券等业务落地。

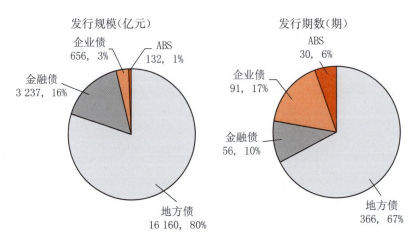

图 13-3　2023 年中央结算公司上海总部支持债券发行数据统计

数据来源:中央结算公司上海总部。

---

① 注:不含同业存单数据,下同。

（2）跨境互联合作与国际客户服务

公司作为中国债券市场对外开放主门户，全面服务"全球通"直接入市模式、香港"债券通"模式等，多维推进跨境互联互通，探索形成具有中国特色又兼容国际惯例的账户体系和产品服务体系。近年来，公司积极落实主管部门关于扩大开放、便利入市服务等一系列政策举措，提高业务效率和操作便利度。

2023 年，公司积极服务中国债券市场实现更高水平、更高质量的对外开放。一是积极配合人民银行等主管部门完善境外投资者参与中国债券市场的系列政策文件，助力推动中外高层级对话。二是优化境外投资者服务产品及模式，推出结算失败一站式线上报备、循环结算线上办理、非交易过户线上化、互联网开户、债券认分销等多项优化服务。三是通过出访交流、办会宣介、客户交流等方式，提高中国债券市场的国际晓喻度。四是拓宽信息服务渠道，全新上线中债境外投资者子网站，发布中英文版境外投资者《中债入市服务指南》。至 2023 年末，公司共支持境外机构开立债券账户 1 436 户，托管债券余额 3.14 万亿元，占境外机构持有境内债券总额的 97％以上。

（3）担保品业务

中债担保品业务中心 2017 年在沪揭牌，紧密承接上海国际金融中心建设战略，服务长三角地区金融要素市场与各类金融机构，持续发挥债券市场"风险管理阀门"与"流动性管理中枢"的重要作用，从支持宏观调控到保障微观金融交易，逐步形成全方位的担保品管理体系。至 2023 年末，公司管理的担保品规模 28.31 万亿元，服务机构类客户近 3 900 家，连续 7 年居全球中央托管机构首位。

一是支持宏观政策调控。货币政策方面，公司累计支持人民银行货币政策工具超万期操作，助力逆周期和跨周期调节，加强对经济重点领域及薄弱环节的金融支持。公司积极配合人民银行扩大政策实施范围，成功支持碳减排支持工具延伸至人民银行分支机构办理，配合省市级分支机构首次开展相关业务，助力货币政策发挥结构引导功能。公司高效配合人民银行创设专项再贷款工具，支持结构性货币政策工具体系完善，支持人民银行总行各项专项再贷款工具实现 DVP 结算，大幅提升业务办理效率。财政政策方面，担保品管理作为优质的信用风险和流动性管理工具，在地方国库现金管理以及全国和地方社保资金管理中得到充分应用，支持地方财政部门有效管控风险，助力保障国库资金的安全。2023 年公司累计支持 80 余家财政部门开展国库现金管理及社保基金管理业务，保障财政资金调度安全、高效。

二是深化在沪要素市场互联互通。债券作为期货保证金业务方面，成功支持广州期货交易所首笔债券作为期货保证金业务落地实施；支持多家境外投资者落地债券作为期货保证金业务，举办国际客户交流会，支持期货市场高水平对外开放。至 2023 年末，债券充抵期货保证金业务管理中担保品余额近 1 000 亿元，进一步发挥债券担保品作用，助力金融要素实现跨市场联通。外币回购方面,首笔境外机构参与的日元回购融资成功落地。2023年11月,中央结算公司与外汇交易中心成功支持首笔境外机构参与的日元回购融资落地,扩展支持9类外币币种交易结算下的多场景担保品管理应用,有效拓宽外币融资渠道。

三是助力债券市场对外开放。公司以金融基础设施专业视角,联合国际资本市场协会(ICMA)在回购领域合作编写白皮书,研究境内外回购市场结构、制度、风控、运营等关键要素,探索人民币债券担保品参与全球回购交易的可行性。2023年第三次中德高级别财金对话期间,公司推动"使用人民币债券作为担保品"纳入合作框架。这是继第十次中英财金对话之后,人民币债券担保品相关内容再次纳入国家高级别对话成果,有助于从国家层面推动人民币债券担保品的跨境运用。

四是在行业标准建设方面。公司牵头国内首个担保品管理行业标准建设,牵头组建标准起草工作组,凝聚行业力量完成《债券担保品管理技术指南》,覆盖债券担保品账户管理、参数管理、选取、质押、期间管理、解押、违约处置、再使用等全流程行为,全面推进行业标准编制工作,填补担保品领域行业标准建设的空白。

（4）中债价格产品服务

中债金融估值中心有限公司(简称"中债估值中心")是中央结算公司基于中央托管机构的中立地位和专业优势,历经20多年精心打造的中国金融市场定价基准服务平台,2017年落户上海。近年来,在主管部门和市场成员的大力支持下,中债价格指标已发展成为国内债券市场权威定价基准,以及全面反映人民币债券市场价格及风险状况的指标体系,在配合主管部门监管措施落地、助力防范金融风险等方面发挥着重要作用,有力支持国内金融市场的发展。

中债估值被债券市场参与机构广泛采用作交易监测的基准,防范利益输送和异常交易;金融机构以中债国债等收益率曲线作为公允价值计量基准和市场风险管理基准;基金公司广泛采用中债估值作为基金持有债券资产净值计算的基准,有效降低公允价值计量的成本,提高风险管理的效率;保险机构广泛采用中债国债收益率曲线作为保险准备金计量基准,支持了保险机构利率市场化条件下的稳健发展;审计和司法判决领域也越来越多使用中债估值作为债券资产相关的公允价值度量依据。至2023年末,中债估值中心每日发布收益率曲线3 500余条,估值14万余条,指数1 500余只,中债市场隐含评级5.7万余条,中债市场隐含违约率10.5万余条,中债VaR 55.3万余条,中债ECL 26.2万余条,中债SPPI 10.3万余条,有效履行定价基准服务平台功能。

一是进一步完善价格指标产品服务体系。2023年,公司推出覆盖国债、政策性金融债和主要品种信用债的实时收益率产品,发布时间间隔5分钟,产品质量、发布频率均领先于同业,进一步提高债券市场流动性和定价有效性,助力防范化解金融风险。丰富债券收益率曲线族系,扩展基准定价的深度和广度,发布证券公司收益率曲线族系,丰富同业存单估值收益率表征曲线族系;推出可转债、可交换债、交易所信用保护凭证估值,新增次级档资产支持证券定制估值服务,为市场提供更为丰富的定价参考依据;顺应国际金融基准利率改革趋势,发布中债浮动利率中资美元债(SOFR-90D)点差曲线,研发离岸人民币金融债曲线。积极发挥监管支持作用,发布科技创新、绿色转型、乡村振兴、普惠小微等主题型债券指数,引导社会资金流向重点领域和薄弱环节;创新推出投资级公司分类参考数据库及系列债券指数,服务《商业银行资本管理办法》落地实施。推出单券业绩归因产品,进一步提升风险管理数据服务水平。

二是全力支持区域协同发展战略。公司积极响应长三角一体化发展战略,持续丰富中债长三角系列债券指数,为投资者参与长三角区域信用债市场提供了优质便捷的投资工具。至2023年末,公司共发布长三角系列债券指数12只,其中5只为市场机构定制指数,该系列指数覆盖地方政府债、绿色债券、高等级信用债、ESG等热点分类,已成功应用于长三角地区信用债主题公募基金与银行理财产品。

三是积极践行绿色发展理念。2023年,公司成功发布乡村振兴主题债券数据库,覆盖资产规模近4 000亿元,为市场机构开展乡村振兴等ESG主题投资提供抓手,引导资金流入相关领域;积极推动《债券发行人环境、社会和治理评价框架》金融国家标准立项,提升ESG标准化水平。与中碳登合作研发电力行业企业低碳转型发展能力评价体系,联合发布中债——中国碳排放配额挂牌协议价格指数和中债——电力行业优质转型企业信用债指数,持续丰富我国碳市场指数体系,引导债券市场对企业绿色转型领域的长期关注与支持,助力国家重大战略部署落地。发布"中债——绿色普惠主题金融债券优选指数",助力绿色金融、普惠金融二者融合发展,挂钩产品将于2024年发行。

四是深入推进中债价格指标应用。公司构建发布中债离岸人民币金融债收益率曲线和估值,助力离岸债券交易定价效率提升。跟踪中债指数的30年期国债ETF成功上市,有效填补市场超长期债券ETF市场空白。持续丰富中债"固收+"产品体系,推出"中债——国泰君安久期稳健策略指数""中债——国泰君安中国股债均衡策略指数""中债——中信证券久期轮动政策性金融债指数"并落地挂钩收益凭证。公司持续丰富中债DQ金融终端功能,通过中债DQ金融终端免费提供全部6家货币经纪商实时债券行情服务,充分满足市场成员对货币经纪行情多场景、个性化信息获取需求,有力支持广大市场机构,特别是中小机构的业务需要,降低信息获取成本,提供一个更安全、稳定的信息获取渠道,助力市场安全高效平稳运行。

(5) IT板块

在国家"稳妥发展金融科技,加快金融机构数字化转型"、上海"着力形成具有全球影响力的科技创新中心的核心功能,在服务国家参与全球经济科技合作与竞争中发挥枢纽作用"等战略要求下,公司已在上海建成符合国家 A 级机房标准规范、对标国际最高 Uptime T4 等级的上海数据中心,设立中债数字金融科技有限公司,打造支撑全球人民币债券市场运行的一体化信息系统开发测试运行基地。中债数字金融科技有限公司包括上海数据中心、上海研发中心及测试团队两大核心板块,并已获得高新技术企业资格认定。

2023 年,公司深耕运维战线,支持债券市场稳健运行。公司深入推进多地多中心布局优化,探索多中心轮值机制,强化一体化运维管理,推进信创生态体系建设,按计划实施切换运行与切换演练,圆满完成重要运行保障任务,为债券市场发展筑牢安全生产屏障。构建弹性数据中心架构,建设基础技术平台,推进中债基础设施云底座建设,推进绿色低碳发展。落地 ISO20000 和 GB33136 体系监督审核,完成 A 级机房续证,探索智能运维技术,持续构建高效可靠的基础设施,增强业务连续性保障能力。推进公司数字化转型和创新发展。打造面向金融定价基准服务的全域数据底座和产品编制发布全自动化平台,支持业务每日产品发布大幅度提速;完成担保品新一代系统技术上线,依托分布式内存计算框架实现盯市功能全流程重构,实现日间盯市计算效率大幅提升;拓展公司银行业信贷资产登记流转中心和中债银登不良资产交易中心系统研发,建成新一代不良贷款转让、新一代计费系统;推出 ESG 数据库 2.0、ESG 乡村振兴数据库等产品,中债 DQ 系统成功接入六大经纪商行情数据;深耕移动服务模式,上线路演小程序端,积极探索客户服务多端协同,建成 UAS 用户行为采集分析服务,持续建设渠道数字化运营能力。

2. 总结与展望

立足新发展格局,公司上海总部将紧密对接上海国际金融中心能级提升与浦东建设社会主义现代化引领区等战略要求,全面推进人民币债券市场开放创新。

一是抓住金融支持实体经济的主线不动摇,多维提升对政府债券等高等级债券的全生命周期服务支持能力,做好债券发行服务,支持服务实体经济。二是发挥债券市场开放主门户作用,全力支持主管部门相关政策落地,为境外投资者深度参与中国债券市场提供高效安全的金融基础设施服务。三是构建国际一流的跨市场、跨区域、跨资产金融担保品管理平台,巩固担保品管理作为联通多金融要素市场的枢纽职能,构建完备、顺畅的跨境担保品互认渠道,建设一体化的金融担保品管理体系。四是完善金融市场基准价格体系,丰富中债指数族系,加大新金融工具会计准则产品创新探索力度,推进绿色债券价格指标产品构建,加强中债 DQ 金融终端功能迭代升级,提升"上海价格"影响力。五是聚焦金融科技,推进科技创新与业务场景深度融合,坚持核心技术自主掌控,不断深化业务 IT 融合协同和稳敏结合的研发模式,加固风险防御能力,推进数据中心绿色低碳发展,打造自主可控、稳定安全、高效智能的数字化基础设施。

第三节　中国证券登记结算公司上海分公司业务情况

2023 年,中国证券登记结算有限责任公司上海分公司(简称中国结算上海分公司)贯彻证监会党委各项工作安排,坚持稳中求进的工作总基调,立足证券登记结算业务主责,持续完善市场基础制度并夯实信息技术基础,全面落实支持服务实体经济、防范化解金融风险等各项工作任务,全力保障上海国际金融中心高质量发展。

1. 业务运行概况

至 2023 年末,中国结算上海分公司共存管证券 26 822 只,其中,股票 2 303 只,各类债券 19 287 只,基金 696 只,资产证券化产品 4 536 只。全年,上海证券市场结算总额 1 848.71 万亿元,较上年增长 10.94%;代扣代缴 A 股交易印花税 757.48 亿元,较上年下降 21.60%。

表 13-1　沪市证券登记结算业务概况

业务类型	2023 年	2022 年	同比
登记存管证券只数(只)	26 822	24 543	9.29%
登记存管证券总市值(万亿元)	64.99	63.54	2.28%
非限售市值(万亿元)	60.54	56.98	6.25%
结算总额(万亿元)	1 848.71	1 666.40	10.94%
结算净额(万亿元)	56.91	51.86	9.74%

2. 业务运行特点

一是全力支持上海证券市场高质量发展。2023 年,保障沪市首批 5 家企业注册制发行上市,提高新股网上发行系统承载容量,推动股票发行注册制走深走实。2023 年办理股票新登记只数 103 只,新登记股票融资额 1 241.89 亿元;办理各类债券新登记业务 7 326 只,新登记面值 4.47 万亿元。做好"8·27 减持新规"配套登记结算制度优化准备工作。

支持上海证券交易所推出债券做市业务。

表 13-2　其他证券登记结算业务明细

业务类型	2023 年	2022 年	同比
股票权益(笔)	1 935	1 838	5.28%
债券兑付兑息(笔)	44 890	39 125	14.73%
日均划拨资金金额(亿元)	5 906	5 890	0.27%
日均划拨资金笔数(笔)	10 502	12 186	−13.82%

二是坚持防控风险的永恒主题。吸取行业内外各类事故教训,建立风险日报机制,对 147 项业务 1 093 个操作节点进行风险分级,对市场影响较大的 52 项业务展开重点布控。开展 35 场应急演练。多举措精准排查质押券发行人信用风险,排查质押券兑付风险 1 410 只,每日跟踪融资主体回购预欠库情况,预欠库提示 415 次,与去年同比实际欠库次数下降 58.82%、规模下降 76.07%,完成 10 个敞口 920 家债券发行人内部评级。开展首次关键信息基础设施安全检测评估。通过国家网络攻防演习及证监会网络信息安全检查。

表 13-3　债券质押式回购业务

业务类型	2023 年	2022 年	同比
债券质押式回购日均交易量(亿元)	16 095	14 390	11.85%
日均回购未到期规模(亿元)	28 046	26 162	7.20%

三是强化金融基础设施基础制度建设。充分发挥金融基础设施集中统一制度优势,货银对付(DVP)改革平稳落地,成为全球首个采用 T+1DVP 制度的主要市场。启动实施最低结算备付金缴纳比例差异化安排,股票类业务最低备付金缴纳比率由 16% 降至平均接近 13%,有效降低市场交易成本。

四是坚持稳中求进有序创新。助推上交所优化债券借贷业务,盘活存量债券资产,提供 RTGS 结算,用券效率由 T+2 提升至最快 T+0。首批 2 只公募 REITs 扩募落地。全力贯彻落实国家机构改革决策部署,顺利完成企业债券职责划转配套登记结算工作,全年完成过渡期转常规后的企业债券登记上市 13 单,上海市场登记托管总量 58.85 亿元。首单实物分配股票落地。首单科创板上市公司 GDR 发行上市。科创 50ETF 期权上市。

表 13-4　股票期权业务

业务类型	2023 年	2022 年	同比
期末衍生品合约账户数(万户)	63.98	59.14	8.18%
股票期权合约日均持仓量(万张)	539.45	486.35	10.92%
股票期权日均权利金结算额(亿元)	18.81	26.76	−29.71%
日均维持保证金(亿元)	142.61	144.87	−1.56%
行权累计清算额(亿元)	126.11	100.36	25.66%
累计行权清算证券(亿份)	47.35	31.41	50.75%

五是持续深化资本市场互联互通。银行间与交易所市场间债券转托管、港股通业务较去年明显活跃。沪港通机制持续优化,新增 176 只标的证券,新增 6 个交易日,不可交易天数减少一半;协调港方将税费计收币种调整为人民币,助推人民币国际化;尊重市场需求,支持完成多笔港股通发行人特殊业务。

表 13-5　债券跨市场转托管业务

业务类型	2023 年	2022 年	同比
跨市场转托管(笔)	27 377	22 823	19.95%
跨市场转托管额(亿元)	26 743	18 952	41.11%

表 13-6　跨境业务

业务类型	2023 年	2022 年	同比
港股通公司行为(笔)	2 129	1 715	24.14%
港股通结算总额人民币(亿元)	33 611.51	31 348.86	7.22%
港股通换汇折合人民币(亿元)	4 303.75	2 752.02	56.39%

六是不断健全投资者保护机制。贯彻落实证券纠纷代表人诉讼所涉先行赔付工作,及时高效向"紫晶存储"1.74 万名适格投资者划付赔付资金 10.85 亿元,占实际赔付总人数的 99.92%。400 热线人工应答率 98.42%,占京沪深三地业务总量的 34.6%。结合市场投资者咨询热点,不定期制作发布投教长图文。组织开展中国结算 3·15、5·15 投资者保护活动及金融知识普及月宣传活动,走进开源证券、海通证券等市场机构,为 1 175 名投资者和券商一线员工做投资者业务介绍,并进行沟通交流。

七是因地制宜提升服务质效和水平。多项上市公司及结算参与人业务实现自助申请电子化和批量化办理。部分协助执法在线化业务办结时效由 T＋3 缩短至 T＋1，初审通过率由 67％提升至 97％，在线业务量同比增长 15％。疏通业务痛点堵点，京沪深三地协助执法一站式服务试点工作顺利开展，有权机关执行不同上市地证券可一地办理。配合证券公司完成并购重组、客户迁移工作，支持行业机构做优做强、高质量发展。持续推进和优化参与人端入账业务，参与人使用范围逐步扩大，业务量持续攀升，已占所有入账渠道的 50％以上。

八是夯实信息技术基础。着力打造"安全、高效、敏捷、智慧"的新一代登记结算系统，建设开发测试私有云平台，开展国产核心数据库试点，完成新系统技术架构、应用架构等基础底座的开发及跟账环境上线。新一代港股通登记结算系统进入全业务常态化跟账运行阶段，跟账运行过程中系统各项指标符合预期。完成综合通信平台开发，开展试点验证测试。完成 60 项临柜业务远程电子化受理、104 项业务凭证的数字化改造，提升对外服务水平。完成 12 项基于 RPA 技术的业务场景，扩大数字员工服务范围。继续开展公司关键信息基础设施及业务应用的信创改造力度。完成各类重要项目测试 160 余场。

3. 发展展望

进入 2024 年，我国经济持续恢复、总体回升向好，高质量发展扎实推进，还要在提高服务实体经济质效、更好匹配高质量发展需求等方面下功夫。中国结算上海分公司贯彻落实各项重大部署、优化完善运营制度的同时，将坚持强化安全生产责任落实，坚定技术系统自主化，全力支持上交所建设世界一流交易所，服务上海国际金融中心建设。

第四节　跨境银行间支付清算有限责任公司业务情况

1. 2023 年 CIPS 系统发展概况

人民币跨境支付系统（Cross-border Interbank Payment System，CIPS）于 2015 年 10 月上线运行，是经中国人民银行批准专司人民币跨境支付清算业务的批发类支付系统，致力于提供安全、高效、便捷和低成本的资金清算结算服务，是我国重要的金融基础设施。

2023 年，CIPS 运行良好，共运行 255 个工作日，累计处理额 123.06 万亿元，同比增长 27.3％。日均处理额 4 826 亿元，同比增长 24.3％。CIPS 单日处理业务量屡创新高，其中金额峰值为 8 690.8 亿元。

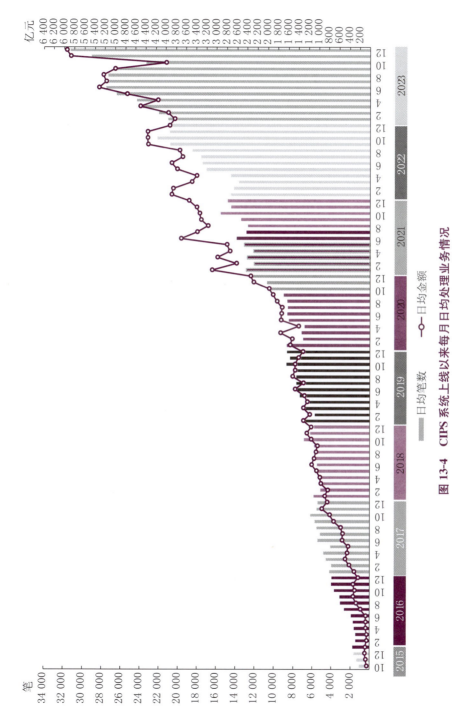

图 13-4 CIPS 系统上线以来每月日均处理业务情况

数据来源：CIPS，跨境银行间支付清算有限责任公司制图。

2023年,CIPS新增直接参与者(直参)62家(其中境内1家,境外61家),同比增长81%;新增间接参与者(间参)126家(其中境内13家,境外113家)。其中,2023年8月,交通银行(巴西)正式成为CIPS直参,是CIPS在南美洲的首家直参,CIPS直参实现了对六大洲的全面覆盖。2023年12月,渣打银行(香港)作为CIPS首家境外全球系统重要性外资银行直参实现业务上线。至2023年末,CIPS共有1 484家参与者,其中,直参139家,间参1 345家,境外参与者占59%,分布在全球113个国家和地区。

2. 2023年业务创新

(1)延长系统运行时间

为满足市场机构跨境人民币业务需要,2023年"十一"长假期间,CIPS"不打烊",服务"不断档",持续为境内外客户提供高效优质的跨境人民币支付清算服务。CIPS按照"境外工作日运行"的方式累计对外服务6个工作日,64家CIPS直参共同参与(其中12家为在沪银行机构),积极帮助客户在"十一"期间办理业务,业务范围覆盖全球71个国家和地区,满足国内长假期间全球各主要时区跨境人民币贸易、投融资需求,保障国内长假期间上海国际金融中心跨境人民币资金"大动脉"畅通。

(2)持续丰富CIPS功能和产品

2023年5月,在前期支持债券通"北向通""南向通"开通基础上,CIPS支持内地与香港利率互换市场互联互通合作("互换通")上线运行,便利境内外投资者参与两地利率互换市场,服务债券市场开放向衍生品领域延伸,进一步提升上海金融资源要素交易集聚地的市场地位。2023年,公司积极开展产品研发和技术创新合作,集中向市场发布CIPS港元业务、汇路指南、数据洞察、直参轻量化接入方案、全额汇划、支付透镜、跨行账户集中可视,以及CIPS报文直通开发工具、API接入服务、自动化测试等十项网络功能及产品服务,更有针对性地满足市场需求,助力人民币跨境使用。

(3)提升支付领域金融标准国际化水平

2023年,公司在完成构建包含5大类、8个子类的CIPS标准体系框架的基础上,根据市场需要制定并发布企业标准《CIPS信息交换规范》(第1—5部分)和《CIPS ID申请及维护指南》,CIPS企业标准数量达到22项。基于ISO 20022方法论丰富CIPS报文种类,完成信用证、保函等报文设计,填补信用证报文标准在ISO 20022报文库的空白。公司持续深入参与GLEIF、ISO、CPMI等国际组织的相关工作组工作,2023年3月,在国际商会新加坡未来贸易论坛发表视频演讲,介绍中国应用LEI的经验;2023年10月,发布"跨境清算公司支持BIS CPMI发布跨境支付ISO 20022统一数据要求"新闻稿,推动CIPS标准与国际标准的融合。

3.支持国际金融中心建设

公司认真履行上海市推进上海国际金融中心建设领导小组成员单位职责,根据《2023年上海国际金融中心工作要点》,围绕跨境支付清算主责主业,努力为上海强化全球资源配置功能提供基础设施支撑,不断提升服务全国及上海跨境经济活动的水平,助力打造上海国际金融中心建设升级版。

2023年,上海地区银行通过CIPS办理的业务金额38万亿元,同比增长23%,占全国跨境人民币支付业务总额的39%,稳居全国首位。公司充分利用上海金融机构集聚优势,与在沪金融机构合作做大跨境支付"朋友圈"。2023年,富邦华一、南洋商业银行(中国)等2家在沪外资银行先后获批直参资格;建设银行上海市分行与巴西Master银行签署资金托管协议,成为境外外资银行的首家中资资金托管行。

公司加强与在沪基础设施合作,支持上海石油天然气交易中心开展油气贸易人民币结算,并根据市场业务需求提供切实可行的资金结算方案,助力上海巩固金融开放枢纽门户地位。为确保业务顺利落地实施,公司先后开展多次调研,积极向上海石油天然气交易中心工作人员提供相关业务培训。2023年6月,中海油与法国道达尔公司达成的首笔以人民币结算的进口液化天然气(LNG)交易货款从境内向境外汇划顺利完成。上海石油天然气交易中心主要客户均已通过CIPS办理资金结算业务。

公司以用户需求为导向,与交通银行、国泰君安证券、上汽财务公司等上海头部金融机构、企业密切合作,持续开展技术创新,研发并组织CIPS支付透镜、账户集中可视、汇路优选等一系列产品服务的试点应用,不断提升上海金融科技"软实力"。2023年11月、12月,公司先后在外滩和临港新片区举办两场"CIPS网络功能及产品体系"系列发布会,集中对外发布10项CIPS系统功能和产品服务,共吸引百余家金融机构、企业、媒体代表与会交流,有力支持上海打造外滩金融集聚带和滴水湖金融湾品牌,提升"一城一带一湾"金融影响力。至2023年底,CIPS产品服务已有2 615家用户(在沪机构260多家),约49.5%的央企和标杆型的民企在实际工作中应用,覆盖境内所有省级行政区(除西藏)以及俄罗斯、新加坡、英国、阿联酋、土耳其、巴西和中国香港、澳门、台湾等12个国家和地区,实际业务触达24个国家和地区。

4.2024年业务展望

2024年第一季度,CIPS系统共处理支付业务额40.49万亿元,同比增长60.83%,季度业务额创历史新高,人民币跨境支付清算"主渠道"作用进一步加强。2024年第一季度,CIPS新增1家直参,29家间参。至2024年3月,CIPS共有直参140家,间参1 371家,分布于全球114个国家和地区,实际业务可通过4 500多家法人银行机构覆盖182个国家和地区。

2024 年，公司将坚持以客户为中心，持续优化丰富 CIPS 功能，加快拓展境内外参与者，积极拓展"一带一路"、东盟、中东等国家和地区外资银行成为系统参与者，有效延伸 CIPS 网络覆盖范围；主动服务实体经济发展，完善 CIPS 网络功能及产品体系，做好 CIPS 产品服务的推广应用，支持更多用户通过 CIPS 办理跨境人民币业务；深入参与跨境支付领域国际标准治理，深化 CIPS 标准体系建设，推动 CIPS 标准应用落地。

第五节　城银清算服务公司业务情况

2023 年，城银清算服务有限责任公司（以下简称城银清算）认真落实党中央决策部署和中国人民银行重要工作部署，坚持履行重要金融基础设施职责，立足上海、服务全国，聚焦主责主业，深耕细作，持续提升对全国中小金融机构的支付清算、数字人民币等金融服务质效，有力支持上海高质量发展和国际金融中心建设迈入新发展阶段。

2023 年，城银清算加快拓展支付清算业务，助力上海构建安全高效的人民币支付清算体系。近年来，城银清算支付清算业务取得较快增长，建成覆盖全国城市中小金融机构的清算网络，为全国成员机构提供跨行资金清算。至 2023 年末，支付清算业务服务 272 家中小金融机构，辐射 30 个省、自治区、直辖市共 18 582 个网点。2023 年，城银清算清算业务笔数与金额均创历史新高，同比分别增长 49.69％和 45.94％。

2023 年，城银清算积极推进数字人民币业务，支持上海建设具有全球竞争力的金融科技中心。数字人民币业务是中国人民银行于 2019 年启动的试点业务，对加速推进我国经济数字化转型具有重要意义，也是上海国际金融中心建设的切入点和核心赛道。经中国人民银行批准，城银清算以"一点接入、一点清算"为原则，为城商行、民营银行、外资银行等城市中小金融机构提供数字人民币信息转接和清算服务。至 2023 年末，共计 23 家银行通过城银清算接入数字人民币央行侧系统，全国另有 115 家银行确认通过城银清算开展数字人民币业务。其中，注册在沪的汇丰银行、渣打银行、恒生银行、富邦华一银行等 4 家外资银行已通过城银清算正式接入中国人民银行数字人民币互联互通平台，较好地支持了上海总部经济发展和国际金融中心的业务创新。

专栏 18

"互换通"项目上线运行

经中国人民银行批准,2023年5月15日,内地与香港利率互换市场互联互通合作(以下简称互换通项目)上线运行。上线仪式上,香港特首李家超,中国人民银行副行长潘功胜,国务院港澳事务办公室副主任王灵桂等领导出席并先后致辞。

中国外汇交易中心、上海清算所、香港场外结算公司三方通过建立基础设施连接,共同支持互换通项目开展,初期支持境外投资者便捷地参与内地银行间市场利率互换交易及清算,其中中国外汇交易中心为境内外投资者提供衍生品交易服务,上海清算所与香港场外结算公司通过中央对手方(CCP)互联,共同提供集中清算服务。互换通项目是中国金融市场高水平对外开放,继股票通、债券通后又一重要事件,也是中央支持上海与香港国际金融中心建设,维护国家金融安全的重要举措。

互换通项目通过为国际投资者提供更加精准、高效的人民币利率风险对冲工具,一经推出便受到境内外投资者热烈欢迎,并获得境内外媒体与市场机构的广泛关注和充分肯定,业务上线半年累计清算近2 000笔、逾7 000亿元,共发展境内报价商20家,境外投资者44家。2023年9月,凭借在"北向互换通"业务中的出色产品设计和创新研发能力,上海清算所与合作机构香港交易所同获《亚洲风险》杂志颁发的"2023年度清算机构(Clearing House of the Year)"大奖,这一奖项旨在表彰清算机构在衍生品市场发展和风险管理服务方面的最佳实践,标志着互换通项目受到国际同业认可。

互换通项目是贯彻习近平总书记"推进高水平对外开放"的指示精神,继续深化金融改革、推动内地金融市场对外开放的又一举措,有利于进一步加强香港与内地金融市场的深度合作,促进两地金融市场健康稳定发展,巩固香港国际金融中心地位,提升上海国际金融中心能级,助力金融强国建设。

专栏 19

债券市场柜台业务开启 2.0 时代

2023年,上海清算所全力贯彻落实中国人民银行关于引入中小金融机构与资管机构等机构投资者通过柜台渠道投资银行间债券市场的战略工作部署,切实做好柜台业务试点工作在上海示范区的深入开展工作,全面助力债券市场柜台业务2.0时代扬帆起航。

继支持存量利率债券面向机构投资者柜台销售和交易、开发性银行面向机构投资者柜台渠道新增发行债券业务在沪先行先试顺利落地后,2023年,上海清算所携手市场各方,持续加强柜台业务优质金融服务供给。开办机构方面,上海清算所先后支持柜台业务开办机构首次开展商业银行金融债券柜台销售和交易业务,支持宁波银行作为首家城市商业银行开办机构落地开办面向机构投资者的柜台债券试点业务,并创新拓展开办机构类型,积极支持中信证券、国泰君安证券等券商机构筹备柜台业务开办工作。发行人方面,上海清算所7月支持中国农业发展银行结合主题债券创新,面向机构投资者发行政策性银行首单柜台债券产品,10月支持中国进出口银行时隔多年重启柜台债券发行并首次面向机构投资者发行柜台债券产品,工商银行、农业银行、中国银行、建设银行、中信银行、浦发银行等开办机构面向机构投资者成功分销上述柜台债券产品。至此,面向机构投资者的柜台债券发行全面覆盖开发性银行、政策性银行,有力丰富柜台债券发行品种和沪上"清发"金融债券产品谱系,成为银行间债券市场柜台业务高质量发展的标志性事件、里程碑式成果。

支持机构投资者通过柜台渠道全面参与银行间债券市场诸项业务的相继推出,为开办机构发展赋能增效,有利于充分满足市场多样化、个性化投资配置需求,提升银行间债券市场的包容性和运行效率,也标志着继2002年《商业银行柜台记账式国债交易管理办法》(中国人民银行令〔2002〕第2号)支持个人和企业购买国债,2014年中国人民银行公告〔2014〕第3号增加政策性金融债、铁道债等券种,2016年《全国银行间债券市场柜台业务管理办法》(中国人民银行公告〔2016〕第2号)放开投资券种、丰富交易方式、扩大参与者范围、明确投资者适当性管理等制度之后,柜台业务发展迎来新的重大战略发展机遇,中国债券市场柜台业务正式迈入高质量发展的2.0时代。柜台业务发展系列重大改革措施在沪的成功落地,是上海清算所作为在沪金融基础设施,携手发行人和开办机构贯彻落实中国人民银行有关加快推动柜台债券市场发展、建设完善债券托管、做市、清算、结算等多层次基础设施服务体系决策部署的有力举措,在推动银行间债券市场持续法治化、市场化、国际化高质量发展的同时,以践行中国特色金融发展之路助力新时代上海国际金融中心建设。

专栏 20

上海清算所创新推出大宗商品清算通数字人民币清结算服务

2023 年 6 月 26 日,上海清算所立足金融基础设施本职,积极贯彻党中央、国务院关于推动数字经济发展的战略部署,落实中国人民银行关于"有序推进数字人民币的研发试点"的工作要求,扎实服务央行履职和实体经济高质量发展,成功推出清算通数字人民币清结算服务。

清算通数字人民币清结算服务是上海清算所依托大宗商品清算通业务架构与实践经验,会同银行和现货平台创新推出的可靠稳健、快速高效、安全普惠的数字化结算路径。自推出以来,农业银行、工商银行等 8 家银行为 4 家现货平台的 50 家交易商提供数字人民币清结算服务,清算品种包括乙二醇、螺纹钢、铝锭、泰国混合橡胶等;至 2023 年末,累计清算金额 10.58 亿元(单边)。其中,上海地区有 2 家现货平台首批开展业务,分别是设立在上海自贸区的上海有色网金属交易中心和上海国际棉花交易中心。

清算通数字人民币清结算服务的推出,是上海清算所服务上海有序拓展数字人民币应用场景的重要实践,是数字人民币在大额对公应用场景的重要突破,作为首个金融基础设施清结算领域的数字人民币应用,进一步助力优化金融资源配置、深化上海"数字化"转型,有力支持上海国际金融中心地位和全球经济治理影响力进一步提升,为中国式现代化筑牢实体经济根基发挥示范引领作用。

专栏 21

创新产品和服务,持续提升 CIPS 服务可获得性

2023 年,跨境银行间支付清算有限责任公司集中发布 CIPS 港元业务、汇路指南、数据洞察、直参轻量化接入方案、跨行账户集中可视、全额汇划、支付透镜、CIPS 报文直通开发工具、API 接入服务、自动化测试服务等十项网络功能及产品服务。其中,汇路指南可解决人民币跨境汇款路径信息不对称、不完整、更新不及时等问题,帮助用户将人民币快捷、高效、准确地汇到对手方;数据洞察提供基于 CIPS 的多维度业务数据统计,使参与者按需追踪本行业务变化趋势,识别业务发展中的问题和机会;直参轻量化接入

方案通过提供软、硬件一体化安排，将必须开发的功能等预置于硬件设备，帮助市场机构降低初期投入、快速接入CIPS开展业务；全额汇划旨在解决传统汇款模式下支付款项不能全额到账、到账额不可预测等难题，满足市场主体明确到账额的需求；支付透镜支持参与机构向CIPS获取、反馈跨境汇款业务处理状态信息，及时了解支付信息及汇款进度；跨行账户集中可视服务可满足跨国集团对下属经营机构多个银行账户进行集中管理的需要，助力跨国集团司库建设，提升集团资金运营效率；CIPS报文直通开发工具为用户提供报文标准转换解决方案，支持用户便捷、快速开展CIPS报文与行业内其他报文标准之间的校验、转换；API接入服务支持市场机构通过API模式接入和使用CIPS服务，提高开发效率，降低系统对接成本；自动化测试服务为用户提供集联调测试、报文助手、参数配置、案例维护于一体的自动化、全周期测试服务，以降低测试成本、缩短测试周期、提高测试效率。

此外，为更好支持全球范围市场主体使用人民币开展跨境支付，服务跨境经贸和投融资活动，公司采取一系列具体举措，帮助市场机构更快、更便利地接入CIPS系统。对于间参，公司持续简化准入流程，提供批量化准入安排；对于直参，公司在标准化接入流程的基础上，针对不同特点的直参，提供了与机构相适应的多种接入方案，并简化接入流程。例如，集中接入方案可使隶属同一集团的直参通过共用一套技术设施接入CIPS，从而极大降低参与者系统改造成本，缩短接入周期；针对初期业务量有限、但有快速接入CIPS开展业务需要的银行，公司提供轻量化接入方案，通过软、硬件一体化安排，将可视化业务操作模块、直通式接口模块及安全模块预置于硬件设备，有效减少参与者系统开发工作量，降低初期投入。

业务篇

第十四章 银 行 业 务

第一节 2023 年总体运行情况

1. 业务和机构情况

至 2023 年末,上海辖内银行业金融机构资产总额 24.92 万亿元,同比增长 6.50%;各项贷款余额 11.13 万亿元,同比增长 7.61%;各项存款余额 16.93 万亿元,同比增长 8.08%;不良贷款余额 1 062.52 亿元,比年初增加 242.87 亿元;不良贷款率 0.95%,比年初上升 0.16 个百分点。至 2023 年末,共有在沪银行业法人机构 103 家,在沪一级分行及分行级专营机构 168 家,在沪各级营业性机构总数 4 120 家,银行业从业人数 14.22 万。

表 14-1 2023 年上海银行业运行数据

指标	2023 年	2022 年	同比增长
总资产	24.92 万亿元	23.39 万亿元	6.50%
总负债	23.81 万亿元	22.38 万亿元	6.37%
各项贷款	11.13 万亿元	10.34 万亿元	7.61%
各项存款	16.93 万亿元	15.67 万亿元	8.08%
不良贷款	1 062.52 亿元	819.64 亿元	29.63%
不良率	0.95%	0.79%	0.16%

2. 发展特点

一是持续开拓创新,提升服务能级。联合印发示范区绿色银行分支机构建设指引、普惠金融发展实施意见,不断增强银行保险机构对长三角地区的金融服务力度。畅通信贷资源跨省流动,以协同授信方式向苏、浙、皖三省发放贷款余额 536.49 亿元。持续引导各类外资金融机构在沪集聚,支持上海全球资管中心建设。至 2023 年末,共有在沪外资法人银行 21 家,外国及港澳台银行分行 49 家,19 个共建"一带一路"国家的外资银行在沪设立 5 家法人银行、20 家分行和 10 家代表处。二是聚焦重点领域,强化金融供给。联合修订 2023 年上海科技型中小企业和小微企业信贷风险补偿方案,对小微企业信贷工作成绩突出的单位和个人进行奖励,激励引导金融资源向小微企业倾斜。联合上海市工商联等 8 个单位组织上海银行业保险业开展"万企千亿"行动暨首贷户"千企万户"工程,对接企业超 90 万户,为 6 万家企业发放贷款。持续推进无缝续贷增量扩面,扩大市场主体续贷覆盖面,投放无缝续贷 1.16 万亿元,为企业节省超 100 亿元。积极引导辖内银行保险机构探索推进知识产权质押融资,破除融资壁垒。三是坚持以人为本,助力城市治理。联合公安部门侦破信贷领域经济犯罪案件 200 多起,挽回经济损失超 1 亿元,抓获不法贷款中介团伙 20 余个,打击非法职业代理投诉案件 21 起,协助捣毁 30 余人的"退保黑产"电话中心。开展金融消费者权益保护集中教育宣传活动超 3 万次,触及消费者 4.75 亿人次。

第二节　2024 年第一季度情况

2024 年以来,上海银行业资产增速呈逐月上升态势。3 月末,上海银行业资产总额 25.31 万亿元,比年初增加 3881.30 亿元,同比增长 7.16%。

辖内各项贷款余额 11.52 万亿元,比年初增加 3 918.92 亿元,贷款余额同比增长 7.29%,比上年同期下降 1.25 个百分点。各项存款余额 17.03 万亿元,比年初增加 926.58 亿元,同比增长 6.41%,增速较上年同期下降 4.24 个百分点。辖内银行业金融机构不良贷款余额 1 197.85 亿元,比年初增加 135.33 亿元,不良率 1.04%,比年初上升 0.09 个百分点。

专栏 22

上海银行业保险业启动"万企千亿"行动暨首贷户"千企万户"工程

为深入贯彻党中央、国务院关于支持中小微企业发展的决策部署,推动金融机构积极主动对接中小微企业需求,进一步提升金融服务水平,根据国家金融监督管理总局开展"走万企　提信心　优服务"活动和上海市委、市政府有关工作部署,国家金融监督管理总局上海监管局联合市工商联等 8 个单位组织上海银行业保险业开展"万企千亿"行动暨首贷户"千企万户"工程,于 2023 年 8 月 30 日下午召开动员大会。

本次活动重点围绕建设现代化产业体系和促进经济恢复发展,银行保险机构重点走访对象包括:创新型中小企业、特色产业集群中小企业、重点产业链上下游中小企业、中小微外贸企业、纳税评级较好企业、优质民营企业、专利工作试点示范企业、个体工商户等。各金融机构强化监测对接服务机制,增强走访对接的精准性。同时,建立"伙伴银行""伙伴保险"服务机制,让金融服务伴随企业全生命周期。国家金融监督管理总局上海监管局要求金融机构结合本次调研走访,深入基层,大兴调查研究,邀请企业填写满意度问卷,查找金融服务在机制、产品、技术、流程等方面存在的不足,了解企业诉求,不断优化金融产品和服务质效。

为确保上海"万企千亿"行动暨首贷户"千企万户"工程取得长远实效,国家金融监督管理总局上海监管局要求建立健全三项机制,具体包括:融资畅通长效机制,即上门收集问题查找服务差距并建立改进金融服务的长效机制;伙伴银行和伙伴保险机制,根据企业发展变化,主动提供相适应的综合金融服务方案,伴随企业成长;监测督查机制,金融监管部门和银行保险同业公会做好对各金融机构工作的监测、督促和指导。

国家金融监督管理总局上海监管局和市经信委、商务委、市场监管局、地方金融监管局、知识产权局、税务局、工商联等八大部门将精诚合作,形成全银行业保险业参与、各部门合力服务实体经济的良好氛围。这是上海银行业保险业和金融监管部门深入贯彻落实主题教育活动的重要举措,是上海银行业保险业和金融监管部门服务实体经济、立足为民服务解难题的重要体现,体现了举全行业之力发展上海普惠金融、落实中央稳增长决策部署的决心。国家金融监督管理总局上海监管局要求在沪银行保险机构增强"主动送服务"的意识,变"坐商"为"行商",主动联系企业上门走访,提供融资畅通和保险保障解决方案,增强中小微企业金融服务的获得感。同时,结合融资对接过程中发现的问题,查找不足和差距,研究提升服务质效的举措,建立改进中小微企业金融服务的长效机制,从而下沉客户,开拓市场,做大小微金融市场"蛋糕",惠及更多的中小微企业。

第十五章　证券业务[①]

第一节　基本情况

至 2023 年末，上海共有证券公司 34 家（包括 14 家证券公司下属的资产管理公司），全国占比 23.28％；证券公司分公司 152 家，证券营业部 779 家。此外，上海还有证券投资咨询公司 17 家；境外证券类机构上海代表处 31 家（含 1 家境外交易所上海代表处）。

第二节　主要特点

1. 总资产、净资产增长，净资本保持相对平稳

2023 年，上海证券公司总资产 2.52 万亿元，同比增长 6.41％；总负债 1.84 万亿元，同比增长 6.83％；净资产 6 795.41 亿元，同比增长 5.29％；净资本 4 737.71 亿元，同比增长 0.23％。

表 15-1　2023 年上海证券公司经营情况　　　　　　　　　　单位：亿元

项　目	2018 年（25 家）	2019 年（26 家）	2020 年（30 家）	2021 年（31 家）	2022 年（31 家）	2023 年（34 家）
总资产	14 032.52	16 049.92	19 472.47	22 846.65	23 676.02	25 194.64
总负债	9 509.33	11 198.19	14 026.27	16 774.76	17 222.19	18 399.23

---

① 机构经营数据未经审计。

（续表）

项　目	2018 年（25 家）	2019 年（26 家）	2020 年（30 家）	2021 年（31 家）	2022 年（31 家）	2023 年（34 家）
净资产	4 523.19	4 851.73	5 446.21	6 071.9	6 453.83	6 795.41
净资本	3 799.51	3 807.94	4 176.03	4 611.08	4 726.75	4 737.71
营业收入	646.65	816.93	999.77	1 111.61	865.19	864.23
净利润	151.91	317.61	375.13	461.24	328.26	299.11

资料来源：上海证监局。

2. 自营业务收入增加，收入结构整体稳定

2023 年，上海证券公司盈利水平较上年略有下降，分别实现营业收入和净利润 864.23 亿元和 299.11 亿元，同比下降 0.11％和 8.88％。从各部门业务收入看，自营业务收入同比增长 148.12％，经纪、投行、资管、融资类等业务收入同比分别下降 13.48％、10.09％、16.25％、7.71％。除自营业务收入结构占比增加明显外，其他业务收入占比较为稳定。

表 15-2　2023 年上海证券公司盈利结构数据　　　　　　　　　　　　　　单位：亿元

项　目	2021 年	结构占比	2022 年	结构占比	2023 年	结构占比
营业收入	1 111.61	100.00％	865.19	100.00％	864.23	100.00％
净利润	461.24	41.49％	328.26	37.94％	299.11	34.61％
经纪业务收入	278.74	25.08％	232.68	26.89％	201.32	23.29％
自营业务收入（含浮盈）	266.91	24.01％	102.38	11.83％	254.02	29.39％
投行业务收入	154.78	13.92％	151.49	17.51％	136.2	15.76％
资产管理收入	146.65	13.19％	108.45	12.53％	90.83	10.51％
融资业务利息收入	273.91	24.64％	234.09	27.06％	216.04	25.00％

资料来源：上海证监局。

3. 合规内控体系持续健全，行业文化建设持续推进

上海证券行业牢牢守住不发生系统性、区域性风险的底线，个案风险得到稳妥处置，整体呈现稳健发展势头。2023 年，新增 1 家证券公司纳入"白名单"试点公司。2023 年分类评价，上海有 18 家证券公司参评，8 家公司被评为 A 类，其中 3 家获评 A 类 AA 级。同时，行业文化建设持续推进，证券行业廉洁从业建设不断深化。

第三节　2024 年第一季度情况

2024 年第一季度末,上海证券公司资产总额 2.41 万亿元,同比下降 1.90％;净资产总额 6 902.08 亿元,同比增长 4.96％;净资本总额 4 765.87 亿元,同比增长 0.40％。

表 15-3　2024 年第一季度上海证券公司经营情况　　　　　　　　　　　单位:亿元

项　　目	2024 年第一季度	占全国比重	同比增减
总资产	24 058.37	19.86％	－1.90％
净资产	6 902.08	22.92％	4.96％
净资本	4 765.87	21.30％	0.40％

资料来源:上海证监局。

上海证券公司数量为 34 家,占全国 23.28％,净资产占全国 22.92％,净资本总额占全国 21.30％,维续上海证券公司相对较强的风险抵御能力。上海证券公司营业收入 211.46 亿元,占全国 22.18％;净利润 86.81 亿元,全国占比 23.56％,体现出上海证券公司的总体业务能力较为稳健。

表 15-4　2024 年第一季度上海证券公司盈利结构数据　　　　　　　　　单位:亿元

项　　目	2024 年第一季度累计	占全国比重	2023 年同期累计	同比增减
营业收入	211.46	22.18％	237.62	－11.01％
净利润	86.81	23.56％	103.29	－15.95％
经纪业务收入	46.90	17.74％	51.06	－8.15％
自营业务收入	102.57	22.18％	97.26	5.46％
投行业务收入	19.34	25.00％	26.62	－27.36％
资产管理收入	19.39	34.67％	20.97	－7.52％
融资利息收入	46.74	18.58％	52.91	－11.65％

资料来源:上海证监局。

专栏 23

上海证券公司积极服务实体经济高质量发展

上海证券公司在全面推行注册制、新三板改革、提高上市公司质量等资本市场重大改革任务中发挥了积极作用，为科技创新企业、绿色产业、地区发展提供高效的金融服务。2023年，上海证券公司共保荐105家企业IPO上市，融资规模1 320.45亿元，主承销债券规模1.53万亿元，3家公司（国泰君安、海通证券、民生证券）投行业务收入排名全国前10。服务28家"硬科技"企业登陆科创板，培育了一批拥有核心技术创新能力的优质企业，引导市场向科技创新领域集聚资源。9家证券公司完成244个科创债项目，总额944.91亿元；9家证券公司承销绿色债券273只，总额1 138.48亿元。国泰君安证券联合上海浦东引领区投资中心，发起设立目标总规模100亿元的科创系列基金，首期规模41亿元的"浦东引领区科创一号基金"已注册成立。

第十六章　期货业务[①]

第一节　基本情况

2023年末,上海共有期货公司36家,占全国24%,国有公司18家、民营公司17家、外资间接控股公司1家,期货公司下设22家风险管理子公司(均注册在上海),3家资管子公司;期货分支机构共200家,其中本地公司设立62家,异地期货公司设立138家。

第二节　主要特点

1. 综合实力持续领先

上海期货公司的总资产、客户权益、净资产等指标均处于全国首位,营业收入、净利润等主要经营指标也都接近或超过全行业的1/3。至2023年,上海期货公司资产总额、客户权益总额、净资产总额分别为5 556.42亿元、4 912.71亿元、533.76亿元,分别占全国33.61%、34.53%、27.34%。2023年度,上海期货公司营业收入125.88元,占全国31.4%;净利润31.83亿元,占全国32.14%。

表16-1　2023年上海地区期货公司主要经营指标　　　　　　单位:亿元

项　目	2020年(34家)	2021年(35家)	2022年(36家)	2023年(36家)
总资产	3 312.66	4 780.47	6 001.92	5 556.42
净资产	355.57	435.08	498.43	533.76

① 机构经营数据未经审计。

项　目	2020 年 （34 家）	2021 年 （35 家）	2022 年 （36 家）	2023 年 （36 家）
净资本	226.03	308.73	360.08	379.86
客户权益	2 884.90	4 224.65	5 387.20	4 912.71
净利润	23.68	41.83	36.11	31.83

资料来源：上海证监局。

2. 合规风控水平稳步提升

2023 年期货公司分类评价，上海 A 类公司达 15 家，占全国 55 家 A 类公司的 27.3％，其中 AA 级公司 7 家，占全国 22 家 A 类 AA 级公司的 31.8％，A 类公司及 AA 级公司数量占比均超过上海期货公司数量全国占比。此外，辖区期货公司各项风险监管指标持续保持较高安全边际，至 2023 年末，辖区期货公司净资本总额 379.86 亿元，占全国 30.8％。

3. 服务实体经济成效显著

上海期货公司持续完善“保险＋期货”业务模式，助力服务“三农”国家战略。2023 年，19 家期货公司及其风险管理子公司开展 1 209 单“保险＋期货”业务，其中完成赔付 779 单，赔付额 5.57 亿元，同比增长 29.83％。上海期货公司着力提升风险管理业务水平，加大服务产业客户力度，积极为实体企业提供定制个性化风险管理服务，2023 年，辖区期货公司设立的风险管理子公司累计实现基差贸易与仓单服务业务额达 1 235.96 亿元。

第三节　2024 年第一季度情况

2024 年第一季度，上海期货公司数量保持稳定，占全国 24％；总资产、净资产、净资本分别为 5 324.49 亿元、527.88 亿元、378.11 亿元，占全国分别为 34.14％、26.87％、30.92％，其中净资产、净资本较上年同期分别增长 4.59％、6.18％。累计净利润 4.44 亿元，同比下降 27.47％，占全国 29.13％，高于数量占比；客户权益达 4 676.22 亿元，同比下降 11.61％，占全国 35.24％。上海期货公司以上指标的全国占比均超过期货公司数量全国占比。

专栏 24

我国首个航运期货品种在上海挂牌交易

2023 年 8 月 18 日,我国首个航运期货品种——集运指数(欧线)期货在上海期货交易所全资子公司上海国际能源交易中心挂盘交易。集运指数(欧线)期货采用"服务型指数、国际平台、人民币计价、现金交割"的设计方案,既是我国期货市场推出的首个服务类期货品种,也是首个在商品期货交易所上市的指数类、现金交割的期货品种,还是面向国际投资者开放的境内特定品种。

上市航运指数期货,有助于丰富航运产业链企业的风险管理工具,有助于提升我国国际贸易运输服务的定价话语权和影响力,服务航运业高质量发展。上市航运指数期货有助于帮助海运集装箱运输产业链企业、外贸企业应对航运价格波动风险和行业周期风险,提升相关企业的风险管理水平和国际竞争力;有助于促进金融和航运两个市场的有效连接,提升航运金融服务能级,更好服务上海国际金融中心、国际贸易中心、国际航运中心等"五个中心"建设协同发展;同时有助于服务国家海洋强国、航运强国建设。

集运指数(欧线)期货上市后,上海证监局积极推动上海地区期货公司、风险管理子公司利用集运指数期货管理风险、稳定预期。首单挂钩集运指数(欧线)期货的场外期权交易率先落地上海。集运指数(欧线)期货上市以来上海地区期货公司累计服务相关交易者 1.79 万户,累计交易达 3 472.63 亿元,有效满足国际集装箱运输市场相关企业的避险需求。

第十七章 基 金 业 务

第一节 基 本 情 况

2023年,上海共有公募基金管理人73家,其中66家为基金管理公司、7家为证券公司。66家基金管理公司旗下共有基金专户子公司33家、基金销售子公司2家、分公司96家。独立基金销售机构27家。共有异地基金管理公司在沪分公司44家。2023年,新发行基金536只,首募规模4 602.88亿元。

第二节 主 要 特 点

1. 公募基金管理规模同比增长,私募资管业务规模有所减少

上海共有73家公募基金管理人,存续公募基金产品4 496只,资产10.1万亿元,同比增长6.3%。其中,基金管理公司存续公募基金4 195只,资产9.6万亿元,同比分别增长10%和7.9%;证券公司存续公募基金301只,同比增长21%,资产0.5万亿元,同比下降16.7%。剔除货币型基金的公募基金资产达800亿元以上的有23家,较2022年底增加1家;权益类公募基金(包括股票型与混合型基金)资产达500亿元以上的有11家,较2022年减少3家。共有112家持牌证券基金经营机构开展私募资管业务,存续私募资管产品10 714只,同比增长4.7%,资产4.57万亿元,同比下降10%。其中,基金管理公司存续私募资管产品4 542只,同比增长0.8%,资产2.23万亿元,同比下降1.8%;基金专户子公司存续私募资管产品1 106只,资产0.47万亿元,同比分别下降24%和39%;证券公司存续私募资管产品5 066只,同比增长18.5%,资产1.87万亿元,同比下

降 9.7%。

2. 服务实体经济发展,主动参与国家战略和投资端改革

一是公募基金管理人积极响应公募基金费率改革号召,主动降低旗下公募基金产品的管理费及托管费,年内存量主动权益类公募基金产品全部完成费率调降,少收管理费约 23.8 亿元,降费工作彰显实效。此外,6 家基金公司率先发行 7 只浮动管理费产品,着力提升投资者获得感。二是助力养老第三支柱发展,光大证券、中银国际证券、好买基金销售等 3 家基金销售机构加入个人养老金销售名录,海富通基金等 1 家基金公司加入个人养老金基金管理人名录。三是支持临港新片区建设,华安基金将注册地址迁至临港新片区,另有新设外商独资基金公司安联基金在临港新片区注册。

3. 外商投资公募基金管理公司持续集聚,海外业务稳步发展

继贝莱德基金、路博迈基金和富达基金后,施罗德基金、联博基金于 2023 年开业,安联基金获得中国证监会核准设立的批复。至 2023 年末,上海外商投资公募基金管理公司(含合资和全资)29 家(含未开业的安联基金),全国占比提升至 58%。已有 10 家上海基金管理公司在美国(2 家)、新加坡(2 家)、香港(10 家)等地获批筹建或设立子公司。其中,10家香港子公司开展资管业务,管理产品 57 只,规模 258 亿元,其中 RQFII 产品 11 只,规模 10.1 亿元;4 家香港子公司开展 7 单投顾业务,规模 8.93 亿元。汇丰晋信基金有 10 单海外投顾业务,规模 50.34 亿元。多家基金管理公司积极开展基金互认业务,7 家基金管理公司的 16 只基金产品在香港销售,在港累计保有金额 7.8 亿元;8 家基金管理公司获得香港基金内地销售代理资格,累计代理或代销 25 只基金产品,在内地累计保有金额 124.29亿元。

第三节　2024 年第一季度情况

至 2024 年第一季度末,上海地区公募基金机构数量保持稳定,共有管理人 73 家,其中 66 家为基金管理公司,7 家为证券公司;基金专户子公司 33 家,基金销售子公司 2家,基金第三方支付机构 7 家,独立基金销售机构 27 家。上海地区基金管理公司公募基金管理 10 万亿元,同比增长 9.9%;专户管理 1.1 万亿元,同比下降 21.4%。基金专户子公司资产管理 4 392.6 亿元,同比下降 35.6%。证券公司资产管理 3.1 万亿元,同比持平。

专栏 25

上海基金行业积极践行公募基金行业费率改革号召

2023 年 7 月，中国证监会根据行业发展实际和投资者需求，研究制定《公募基金行业费率改革工作方案》，公募基金费率改革启动。降低费率是基金行业让利基民、承担社会责任的表现，更是公募基金行业作为普惠金融的题中应有之义，充分体现行业发展的人民性。

《方案》试行以来，上海基金行业立即行动，积极响应号召，主动降低旗下公募基金产品的管理费及托管费。2023 年内，上海 71 家公募基金管理人全部完成存量主动权益类公募基金产品管理费率和托管费率的调降，涉及公募基金产品 1 458 只，规模 1.97 万亿元，全年少收管理费约 24 亿元，降费成效明显。

同时，为践行与持有人利益共享、风险共担的理念，上海基金公司持续提升创新能力，不断完善公募基金产品谱系。2023 年 8 月，上海 6 家基金公司率先发行 7 只浮动管理费产品，着力提升投资者获得感。

下一步，上海基金行业将继续按照改革方案要求，推动各项改革措施渐次落地，促进公募行业持续践行普惠金融的初心，形成行业健康发展与投资者利益更加协调一致、互相支撑，共同实现的良好局面。

第十八章　保　险　业　务

第一节　2023 年总体运行情况

1. 保险机构

至 2023 年末,共有 61 家在沪保险法人机构,其中保险集团 2 家,财产险公司 20 家(其中自保公司 1 家),人身险公司 24 家,再保险公司 5 家,资产管理公司 10 家;共有 130 家在沪省级保险分支机构,其中财产险分支机构 53 家,人身险分支机构 59 家,再保险分支机构 18 家;共有 225 家在沪保险专业中介法人机构,其中保险专业代理机构 104 家,保险经纪机构 83 家,保险公估机构 38 家;共有 268 家保险专业中介分支机构,其中保险专业代理机构 100 家,保险经纪机构 140 家,保险公估机构 28 家。

2. 保费收入

2023 年,上海辖内实现原保险保费收入累计 2 470.74 亿元,同比增长 17.93%,其中财产险公司原保险保费收入 737.80 亿元,同比增长 11.27%;人身险公司原保险保费收入 1 732.94 亿元,同比增长 21.02%。

3. 财险、寿险、健康、意外险保费收入情况

2023 年,财产险业务原保险保费收入累计 640.42 亿元,同比增长 15.48%;寿险业务原保险保费收入累计 1 411.62 亿元,同比增长 24.66%;健康险业务原保险保费收入累计 366.28 亿元,同比增长 4.18%;意外险业务原保险保费收入累计 52.42 亿元,同比下降 7.17%。

表 18-1　上海保险市场财产险公司和人身险公司保费收入情况　　　　　单位:亿元

险种名称	本年累计/截至当期
1. 财产保险公司原保险保费收入	737.80
其中:企业财产保险	53.14

（续表）

险种名称	本年累计/截至当期
家庭财产保险	11.08
机动车辆保险	282.32
工程保险	10.44
责任保险	145.28
保证保险	14.96
农业保险	15.30
健康险	65.07
意外险	32.31
2. 人身险公司原保险保费收入	1 732.94
其中：人寿保险	1 411.62
健康保险	301.21
意外伤害保险	20.11
原保险保费收入合计	2 470.74

4. 赔款、给付和退保情况

2023 年，上海市原保险赔付支出累计 783.37 亿元，同比增长 19.68%。其中财产险业务原保险赔付支出累计 365.35 亿元，同比增长 32.94%；寿险业务原保险赔付支出累计 250.80 亿元，同比增长 28.85%；健康险业务原保险赔付支出累计 146.45 亿元，同比下降 11.72%；意外险业务原保险赔付支出累计 20.78 亿元，同比增长 8.34%。

5. 资产情况

2023 年末，上海辖内省级保险分公司总资产 9 304.81 亿元，较年初增长 6.35%。

第二节　2023 年发展特点

一是助力"上海制造"。对关键核心技术予以保险赋能。2023 年，首台（套）重大技术装备保险累计完成 242 个重点创新项目承保，涵盖 ARJ21 飞机、船舶制造、智能发电设备、工程设备等重点领域，累计提供风险保障 832 亿元。中国集成电路保险共同体累计为 73 家集成电路企业提供近 2.35 万亿元的风险保障资金。二是支持上海科创中心建设。通过专利质押融资保证保险的风险共担机制，加强科技企业知识产权专利质押融资能力，2023 年末知识产权质押融资增长 63％；开展科技企业创业责任保险试点，2023 年累计为 50 家孵化器科技园区中 295 家入驻企业提供风险保障近 3 000 万元；推动生物医药产品责任保险、临床试验责任保险试点，2023 年上海生物医药人体临床试验责任保险试点项目累计服务 196 家创新药企及科研单位 1 300 余个项目，累计风险保障金额超 60 亿元。三是聚焦"急难愁盼"融入社会治理。围绕解决大城市突出问题目标，推动落实支持保障房、旧区改造等民生工程。至 2023 年末，上海保险业为 3 167 万平方米住宅面积提供住房工程质量潜在缺陷责任保险，保障金额 1 887 亿元。

第三节　2024 年第一季度情况

2024 年 1—3 月，上海辖内保险公司原保险保费收入累计 973.06 亿元，同比增长 11.34％。其中财产险公司原保险保费收入 216.49 亿元，同比增长 1.15％；人身险公司原保险保费收入 756.57 亿元，同比增长 23.55％。

2024 年 1—3 月，上海辖内保险公司原保险赔付支出累计 318.15 亿元，同比增长 86.05％。其中财产险业务原保险赔款支出 86.46 亿元，同比增长 10.31％。寿险业务原保险给付 186.13 亿元，同比增长 247.84％。健康险业务原保险赔款给付 40.72 亿元，同比增长 22.95％。人身意外险业务原保险赔款支出 4.84 亿元，同比下降 1.22％。

专栏 26

原上海银保监局与上海市地方金融监管局联合发布
《关于加快推进上海国际再保险中心建设的实施细则》

为深入贯彻落实《中共中央　国务院关于支持浦东新区高水平改革开放打造社会主义现代化建设引领区的意见》和《关于推进上海国际再保险中心建设的指导意见》，原上海银保监局和上海市地方金融监管局联合发布《关于加快推进上海国际再保险中心建设的实施细则》，在上海开设面向全球的再保险分入业务交易市场。《实施细则》围绕完善再保险市场基础设施体系和机构体系、深化再保险产品供给和创新能力、推动再保险高水平制度型对外开放、增强再保险人才吸引和培养机制建设等具体内容共制定22条政策举措,明确上海国际再保险中心建设路径,形成各方政策支持合力,标志着上海国际再保险中心建设又迈出重要一步。

第十九章　银行卡业务

2023年，中国银联上海分公司深入贯彻落实长三角一体化发展战略，积极服务上海国际金融中心、上海国际消费中心城市建设，持续优化支付服务、提升支付便利性，积极参与政府各类促消费项目，服务社会民生，优化营商环境，促进高水平对外开放。全年银联跨行系统高效安全运行，有效地促进了地区经济和社会发展。

第一节　银行卡市场整体情况

2023年，上海全年社会消费品零售总额1.85万亿元，同比增长12.6％，同期上海地区银联体系内交易额同比增长11.7％。

1. 跨行交易

2023年，在银联体系内，全市实现银行卡跨行清算交易笔数7.7亿笔，交易额23.6万亿元。

2. 发卡情况

至2023年末，全市银行卡累计发行量2.09亿张（剔除过期卡、销户卡），同比增长4.8％。

3. 受理市场

至2023年末，全市银行卡线下月均活动受理商户36.46万户。在新增商户方面，2023年新入网商户与入网终端同比分别增长45.3％和39.5％。

第二节　重点产品和业务发展情况

中国银联上海分公司响应和落实人民银行加快构建"四方模式"政策要求，充分发挥卡组织和清算机构的组织协调作用,联合产业各方大力推进受理环境线上线下一体化建设,持续优化支付服务、提升支付便利性,通过数字化解决方案和平台服务能力满足商户和消费者多元化支付需求,通过产品创新及权益优化,提升惠民服务水平和商户服务能力,切实推动支付服务实体经济和金融创新,提升上海金融中心全球影响力。

1. 积极做好外籍来华人员支付专项工作,服务第六届进博会

一是积极做好外卡受理环境建设。通过数据分析筛选涉外商圈、景点、影院、交通枢纽,着重打造外卡受理环境,联合收单机构做好外卡受理标识张贴、收银员培训、持卡人宣传折页布放等配套工作,营造友好的外卡受理体验。通过专项工作推动,2023年末,上海地区商业、文旅、机场车站三大重点领域新增3.6万台外卡受理POS,累计约20万台POS机可受理境外银联卡。其中,进博会场馆、机场、离境退税商店、三星级以上酒店境外银联卡受理覆盖率达100%,3万平方米以上综合体、特色街区等场景境外银联卡受理覆盖率超过90%,连锁商场便利店场景境外银联卡受理覆盖率超过80%,3A级以上景区、南京东路等知名商圈重点商户境外银联卡受理覆盖率超过80%,实现上海地区重点涉外场景受理覆盖。

二是开展境外银联卡专项优惠活动。在亚运会、进博会期间,开展两期境外银联卡专项活动,覆盖徐家汇、新天地、虹桥等12大重点商业区域,陆家嘴、古北、花木等6大外籍人士重点活动区域,以及机场车站交通枢纽等共计1.7万个门店。参与品牌包括东方明珠、新荣记、大丸百货、比斯特购物村、大光明影院、山姆、麦当劳等,实现入境人士主要消费场景的优惠覆盖。

进博会期间上海地区实现境外银联卡交易10.5万笔,同比增长204%,环比增长31%。上海地区,银联支付产品能够全面兼顾入境人员外卡卡基和钱包服务不同类型支付需求,成为入境人士来沪支付的主渠道。

2. 深度参与各类政府促消费活动,支持消费市场创新发展

一是紧密围绕国务院总理、时任上海市委书记李强视察银联时关于"银联推进的云闪付、国际化等核心任务与上海国际金融中心建设高度契合,要促进金融支付与城市产业链、服务链深度融合,不断做大做强支付产业"的指示精神,深度参与上海市政府举办的"五五购物节"。2023年"五五购物节",联合上海辖内13家商业银行共同发布"金融助力上海国际消费中心城市建设"项目,支持消费市场创新发展。

二是积极配合徐汇区、静安区文旅局,发动1400余家线下文旅相关的商户参与徐汇、静安两区文旅消费券活动,为广大市民提供优质的文旅产品和服务。两区内景区、旅行社、宾馆酒店、影剧院、美术馆、艺术馆、博物馆、演艺场馆和空间、实体书店、文创产品商店等特色文旅相关行业积极参与活动,累计带动文旅消费金额近千万元,杠杆率超2.6倍,资

金杠杆拉动明显、社会反响效果良好。

三是作为 2023 年静安国际光影节活动支持单位，全程深度参与，在此期间组织 16 个商圈，2 600 余家新业态、新热点的静安特色文旅商户参与光影节活动，为市民提供优质的文旅产品和服务。

3. 落实助商惠民促消费，加强惠民支付服务推广

一是响应国家减费让利、助力实体经济的政策号召，联合多家机构推动上海地区商户参与"助商惠民——红火计划"，面向小微企业和个体工商户开展银联二维码手续费激励，助力上海地区小微经济加速复苏，该政策覆盖上海地区超 2.6 万家商户。

二是积极开展惠民支付服务推广，率先与麦德龙、月星环球港、新世界城等头部企业开展会员一码付合作，有效融合商户会员及银行账户体系，帮助商户提升收银效率；与联华、来伊份、农工商超市等上海本地知名商超企业等进行商家券、超级月卡合作，帮助商户引流获客，促进复购消费；在 LCM、百联、嘉亭荟等知名商圈百货推广"逛街吧"会员积分解决方案，服务商户数字化经营，助力商户获客活客。

4. 积极落实政府专项普惠金融服务民生政策，组织推动支付便民惠民

一是对接上海市发展和改革委员会等相关部门，作为"一卡通"工作专班唯一金融成员，协调做好"一卡通"应用环境改造，推进现有社保卡在地面公交使用，并投入专项宣传费用做好"一卡通"应用宣传推广。

二是积极推动"一卡通"在旅游观光方面先行先试，东方明珠等实现"一卡通"受理。

三是从社区老龄人日常需求出发，联合上海市社保卡中心，围绕社区食堂打造"一卡通"受理圈，以社保卡为支付载体服务老龄人群，并与社保卡中心联合开展社区食堂专属活动，服务老龄人群日常消费，不断提升公交出行、老字号餐饮等适老化服务质效。

5. 深度参与打击治理电信网络新型违法犯罪工作，为上海国际金融中心建设保驾护航

一是作为打击治理电信网络新型违法犯罪工作联系小组固定成员单位，深度参与反诈中心"断卡"行动，全力参与扫码反诈项目，助力遏制电诈高发态势。

二是联合经侦总队，双方通过微信公众号、警民直通车、抖音等渠道共同开展"5·15"打击和防范经济犯罪联合宣传活动，拍摄反洗钱宣传片、制作反诈主题漫画等向市民揭示犯罪手法。联合上海经侦总队拍摄的反洗钱宣传片《大洗之日》获 2023 年上海市金融稳定协调联席会议办公室防范非法金融活动优秀宣传作品征集评选一等奖。

第三节 业务发展展望

2023年中央经济工作会议定调2024年要坚持稳中求进、以进促稳、先立后破,以科技创新引领现代化产业体系建设等工作要求。2024年,支付产业将围绕科技金融、绿色金融、普惠金融、养老金融、数字金融"五篇大文章",创新产品与服务模式,重点关注跨境、普惠、绿色等业务领域,更好地为实体经济高质量发展提供支持。产业各方将通过数字技术和开放合作,增强产品与服务的适应性、安全性和竞争力,不断深化和细化用户经营。支付强监管、严监管将持续深化,引导支付产品供给进一步优化,推动支付产业规范、高质量发展。

1. 市场对外开放将持续深入,进一步影响境内支付产业生态格局

2024年,国内支付清算市场将进一步深化开放,境外产业主体将继续推进境内支付业务布局。境外支付机构关联公司将基于自身优势,不断探索在境内展业的差异化发展路径,提升服务效率和产品吸引力。境外支付机构还将加强与境内产业各方的业务合作,扩大受理范围和客群覆盖面,为跨境场景提供更便捷、更丰富的支付体验。国内支付产业面临的市场竞争压力增加,将持续优化产品供给和经营效率,提升精细化服务客户的能力。监管也将继续推动市场开放和制度型开放,加大跨境支付系统建设及拓展力度,促进国内支付市场服务水平提升。

2. 国内支付机构将加强国际化业务布局,完善跨境支付服务能力

在跨境经济日益活跃和国内监管加强政策鼓励的背景下,境内支付机构和平台企业将更多地参与国际竞争,加快拓展跨境支付业务,支持跨境人员和外贸企业的多样化支付需求。在境外,国内商业银行、卡组织、非银支付机构、支付服务商等产业各方将加强与境外支付机构的业务和资本合作,持续推广数字发卡、二维码支付、手机POS等数字化支付技术和产品,完善全球营销服务网络。在境内,产业各方将重点完善外卡受理、移动支付、现金使用、账户服务等工作,努力提升境外人士来华支付的便利程度和支付体验。

3. 技术发展将持续带动金融业务创新,数据智能和科技安全应用受到重点关注

2024年,金融机构的科技投入将更加精准高效,商业银行等金融机构将不断完善数据治理、存储、分析等能力,改善数据管理和应用效率,并在安全可信的环境下加强与外部数据的交互流通,使积累的数据资源发挥出更大价值。AI大模型将向开源、多模态、行业垂直等方向演进,面向金融行业的垂直大模型和AI解决方案将进一步优化和增多,并带动大数据、云计算等相关技术升级,加速金融数据赋能客服、风控、营销、运营等业务场景,提

升服务的精准度和智能化水平。

4.开放合作将继续成为支付产业创新优化的重要途径

境内外支付机构将持续推进网络开放和互联互通合作，促进支付服务跨网络、跨平台供给，改善境内支付和跨境支付的便捷性和稳定性。金融机构和大型科技公司将进一步完善开放平台建设，积极将自身支付服务等能力对外输出，推动境内外开放银行和嵌入式金融模式持续发展。各方协作将促进先买后付、数字货币等新兴业态与传统金融体系融合，提升创新服务的便捷性和覆盖面，增强传统金融机构的市场竞争力。

5.支付产业将推出更多相关服务和产品，助力普惠金融、绿色金融发展

在政策引导下，支付产业机构将加强在普惠金融、绿色金融方面的业务布局，助力国家双碳目标达成和金融服务进一步普及。普惠金融方面，产业各方将持续拓宽支付服务覆盖面，缩小"数字鸿沟"。绿色金融方面，产业各方将加大绿色信贷支持力度，积极发行绿色主题卡产品，并持续推进个人和企业碳账户建设，鼓励客户践行绿色低碳理念。

6.支付强监管、严监管态势将延续，推动支付产业规范、高质量发展

2024年，国内支付监管将发挥监管合力，进一步完善金融监管体制机制，整体提升各类金融服务的协同监管效率。进一步细化完善非银行支付监管顶层设计，条例配套实施细则有望跟进出台。监管将不断加大对违法违规行为惩戒、支付风险防控的力度，深化重点领域金融风险防范化解。监管还将持续引导支付产业聚焦服务实体经济和促消费，支持新技术在支付和金融业务中的规范应用，防控技术应用导致的安全和伦理风险。

第二十章 地方金融业务

第一节 本市地方金融组织基本情况

至 2023 年末，本市授权实施监管的七类地方金融组织共 2 012 家，资产总额约 2 万亿元，从业人员总计约 2.7 万人。其中，小额贷款公司 105 家，占比 5.22％，累计放贷 5 005.3 亿元，贷款余额 173.9 亿元；融资担保公司 29 家，占比 1.44％，在保余额 898.1 亿元；区域性股权市场 1 家，占比 0.05％，挂牌企业 784 家，挂牌企业融资 263.32 亿元；典当行 237 家，占比 11.78％，典当余额 62 亿元；融资租赁企业 1 310 家，占比 65.11％，其中资产规模超百亿的共计 29 家；商业保理企业 328 家，占比 16.30％，其中资产规模超十亿的共计 27 家；地方资产管理公司 2 家，占比 0.10％，存量不良资产投资余额合计 35.1 亿元。

第二节 小额贷款公司

1. 基本情况

至 2023 年末，上海共有小额贷款公司 105 家，注册资本总计 170.8 亿元。资产总额 211.6 亿元，负债 29.9 亿元，资产负债率 14.2％。上海小额贷款行业累计放贷 5 005.3 亿元，贷款余额 173.9 亿元。全年行业实现营业收入 17.4 亿元（其中贷款利息收入 15.2 亿元），净利润 3 亿元。

2. 行业发展情况

（1）持续服务实体经济

上海小额贷款行业充分发挥"短期、小额、灵活、快捷"的特点，持续服务实体经济，全年累计发放"三农"贷款99户4.1亿元，小微企业贷款3151户183.6亿元。行业面向小微企业贷款余额69.7亿元，创业企业贷款余额11.5亿元，科技企业贷款余额10.0亿元，文化创意类企业贷款余额3.1亿元。

（2）助推科创成果显现

部分小额贷款公司依托股东背景、专业能力和累积的客户资源，在服务科创方面建立了专业务实、灵活高效的业务模式。至2023年末，累计向科创企业发放贷款1.2万笔共387.8亿元，累计支持科创企业成功上市近20家，服务科创产生了积极的经济和社会效益。上海张江科技小额贷款股份有限公司依托张江园区，为科创企业提供优质综合金融服务，服务的客户中诞生韦尔股份、华依科技、派能科技等上市公司共23家，其中科创板上市企业占比超过60%。上海长宁国智小额贷款股份有限公司针对拥有一定价值专利技术的高新技术企业，创新开展专利权质押贷款业务，并于2023年初实现首笔签约。上海华东普惠小额贷款股份有限公司创设信贷＋投行模式，依托上实集团产业优势，专注清洁能源、生命健康等领域，为企业提供短期信贷服务同时引入产业资源，助力企业发展。

第三节　融资担保公司

1. 基本情况

至2023年末，上海共有29家融资担保机构持有有效经营许可证，其中法人融资担保机构26家、外省市融资担保机构在沪分支机构3家；注册资本总计281.2亿元（含分支机构营运资金12亿元），同比增长40%。净资产总计288.6亿元，同比增长40.8%；全年行业累计业务收入13.9亿元，其中融资担保费收入6.1亿元，净利润2.8亿元。

2. 行业发展情况

（1）担保余额稳步增长

至2023年末，融资担保机构融资担保在保余额898.1亿元，同比增长5.2%；在保户数11.1万户。融资担保放大倍数为4.4倍。

（2）业务模式基本稳定

至2023年末，融资担保机构在服务对象类型方面，为商贸类企业担保的担保余额占比最高，为31.5%；在担保额度方面，单笔200万元至500万元的担保余额占比最高，为49.9%；在担保期限方面，6—12个月的担保余额占比最高，为90.3%；在反担保方式方面，信用担保占比最高，为77.9%。业务模式与上年保持基本一致。

（3）服务小微作用增强

至 2023 年末,小微企业融资担保在保余额 799.8 亿元,同比增长 8.8%,占全市融资担保在保余额的 89.1%。同时,担保费保持稳定,直接融资担保年化综合费率 0.54%,同比下降 15.6%。

第四节　典　　当　　行

1. 基本情况

至 2023 年末,上海共有典当企业 237 家,分支机构 47 家,经营网点共计 284 个,注册资本 67 亿元。全年典当总额 355 亿元,年末典当余额 62 亿元。全年典当收入 7 亿元。

2. 行业发展情况

（1）积极为中小微企业提供融资服务

典当行业始终坚持为中小微企业提供融资服务。2023 年上海典当行业有 75.4% 的企业为中小微企业提供融资服务。2023 年行业向中小微企业提供贷款合计达 221 亿元,占全市典当总额的 62%。

（2）业务结构保持稳定

2023 年,房地产业务典当总额 208 亿元,占 59%,居比重首位。民品业务典当总额 47 亿元,占 13%,业务量有所收缩。机动车业务典当总额 23 亿元,占 6%,近年来占比呈连续上升趋势。财产权利业务典当总额 41 亿元,占 12%,占比与上年基本持平。

第五节　地方资产管理公司

2023 年末,上海共有地方资产管理公司 2 家。注册资本 75 亿元,净资产 520.2 亿元。存量不良资产投资余额合计 35.1 亿元,处置不良资产账面值合计 19.5 亿元,实现营业收入合计 5.3 亿元,其中不良资产经营及处置净收入 3.5 亿元。

第六节　融资租赁公司

2023年，上海围绕"监管防风险＋服务促发展"主线任务，完善监管手段，优化营商环境，引导上海融资租赁公司深耕主业、服务产业、合规经营。

1. 行业发展平稳有序，减量增质持续加快。2023年末，上海融资租赁公司共计1 310家，较上年末减少149家；资产规模2.01万亿元，不良租赁资产率1.71％；2023年实现净利润339.65亿元，与上年基本持平。存续企业中，资产规模超百亿元的共计29家，资产规模合计1.60万亿元，占行业总规模四分之三，其中超千亿元的5家，资产规模合计9 233亿元，占行业总规模近半。

2. 杠杆水平保持稳定，融资渠道不断优化。2023年末，上海融资租赁业平均杠杆率3.50，较上年末略有下降。外部融资渠道中，银行融资占57.27％，较上年有所上升，债券融资及资产证券化融资分别占10.90％、8.18％，融资方式持续多元化。

3. 服务实体作用显著，产融结合不断深入。2023年末，上海融资租赁业租赁资产余额约1.62万亿元，服务涵盖航空航运、工程机械、医疗设备、新能源等各领域，尤其在服务中小微、支持科技企业、助力绿色转型发展方面发挥一定作用。2023年末，上海融资租赁业投向中小微企业租赁资产余额5 524.11亿元，占租赁资产余额1/3；投向医疗领域租赁资产余额约1 000亿元；投向科技企业租赁资产余额673.22亿元，较上年增长46.57％；绿色租赁资产余额超3 500亿元，约占全国绿色租赁规模一半。

第七节　商业保理公司

2023年，上海聚焦金融支持实体经济，强化头部企业的引领效应，引导企业进一步提高对实体经济的服务质量，支持中小微企业的发展。

1. 资产规模保持增长，头部企业引领效应明显。2023年末，上海存续商业保理公司共计328家，资产总额1 368.35亿元；发放保理融资款本金余额1 049.66亿元，较上年小幅增长；上海商业保理公司资产规模超10亿元的共计27家，较上年新增5家，资产规模合计1 107.17亿元，占上海商业保理行业总规模80.91％，集中度格局稳定。

2. 业务投放量增长迅速，服务中小微功能显著。2023年，上海商业保理业新增发放保理融资款本金 4 318.80 亿元,较上年增长 12％;其中投向中小微企业保理融资款本金 3 364.84 亿元,占 77.93％。不同股东背景、产业背景的商业保理公司充分发挥各自优势和专长,深耕供应链,服务对象逐步转向产业链中小微供应商,形成"专业化、精细化、场景化、链条化"发展特点。

环境篇

第二十一章 金融监管

第一节 银行业保险业监管

1. 2023 年监管工作重点

2023 年,国家金融监督管理总局上海监管局指导上海银行业保险业积极贯彻中央金融工作会议、中央经济工作会议精神和习近平总书记考察上海重要讲话精神,坚持金融为民服务、为实体融资、为社会赋能、为国家担当,助力上海加快建成具有世界影响力的社会主义现代化国际大都市,为金融强国建设试制度、闯新路、补短板。

一是防范风险取得新成效。守牢不发生系统性区域性风险的底线,加快中小金融机构风险处置,推进房地产业向新发展模式平稳转换。打击非法金融活动成效明显,联合七部门发布《关于防范不法贷款中介风险 规范金融营销行为的公告》,揭示不法贷款中介严重危害,营造上海市优良营商环境。联合公安部门侦破信贷领域经济犯罪案件 200 多起,挽回经济损失超 1 亿元,破获不法贷款中介团伙 20 余个,打击非法职业代理投诉案件 21 起,协助捣毁 30 余人的"退保黑产"电话中心。

二是深化改革亮出新成绩。联合出台《关于加快推进上海国际再保险中心建设的实施细则》,启动再保险"国际板",指导签署首张国际再保险分入合约。联合推出临港新片区支持国际再保险功能区建设若干措施,明确 5 个方面 16 条重点任务。加快临港新片区压力测试,率先试点 SPV 集成电路设备租赁模式,投放租赁资产 4.1 亿元。服务新质生产力、现代化产业体系建设,开展科技企业创业责任保险试点,为 50 家孵化器科技园区中 295 家入驻企业提供风险保障近 3 000 万元。首台(套)重大技术装备保险累计完成 242 个重点创新项目承保,累计提供风险保障 832 亿元。

三是人民金融迈出新步伐。出台优化上海营商环境和支持经济高质量发展十三条,助力上海打造国际一流营商环境。聚焦重点领域,强化普惠金融供给,辖内普惠贷款、纾困融资、无缝续贷均破万亿元。联合印发《关于 2023 年开展上海城市定制型普惠家庭综合保险试点工作的通知》,就推动"沪家保"试点发展强调五项工作要求,构建具有上海特色的"从房屋质量到房屋使用"的住房安全服务保障体系。拓展"沪惠保（新市民版）",覆盖物流配送、外卖快递、网约车等企业的外来务工人员。与上海市医保局等部门出台28条举措,支持创新药械多元支付机制落地。开展"消保深化治理年",提升金融消费者保护质效。

2. 2024年监管工作规划

一是金融风险实质压降。抓重点机构,压实各方责任,加大工作合力,把握好时度效,全力推进风险机构化险。抓重点领域,加大不良资产处置力度,加快推进上海房地产融资协调机制落地见效,阻隔各类风险交叉传染。抓非法活动,厘清职责边界,协力构建横向到边、纵向到底的金融监管格局。抓公司治理,重点关注资本约束、顶层设计、考核机制等,督促机构将党的建设融入公司治理。抓应急响应,落实"四早五最",坚持底线思维、极限思维,完善应急预案。二是强监管严监管效能提高。贯通联动"五大监管",强化央地监管协同,加快监管数智化转型。健全高管准入后持续监管评价机制,发挥稽查检查特战先锋作用,强化线索移交和联合惩戒,提高查处违法违规行为的及时性、有效性和震慑性。三是改革和开放多点突破。聚焦上海自贸区制度型开放总体方案、浦东综合改革试点等,深入推进国际再保险中心建设,依托"临港新片区科技金融创新试验基地"加强压力测试,把高水平金融改革开放贯穿上海"五个中心"建设始终。引导在沪外资机构发挥特色优势,统筹金融开放和安全,增强国际竞争力和规则影响力。四是金融服务适配度提高。做好金融"五篇大文章",强化科技金融、绿色金融供给,助力关键技术攻关,更好服务上海构建"（2+2）+（3+6）+（4+5）"现代化产业体系;以"沪家保"、商业养老金试点、上海"保险码"等为抓手,推进普惠金融、养老金融、数字金融发展。以金融供给侧结构性改革助力扩大有效需求,推动消费提质升级,提升外贸金融服务质效。五是消保规范治理成效显著。开展"消保规范治理年"活动,加强适当性管理,优化消保工作机制流程,加大督查督导力度,健全金融纠纷多元化解机制。创新宣传教育方式,引导金融消费者"进对门、找对人、说对事"。六是行政运行精细高效。稳步高效落地落细机构改革任务,以思想大转变促进行动大转变、监管大提升。发挥矩阵监管效能,提高敏感性,加强协同性。优化干部教育监督管理,培养综合型、复合型、跨界型人才。

第二节　证券业监管

2023年,上海资本市场平稳有序健康发展,在支持服务浦东综合改革试点、临港新片

区建设、上海自贸区高水平制度型开放等方面取得积极成效,助力上海国际金融中心建设
实现能级提升。

1. 支持高水平科技自立自强

聚焦上市公司资源培育,深化"浦江之光"行动,落实北交所高质量建设部署和新一轮
提高上市公司质量三年行动方案,更好服务实体经济。引导私募基金"投早投小投长投科
技",推动出台进一步促进上海股权投资行业高质量发展的政策措施,支持私募股权创投
基金实物分配股票试点落地。支持上海区域股权市场发展,有序推进私募股权和创业投
资份额转让试点,累计成交规模位居全国首位;支持认股权综合服务试点获批,4 单项目正
式落地;推动与新三板签署绿色通道监管合作备忘录,助力三四板制度型对接机制落地;
设立"专精特新"专板。

2. 防范和化解重大金融风险

协同上海金融法院等 10 家单位建立金融司法与金融监管防范化解金融风险协同机
制。上海资本市场风险整体可控,推动 3 家上市公司平稳退市,全年未新增债券违约事
件,私募风险机构家数和规模较整治期初大幅压降,已发生的个案风险均在稳步推进
解决。

3. 持续加强诚信及法治环境建设

全年作出行政处罚决定 63 份,同比增长 18.9%,罚没款 9 479.1 万元。严禁"无照驾
驶",联合签署《加强网上非法证券期货活动治理的合作备忘录》,建立常态化打非会商机
制。联合发起成立上海投保联盟临港新片区创新实践基地,提升矛盾多元纠纷化解能力。
调解纠纷 384 件,投资者获补偿金额 1 663 万元。深入开展私募基金监管条例普法宣传,
联合上海金融法院发布十大典型案例。全年开展线上线下投资者教育宣传活动 4 000
余场。

第三节　地方金融业监管

1. 小额贷款、融资担保、典当和地方资产管理公司监管

(1) 建立健全监管政策体系。印发《关于延长〈上海市地方资产管理公司监督管理暂
行办法〉有效期的通知》《本市小额贷款公司、融资担保公司、典当行、地方资产管理公司、
融资租赁公司、商业保理公司现场检查指引(试行)》。配合市公安局制定《关于贯彻执行
〈典当管理办法〉的实施意见》。依法履行行政权力,完成权责清单动态调整,持续推动行
政审批证明事项清理工作,进一步强化内部工作流程和机制,提升行政许可的规范化、标

准化和透明度。

（2）推进部门间监管协同。持续深化市、区两级监管机制，强化对区级监管工作的指导、协助。定期向人民银行上海分行、市场监管、公安、税务等部门共享审批、监管信息。会同市市场监管局，梳理、规范四类机构证照变更审批及备案事项。加强典当行"照后证前"管理，加大对无证典当行的监测力度。按时完成四类机构每季度行业数据上报、基本信息公示、年度监管和发展报告编写等。

（3）加大行业监管力度。统筹完成小额贷款公司、融资担保公司、典当行共计383家2022年度现场检查及监管评级工作，完成2家地方资产管理公司上、下半年度现场检查。按照"一企一策"原则下发监管意见，做好各企业问题督促整改。持续关注无证企业非法金融活动隐患，向公众提示风险，完成90家无证小贷、担保、典当企业对外公告。持续推进行业减量工作，对经营情况差、无法完成整改工作的企业加大引导退出力度。

（4）引导加强服务实体能力。配合推动市融资担保中心扩大资本规模，健全市、区两级政府性担保体系。与中国人民银行上海总部签署《四类机构接入征信合作备忘录》。推动部分企业数据接入联合征信。强化行业正面宣传，利用上海金融官微持续宣传优质地方金融组织。推动上海小额贷款行业司法调解中心正式设立。举办"走进玉雕大师工作室，促进典当企业服务实体经济"政府开放月活动。指导典当行业协会开展经营管理、财务知识、钟表知识培训。

2. 融资租赁公司和商业保理公司监管

（1）强制度夯基础，落实"压总量、提质量"的监管导向

一是完善监管制度。在国家相关监管制度出台前，及时延长《上海市融资租赁公司监督管理暂行办法》有效期；制定《本市小额贷款公司、融资担保公司、典当行、地方资产管理公司、融资租赁公司、商业保理公司现场检查指引（试行）》。

二是推动标准建设。推进《商业保理服务合同规范》地方标准落地，提升商业保理行业规范化服务水平；开展上海市绿色租赁相关标准研制，推进绿色租赁项目认定地方标准立项，引导企业加快绿色转型并为绿色租赁项目享受相关政策创造条件。

三是制定自律公约。指导上海市融资租赁行业协会发布行业自律公约，完善公司法人治理和内控机制，强化业务风险管理；加强合规管理，杜绝违规经营和业务异化乱象；加强对租赁物适格性管理，提升服务实体经济能力。

（2）跨部门严监管，突出"常态化、专业化"的监管重心

一是做细事中事后监管。优化完善2023年度现场检查内容及监管评级指标体系，组织行业监管培训，对风险较大企业组织开展专项检查；持续排查商业保理公司配合核心企业拖欠中小企业账款等相关情况；更新公告融资租赁、商业保理非正常经营企业名单，促进行业扶优汰劣。

二是做实部门联合监管。与市公安局经侦总队共同组织培训，以近期汽车融资租赁领域系列高发案件为例，警示相关欺诈风险，督促融资租赁公司提高风控能力；在融资租赁案件集中区域探索诉调对接，与浦东新区"金融纠纷治理法官工作室"合作加强行业诉源治理；会同市场监管部门持续推动行业出清，2023年有153家融资租赁公司、52家商业保理公司注销、更名转型或被吊销营业执照。

三是做深风险防范处置。综合运用大数据手段及群众投诉举报等信息，做到行业风险早识别、早预警、早发现、早处置，通过监管谈话等方式引导风险企业加速整改、退出行业。

（3）助转型促发展，打响"产业基因、服务实体"的行业品牌

一是聚焦科创领域。开展"融资租赁在服务科创领域的探索与实践"课题研究；举办"租投联动　金融赋能"助力长三角G60科创走廊高质量发展大会，成立长三角G60科创走廊投租联盟，启动上海融资租赁行业科创产融对接直通车系列活动，推进科技企业与融资租赁、金融机构有效对接。

二是聚焦绿色产业。会同人民银行上海总部、国家金融监管总局上海监管局等部门研究促进上海绿色融资租赁发展相关政策措施；指导行业协会举办首届中国绿色租赁产业金融高峰论坛，发布首份《中国绿色租赁发展报告》，引导行业服务经济社会绿色转型。

三是聚焦生物医药。依托"上海生物医药产业周"，指导上海市融资租赁行业协会举办"大零号湾'投租联动　金融赋能'助力生物医药产业高质量发展大会"，开展专题研究并发布首份《上海医疗租赁年度发展报告》。

（4）优服务增效能，营造"创新引领、便捷高效"的发展环境

一是支持企业做优做强。稳妥支持中重科技、兖矿能源、欧普照明等在上海发起设立融资租赁公司或商业保理公司；支持中交租赁、茅台租赁、华宝都鼎租赁、中核租赁、海尔租赁等增加注册资本近百亿元；支持东航租赁等设立SPV项目公司，开展航运租赁业务。

二是鼓励行业创新发展。指导行业协会评选发布一批创新案例，海通恒信租赁、兖矿租赁2个项目获得上海金融创新成果奖三等奖，力合租赁、中交租赁、云交投保理、金润保理3个项目获得上海金融创新成果奖提名奖；指导举办创新融资奖——"金泉奖"系列活动，发挥上海国际金融中心要素资源集聚优势和配置功能，促进融资租赁与银行、资管等金融业态融合发展。

三是打造优质"软环境"。推动出台《上海市促进浦东新区融资租赁发展若干规定》；与中国人民银行上海总部签署协同监管合作备忘录推动融资租赁公司接入人民银行征信系统；推进诉前调解工作减轻"立案拥堵"压力，融资租赁人民调解委员会年内成功调解案件28件，诉讼标的合计6亿元，为当事人节省诉讼费近百万元。

3. 2024 年监管工作展望

2024 年,将继续贯彻中央金融工作会议精神,按照国家金融监管总局部署,强化机构监管、行为监管、功能监管、穿透监管、持续监管"五大监管"。对于小额贷款、融资担保、典当行、地方资产管理公司、融资租赁和商业保理公司。一是持续强化制度机制建设,关注国家层面相关行业监管文件的出台,及时加强与新法新规的对标对表,全面梳理调整现有监管体系,调研企业需求和市场发展客观实际,及时优化相关行业监管实施细则及监管指引。二是持续强化事中事后监管。继续做好相关风险排摸和信访投诉处置,推动非正常经营类企业清理清退;进一步强化现场检查的深度和广度,提高检查标准和质量;完善监管评级指标体系,提高评级科学化和精准度,拓展评级结果应用,促进扶优汰劣;狠抓数据报送质量,优化风险监测指标体系,积极争取与国家监管信息系统对接,提升数字化监管效能。三是持续营造良好发展环境,推动行业标准化建设。加快绿色租赁相关地方标准审定和出台;推动临港新片区、保税区建立融资租赁"一站式"服务平台,提升政务服务水平;继续办好"金泉奖"等系列活动,促进产融对接,助力融资租赁业服务实体经济高质量发展。进一步引导行业服务实体经济,为中小微企业融资提供更大支持。

专栏 27

《上海市促进浦东新区融资租赁发展若干规定》发布及相关内容

2023 年 7 月 25 日,上海市十六届人大常委会第四次会议表决通过《上海市促进浦东新区融资租赁发展若干规定》,自 10 月 1 日起实行。这是全国和地方首部融资租赁行业法规,是用足用好浦东立法资源、打造一流营商环境的立法新实践,用"小快灵"的制度创新和"手术刀"式解决方案精准破解融资租赁行业发展痛点、难点,助推融资租赁为服务实体经济高质量发展发挥更大作用。

1. 把握融资租赁业务特点,发挥金融服务实体经济功能

一是发挥授信机制的杠杆作用,引导融资租赁公司在先进制造业、战略性新兴产业、绿色产业等重点行业领域开展业务,彰显金融助力实体产业发展。二是灵活运用业务集中度和关联度等监管工具,提升融资租赁公司业务领域与产业政策的相容性。三是遵循可持续发展理念,推动融资租赁行业融入环境、社会和治理因素(ESG),提升ESG 表现,服务绿色低碳转型发展。四是加强金融支持科技创新力度,在上年通过的绿色金融浦东新区法规基础上,稳妥审慎支持企业开展专利权等无形资产融资租赁业务。

2. 破解融资租赁发展难点，优化行业发展的制度规则

一是深化融资租赁领域的制度型开放，推动优化离岸融资租赁对外债权登记制度，支持企业发展离岸融资租赁业务，鼓励企业在涉外经营活动中优先使用人民币结算。二是支持企业降低融资租赁业务成本，支持企业在境内以外币形式收取租金和外币租金收入的流转使用，防范资金错配风险和汇率风险。三是推动航运领域融资租赁发展，支持对航运租赁业务采取经常项目便利化措施，对从境外购买飞机、船舶等租赁给境外承租人的，简化审批内容，优化管理措施。四是解决机动车融资租赁业务的现实痛点，完善融资租赁业务下机动车抵押登记规则。五是推动大健康领域融资租赁发展，扩大企业从事医疗器械融资租赁的业务范围，优化医疗器械融资租赁的相关许可和备案手续。

3. 关注融资租赁发展的焦点，制度赋能行业健康规范发展

一是培育支持融资租赁公司做大做强，支持企业在多层次资本市场通过债券、股权以及资产证券化等方式融资，支持具备条件的企业接入金融信用信息基础数据库，拓展发展空间。二是维护融资租赁行业良好的交易秩序，对融资租赁合同解除后出租人收回租赁物，以及融资租赁公司服务收费规范化等问题作出回应，更好地稳定行业预期。三是按照"金融治理协同"的理念和要求，推动人民法院与金融监管部门、金融基础设施等加强在融资租赁领域的合作治理，防范化解金融风险。四是推动融资租赁行业自律，完善诉讼与非诉讼相衔接的"一站式"融资租赁纠纷解决机制，化解涉融资租赁业务的矛盾纠纷。五是重视维护融资租赁各方当事人合法权益，对于融资租赁案件裁判与行业监管的协同，裁判规则与行业习惯、交易惯例的互动，以及审判与执行的衔接等提出原则要求，营造有利于融资租赁发展的良好法治环境。

第二十二章　金融行业自律

第一节　银行业自律

2023 年，上海市银行同业公会落实中央金融工作会议部署，推动上海银行业全面践行人民金融理念，统筹做好防风险、稳增长、保民生、促发展等各项工作，有力支持上海经济社会高质量发展。2023 年末，会员单位增加至 263 家。

1. 坚持开拓创新，服务国家战略促发展

（1）助力长三角一体化高质量发展

牵头联合苏、浙、皖、甬银行业协会建立长三角区域银行业协会协同联动机制，在沪召开联席会议成立大会并共同签署《长三角区域银行业协会支持长三角金融一体化发展合作备忘录》。公会作为首任轮值方，秉持合作共建、协同发展原则，组织开展主题教育联学共建、清廉金融党建联建、协同授信机制调研、适老网点交流学习、新闻宣传与舆情工作交流、科创金融调研、线上联合培训讲座等活动，助力长三角一体化高质量发展。

（2）贯彻"数字上海"战略

一是编纂出版《数智金融探索的上海实践》，聚焦展示上海银行业运用金融科技手段实现金融数智化转型的优秀实践成果。二是组织开展 2023 年度上海银行业"金融科技赋能普惠金融"专项立功竞赛，鼓励行业发展金融科技，推动普惠金融产品和服务创新。三是加强交流学习，举办"走进华为""走进百度人工智能"等活动，制作发布《金融科技创新与发展简报》，提升行业金融科技应用水平及数字化转型能力。

（3）推动全面绿色转型

一是成立绿色金融工作小组，发挥行业引领作用，推动行业创新，促进绿色金融发展。二是开展绿色金融研究，举办"做好绿色金融大文章"专题讨论会，完成"绿色低碳转型下商业银行金融创新的实践与思考"课题研究，编纂印发《上海银行同业绿色金融发展动态》。三是积极参与上海市绿色金融服务平台建设。

2. 坚持普惠金融,服务社会民生显温度

(1)深化"银税互动",提增服务实体经济质效

一是充分发挥"上海市银税互动信息服务平台"效用,完成平台移动端开发,扩大银行接入覆盖面,配合银行开发依托银税平台的移动版小微信贷产品。二是与上海市税务局合作开展"银税互动"主题宣讲活动,辅导企业线上申贷。三是组织开展 2023 年普惠金融宣传工作,向监管部门择优报送会员单位普惠金融宣传稿件。四是与上海市中小企业发展服务中心联合编制《助企纾困——2023 年上海市中小企业融资索引》。

(2)关注社会民生,彰显金融温度

一是优化敬老服务品牌,修订《上海银行业敬老服务网点创建管理办法》,建成 19 家敬老服务特色网点及 154 家敬老服务网点。二是持续推进无障碍环境建设,联合上海市残联打造高标准、高规格、高效率的无障碍金融服务网点。三是将敬老和无障碍服务理念深植"文明规范服务示范单位"创建过程中,提升行业服务水平。

(3)保护金融消费者权益,构建和谐社会环境

一是落实"消保深化治理年"工作要求,强化投诉源头处理,举办"用好金融调解机制维护消费者权益、提升个人金融服务能力"等研讨会,促进会员单位提高投诉管理水平。二是建立消费者权益保护宣传教育长效机制,组织开展"3·15"宣传周、金融知识万里行等活动,各银行机构参与活动网点实现全覆盖。三是加强金融知识普及,开设微信公众号专栏推送宣教视频、微电影等,上海银行业金融辅导志愿讲师队开展金融知识普及公益活动 40 余场。

3. 坚持自律合规,服务行业发展防风险

(1)加强行业自律建设

一是发布《上海银行业营造可持续信贷市场自律公约》,维护公平竞争市场环境,服务实体经济,开展执行成效调研并形成相关报告报送监管部门。二是发布《上海银行业与中介机构合作自律规范》,规范上海银行业金融机构与各类中介之间的合作,维护金融秩序稳定。三是组织开展商业银行服务价格收费调查督导工作,严格落实减费让利要求。四是发布《上海银行业保险业加强消费者个人信息保护倡议书》,指导金融机构履行个人信息保护主体职责,维护消费者合法权益。五是督促相关会员单位持续落实信用卡授信"刚性扣减"监管要求,强化风险管理。

(2)加强合规反洗钱建设

一是以"合规为本,消保为民"为主题,举办第十四届银行业保险业合规年会。二是组织开展"初心如磐　合规同行"警示教育案例征集宣教活动。三是举办个人信息保护、数据治理、反洗钱等合规专题培训。

（3）持续做好债委会和联合授信专项工作

一是搭建债委会议事协商平台，研究特定风险处置事项，向全国工商联、上海市政府、监管部门报告债委会工作进展和相关诉求。二是配合做好上海地区联合授信试点工作，搭建信息共享平台，开展专项调研。

（4）加强金融法治建设

一是做好上海市政府基层立法联系点工作，开展《上海市推进国际金融中心建设条例》等法案的意见征询工作。二是配合监管部门开展监管法治建设情况、个人住房贷款诉讼纠纷案等调研工作。三是加强银法交流协作，举办多场法律法规培训研讨，配合司法部门开展相关司法协助工作座谈会。

（5）厚植清廉金融文化

一是在全行业开展廉洁风险防控专项行动，制定印发《上海银行业重点领域廉洁风险防控指导手册》，探索完善廉洁风险防控机制。二是制定发布《上海银行业保险业营业网点"清廉角"建设规范》，组织辖内银行业金融机构营业网点开展"清廉角"建设活动。三是打造"廉'沪'金融"品牌，协同发布上海清廉金融文化标识，积极配合监管部门制作《廉"沪"金融》电子期刊。四是深化"清廉金融进高校"活动，组建清廉金融讲师队伍，面向合作高校开展专题授课。

第二节　证券业自律

2023年，在上海证监局、上海市民政局的关心指导下，在广大会员的支持下，上海市证券同业公会深入学习宣传贯彻党的二十大精神、中央金融工作会议精神，促进党建与证券业务相融合，持续加强行业自律管理，不断优化会员服务。至2023年末，公会共有会员单位999家。

1. 以提高证券经营机构政治站位为抓手，组织开展主题教育、宣贯中央金融工作会议精神等系列活动

一是组织会员单位开展主题教育及宣传活动并通过公会官网、微信公众号及时宣传活动开展情况；二是召集会员单位负责人参加学习中央金融工作会议精神座谈会；三是组织公会秘书处召开主题教育学习会；四是公会官网开设"贯彻落实监管工作会议精神"、"学习贯彻落实中央金融工作会议精神"等系列专栏。

2. 以自律规范会员单位合规经营为重点工作，坚持实施自律管理

一是修订《上海市证券同业公会自律检查和自律措施的规则》，完善自律管理长效机

制;二是组织开展证券分支机构自律管理工作自查及现场检查,全年现场检查 50 家证券分支机构,对 37 家采取自律措施,约谈相关负责人落实整改;对 955 家证券经营机构信息登记公示情况开展专项自查,督促整改证照不一致、信息公示不完整等情况;三是实地走访检查 17 家新设证券经营机构。

3. 以会员单位需求为导向,坚持优化服务举措,赋能行业高质量发展

一是统计分析行业数据,发布专项信息。发布《2022 年上海地区证券分支机构经营情况分析报告》《2022 年度上海证券业人力资源简况》《公会 2022 年投诉纠纷处理简况》等专题报告。

二是多渠道推动行业文化建设。联合第一财经等多家媒体开展行业形象宣传;联合上海地区 19 家证券公司签署资本市场《共同践行廉洁从业承诺书》;联合上海市期货同业公会举办"第二届上海市证券及期货业微课大赛"等;组织开展文化建设调研和总结工作等。

三是加强投诉纠纷化解工作,切实保护投资者合法权益。2023 年累计受理投诉 614 件,已处理 553 件,其中和解 345 件,和解金额 896.23 万元。发布《关于简化证券公司办理小额遗产继承资金提取相关事宜的通知》,帮助会员单位简化小额遗产继承流程,至 2023 年末,上海地区 15 家证券公司已办理 292 件小额遗产继承。

四是紧跟市场热点和监管重点举办公益培训讲座。全年主办 12 场专题培训讲座,联合主办 5 场培训活动,覆盖从业人员及投资者超 2.5 万人次。在官网增设"在线学习"栏目,提高从业人员学习便利性,至年底,已上线 43 门课程。

五是恢复"会员单位人员招聘"信息服务,促进人才合理流动。2023 年 7 至 12 月,共发布 49 家会员单位 54 条招聘信息,岗位数 149 个,招聘岗位需求人员超 370 人。

六是坚持走访调研沟通,了解会员单位真实需求,全年实地走访近 90 家会员单位。

七是组织开展行业专项竞赛和文体活动,如网络安全专题知识竞赛、反洗钱专项知识竞赛、经纪业务管理办法专项知识竞赛等,举办"光大证券杯"上海证券业乒羽大赛、"国泰君安杯"上海证券业足球大赛。

第三节　期货业自律

上海市期货同业公会在上海证监局和上海市民政局的指导下,通过坚持党建引领、催化发展动能、强化投教保护、树牢合规文化、优化会员服务,在促进行业提升服务实体经济质效,以金融高质量发展助力强国建设、民族复兴伟业方面做出积极努力。至 2023 年末,

公会共有会员单位 289 家,其中期货公司 36 家,期货分支机构 194 家,期货风险管理公司 47 家,银行 7 家,软件公司 5 家。

1. 强化政治建设,推动学习贯彻习近平新时代中国特色社会主义思想走深走实

围绕学习贯彻落实二十大精神,公会深入开展主题教育工作:一是通过征集二十大精神学习心得、在官网官微开辟主题教育专栏等推动学习贯彻热潮。二是参与市民政局精品党课视频征集活动,展现行业高质量发展新局面形象。三是领导班子就开展主题教育进行集体学习,交流经验做法。四是组织秘书处学习,立足岗位分享体会。

中央金融工作会议召开后,公会统筹谋划、扎实推进会员单位学习宣传贯彻落实,通过邀请市委党校专家作专题辅导、组织上海地区期货公司主要负责人交流座谈、在公会各项重点活动中安排集体学习及组织秘书处专项学习等切实提高政治站位,强化金融报国情怀和政治担当。

2. 加强自身建设,以更高标准更严要求提升履职能力

一是 2023 年 1 月 12 日公会换届大会举行,选举产生第七届理事、监事,并召开第七届理事会第一次会议和监事会第一次会议,选举产生新一届领导班子。二是根据业务条线和会员结构情况设立 4 个专业委员会,依托专业优势开展 10 项活动。三是对标 5A 级社会组织标准强化内部治理,新增 13 项管理制度,修订 4 项制度,夯实规范治理基础。四是继续投身乡村振兴,向崇明区建设镇公益捐赠 10 万元。五是连续 15 年组织上海地区期货公司编制社会责任报告及摘要,并在《期货日报》和官网发布。六是加入联合工会组织,维护秘书处职工合法权益。

3. 心系投资者,持续深化拓展投教保护工作的广度深度

(1) 不断丰富投教形式与内容

公会举办第十四届期货机构投资者年会,邀请权威专家及各行业机构投资者共同展望期货及衍生品市场的发展,共吸引 1 600 余人次现场参与。年内组织"3·15""5·15""防非宣传月""金融消保月"等多项投教活动,累计开展线上线下投教宣传 900 余场、涉及投资者总量 78 万余人次。同时创新形式,分别与上期所、第一财经合作开展"松林杯"产业培训教案大赛,"全面注册制,改革向未来"投教内容征集与展播,组织会员单位参与《股东来了》竞赛等。国民教育与投教融合方面,公会与同济大学开展期货人才培训、与上外经贸开展期货知识进校园及郑商所杯宣讲,并首次尝试与大商所、会员单位联合举办"少先队走进金融"职业体验活动,推动投资者教育纳入国民教育体系向更宽领域、更深层次延伸。

(2) 完善纠纷化解机制

全年共受理投诉 18 件,办结 16 件,涉及金额 248.18 万元;受理调解 18 件,其中和解 6 件,和解金额 61 万元。同时积极参与中期协、中证法律服务中心等发起的实务交流培训

活动。

（3）努力培育特色文化

努力培育"诚实守信，不逾越底线；以义取利，不唯利是图；稳健审慎，不急功近利；守正创新，不脱实向虚；依法合规，不胡作非为"的中国特色金融文化。公会联合期货日报推出"上海样本"系列报道，在举办"服务实体　上海力量"上海地区期货公司"服务实体经济高质量发展"案例评选活动基础上，形成"上海力量"案例集。"上海样本""上海力量"汇编成册后，在第十四届年会上发放千余册，通过公会和期货日报宣传，展示行业服务实体经济的初心与使命。

4. 聚焦合规风控，将防控风险作为金融工作的永恒主题

一是继续发挥联席会议功能，举办 4 次首席风险官联席会议，1 次信息技术负责人联席会，优化监管与会员单位的交流通道。二是发挥自律作用，协助完成 20 家次期货公司及分支机构的现场检查，配合中期协完成期货从业人员资格考试 3 次。三是强化合规培训，举办上海期货行业新员工合规培训，80 余家期货经营机构共计 1 800 余人次在线参加，联合郑商所举办"合规促发展、聚力助实体"专题培训班（上海），吸引 3 200 余人次线上参与。四是开展上海地区期货公司反洗钱工作调研，联合人民银行等金融机构举办反洗钱宣传活动。

5. 激发服务动能，打造畅通高效的培训交流平台

（1）举办各类专业培训座谈

公会联合举办各类培训交流 30 余场，覆盖从业人员 9 000 余人次，主要包括举办"促进新时代非公有制期货公司健康发展研讨会"；围绕新品种上市与上期所、广期所举办 4 次培训；联合郑商所举办"基差贸易实务培训交流会"；与复旦大学相关学院合作开设线上课程；协助上海有色金属行业协会举办第一届上海国际矿产业交流大会。

（2）加大走访调研与对外交流合作力度

公会联合重庆等各兄弟省市协会举办地区期货行业文化建设培训交流活动；分批组织期货公司、风险管理公司主要负责人开展"同心聚力　共促发展"走进交易所系列调研活动；拜访市委金融办及上海资产管理协会，助力上海国际金融中心、资管中心能级提升；参与上海证监局、市委金融办、上海现代服务业联合会、上海金融业联合会各类年鉴供稿、调查问卷及"金洽会"相关工作，真实记录行业发展风貌；编制《上海地区期货经营机构2020—2022 年度经营数据概述》及每季经营数据分析报告，帮助会员单位了解市场与自身经营定位。

（3）组织行业竞赛

一是发动会员单位参与 2023 年度上海金融职工立功竞赛活动，最终获评各类集体、个人奖项 36 个，公会获主题立功竞赛案例奖一等奖。二是组织开展专项立功竞赛，经过

征集预审、网络投票、综合评分、现场答辩等环节,评选出 18 个优秀案例。三是联合上海市证券同业公会举办"2023 年上海市证券及期货业微课大赛"。四是组织上海地区期货行业趣味运动会,提高从业人员的身体素质,增强团队凝聚力。

第四节 基金业自律

上海市基金同业公会成立于 2010 年 12 月,5A 级社会组织,"全国先进社会组织"。至 2023 年 12 月末,有会员单位 315 家,其中公募基金公司 72 家,含公募基金管理人资格的证券资管公司 6 家,私募基金公司 153 家[含外商独资企业(WFOE)25 家],特定客户资产管理公司 36 家,异地基金公司在沪分支机构 24 家,独立基金销售机构 30 家。公募基金会员管理的总资产规模 13.40 万亿,约占全国 40%;私募会员管理资产规模约 2.03 万亿元,占上海辖区管理总资产的 39%,头部集聚效应明显。

报告期内,在上海证监局和上海市民政局的指导帮助下,公会紧跟监管步伐,以"向实、创新、迈进"为主线,在服务国家、社会等方面做了一系列富有特色的探索和实践。

1. 探索创新党建工作,夯实高质量发展根基

公会将"党建引领,党史充能"作为行业健康展业的主基调,于 6 月至 11 月每月组织一期"上海基金行业学习贯彻习近平新时代中国特色社会主义思想主题教育系列活动",六期党课累计近 15 000 人次行业党员参加。11 月,公会召开"上海基金业学习贯彻中央金融工作会议精神专题学习会",辖区 64 家公募基金管理公司主要负责人参会,传递金融工作"国之大者"的使命担当精神。此外,公会网站和公众号持续刊登行业党建学习情况,共报道上海基金公司内党员群众就助力实体经济、肩负社会责任、发挥专业素养等论题合计146 篇报道。

2. 搭建多元培训机制,打造专业交流品牌

公会持续搭建多元、专业、高质量的行业交流平台,2023 年共主办、联合举办活动 60 余场,累计参与人次超 2 万。一是同业内专业机构开展深度合作,打造专业平台;二是与基金业协会、各级政府部门积极合作,发挥各自资源禀赋,探索联合培训机制;三是优化全球优质机构的合作交流机制,推动上海全球资产管理中心国际化进程;四是举办 20 余场专业研讨,其中就公募一项、私募两项征求意见稿,汇集行业反馈意见 325 条,并形成报告反馈相关政府部门。

3. 献言献策,助力上海国际金融中心建设

2023 年,公会积极发挥平台禀赋,汇聚专业思想和共识,为基金行业和经济发展献言

献策。一是会员数据报送系统正式上线,标志着信息共享、业务协同的行业"数据中心"逐步建成;二是连续4年更新发布《海外资管机构赴上海投资指南》,打造上海高水平对外开放的特色名片;三是独立、参与编撰《上海基金业发展报告》《公募基金管理人参与上市公司治理报告》《上海现代服务业发展报告》《上海金融发展报告》《上海信息化年鉴》《上海证券期货年度监管报告》等重要报告,为经济社会研究、政府规划、监管决策等提供支持。

4. 结合市场新形势,构建投教新模式

公会结合资本市场的新形势,通过多种创新投教形式,积极推动投资者教育的各项工作。一是在上海证监局的统一部署下,公会以保护投资者合法权益为核心,积极开展"全面注册制　改革向未来"主题投教、3·15投资者保护专项活动、5·15全国投资者保护宣传日、防范非法证券期货宣传月等投保专项活动;二是至2023年末,公会投教品牌节目《基金时间》已开播10季71期,各平台累计观看人次近2 000万;三是行业投教覆盖率不断攀升,2023年公会及会员单位举办线下投教活动4 954场,覆盖人数29.86万人,发放纸质宣传材料32 685件;举办线上活动604场,线上活动覆盖人数7 881.61万人,通过线上发布推文、短视频等5 511篇,点击/阅读量达13 495.79万次。

5. 厚植行业沃土,锻造文化品牌

公会进一步厚植行业文化沃土,部分文化品牌建设凸显成效。一是2023"防风险　强业务　促高质量发展"上海基金业业务知识竞赛得到了近90家会员单位的大力支持,累计参与人次2.41万人次,竞赛三年来累计参加公司232家,参与4.3万人次;二是2023年是上海基金行业新人培训培训举办第三年,参训学员1 385名,较上年增长19%,三年累计参训学员超3 100人,有效引导新入行的从业者树立正确的职业理想和价值认知,已成为上海基金行业文化建设的品牌项目;三是开展以"强化功能发挥　助力高质量发展"上海地区基金行业优秀案例与集体评选暨2023年度上海基金行业专项立功竞赛活动,强化上海基金行业服务实体经济的功能发挥;四是组织开展足球、羽毛球、乒乓球等多样化行业文体活动,打造上海基金业体育赛事的品牌标签。

6. 聚善聚力,开启行业公益慈善新篇章

2023年,上海基金行业聚善聚力,开启行业公益慈善新篇章。一是上海基金业公益基金会成立,进一步发挥行业禀赋,担起公益责任;二是《上海基金业公益慈善事业发展报告》发布,传递来自上海基金业自2002年至2022年20年间的慈善投入和优秀案例;三是响应行业《温暖身边人》公益倡议,共开展捐赠活动16场,受益地区为上海全市及云南4个县市,上海地区受益人群主要为物业保安保洁、环卫工人、外卖员、建筑工人、高龄孤残老人、退伍伤残老兵、社区困难户、特殊学校学生、患病儿童等,云南地区受益人群主要是边防网格员,两地近4 100人受益。

第五节　保险业自律

2023 年，上海市保险同业公会坚持以习近平新时代中国特色社会主义思想为指引，在上级监管部门正确领导以及全体会员勠力同心下，全面贯彻党的二十大、中央经济工作会议、中央金融工作会议精神，推进党建工作与强化主责主业、优化行业营商环境相结合，助力上海保险业高质量发展。2023 年末，公会有会员单位 377 家。

1. 积极联动行业，加强党的建设

搭建行业党建互学互鉴互促平台，推进清廉金融文化建设。一是召开会长办公会、常务理事会组织行业学习中央金融工作会议精神。二是推动保险机构与保险专业中介机构签订《关于深化党建"结对"合作备忘录》，促成会员单位"结对"51 对。三是打造"廉沪金融"文化建设品牌，开展上海清廉金融文化 LOGO 遴选、推动上海保险业营业网点"清廉角"建设，组织编撰《廉"沪"金融》期刊等。

2. 践行"五大"职能，助推行业高质量发展

（1）加强行业自律，维护市场环境。一是组织拟定上海地区车险自主定价系数回溯标准等系列文件，推动各车险经营公司规范落实"报行一致"；组织部分经营个人网约车业务的保险公司建立有效沟通机制，初步实现沪上个人网约车业务的理性经营。二是组织 61 家人身险公司及 10 家商业银行签订银保业务自律公约；组织人员流动自律等各类自律检查，以查促改，维护行业健康稳定发展。三是聚焦"保险中介佣金结算风险、保险经纪业务规范、客户信息及代理退保风险、保险从业人员流动风险"四方面，形成一个办法、一个示范文本、一个自律公约，升级一个系统。

（2）深化行业维权，加强消费者权益保护。一是推进大数据反保险欺诈工作，全年累计排查串并可疑赔案数据 2.35 万件；配合公安机关立案 11 起，打掉犯罪团伙 7 个，抓获犯罪嫌疑人 32 人，涉案总金额 637.7 万元，维护清朗行业环境。二是围绕"消保深化治理年"目标，牵头消保专委会从理念宣导、文化构建、机制建设、硬件升级等推动行业消保工作；联合银行公会共同发布《上海银行业保险业加强消费者个人信息保护倡议书》。三是组织开展上海地区 2023 年度四星级五星级保险代理人测评活动和为期 3 个月的车险理赔服务质量专项提升行动，规范从业行为，净化行业环境。

（3）全情全力，提升行业服务质效。一是优化"快处易赔"功能，配合交警部门推出"无人机"项目，至 2023 年末，微信公众号关注人数 244 万，使用量逾 534 万人次，日均处理事故超过 2 800 起；协调推进"警保联动车"参与第六届进博会交通安全保障工作；联动行业

推动"沪惠保""沪家保"项目,全年"沪惠保"参保人群超 600 万人,"沪家保"投保保单数量超过 10 万单、累计总保额超过 1 100 亿元。二是牵头做好新能源一周年回溯工作;调研解决二手车出口车辆投保短期交强险需求;积极推进医疗收费电子票据工作,并将建设经验向长三角行业协会分享。

(4)坚守阵地,宣传行业正能量。一是出台行业全年宣传方案,办好"支持经济高质量发展　上海保险业助力营商环境持续优化"等 4 场新闻通气会和媒体调研会。二是用好"两号一刊",结合各宣传节点,开设"6 月安全生产月""7·8 全国保险公众宣传日""9 月宣传月""绿色金融""自贸十周年"等栏目,宣传行业的好故事。

3.响应国家战略,深化长三角行业组织合作

一是积极响应"双碳"战略,实现上海个人车险业务流程线上化,"车险电子投保功能"项目获上海市金融创新三等奖。二是助力行业推出国内首个《网络安全保险服务规范》。三是持续推进长三角行业协会备忘录签约内容,推动长三角地区党建、清廉金融文化建设、行业智库建设等走实。

第六节　资产管理业自律

2023 年是全面贯彻落实党的二十大精神的开局之年,也是上海资产管理协会打造"百年协会"起始第一年。在上海市委、市政府关心支持和市地方金融监管局(现市委金融办)、市民政局指导下,协会 151 家会员单位砥砺奋进、求真务实,积极开创"百年协会"起始之年新局面。2023 年协会积极开展各项工作及专业技术活动,既定任务出色完成。

1.活动致胜——丰富的专业技术活动是协会的生命线

(1)圆满举办"全球资产管理中心　上海国际活动周 2023"。国际活动周涵盖 10 天 9 大系列 13 个专题、70 场主题演讲、25 场圆桌论坛、65 小时总时长,228 位领导专家嘉宾积极参与,多家新闻媒体积极报道。(2)组织开放性的资产管理及资管科技系列"专业技术沙龙"。协会搭建跨行业交流的专业技术平台,先后支持专业委员会及会员单位组织 10 余场"专业技术沙龙",促进会员间的交流合作。(3)继续办好年度"国际资管科技创业者与投资者大会"。大会涵盖资管数据服务、资管投研策略、资管风控合规与安全等,有 77 家金融科技创新企业参加,形成较大影响力。(4)举办相关领域创新性专题研讨会及宣传推介会。

2. 增强影响——新建协会重视迅速建立业内外新形象

(1)协会上下齐心协力工作,较快受到行业与市场认可、领导部门肯定。(2)要素市场、专业组织及兄弟城市等机构积极与协会合作交流。(3)协会首次编写并发布《2023上海全球资产管理中心建设报告》。《报告》较全面阐述上海跨子行业资管机构、资管与资管科技相结合等发展状况,发送近2 000册,受到专业技术人士普遍好评。(4)协会官方微信公众号及视频号受到更广泛的阅读关注。公众号全年累计发送各类推文313篇(阅读量累计近21万),已具备资管类自媒体较高的专业技术水平地位。(5)更多机构踊跃申请及首批新会员获批加入协会。

3. 前沿探索——引领未来是专业技术协会的自我使命

(1)创立"资产管理与人工智能联合创新实验室(AIAM Lab)"。AIAM Lab是协会推动资管机构数字化向资管行业数智化更高效能互动协同发展的实践平台,成立不到半年已吸引24家影响力科研院所、金融机构、金融科技企业等参与,达成合作研究项目50余个。(2)前瞻性探索数据资产从"技术属性"到"金融属性"。协会于10月与上海数据交易所联合主办"数据资产管理论坛",以非金融意义的"数据资产"管理为基础,组织研讨金融意义的数据资产管理。(3)协会在资管行业率先且连续组织大语言模型技术应用研讨。(4)率先建设"数字协会"。协会特别发行基于区块链技术的各类数字证书及纪念卡,加快筹建以视觉为主要表达形式的协会官方网站。

4. 对外交流——鼓励更多的会员筹办面向国际的活动

(1)深化与境外金融与资产管理组织合作。(2)与国际资管相关机构开展广泛的交流活动。(3)持续支持在上海的外资资管机构更好地发挥作用。

5. 治理规范——遵守社团法规是协会行稳致远的基石

(1)按章程规定发挥好协会会员大会的作用。(2)协会理事会充分发挥领导作用。(3)协会监事会发挥积极全面监督作用。(4)协会"会长会议"机制形成并发挥积极作用。(5)支持促进协会秘书处规范化高效率运行。

6. 为了会员——重视服务会员依靠会员开门办好协会

(1)建立活动中心与举办培训班。按照"活跃一个再建一个"原则,在会员集中或活动重点地区设立"上海资产管理协会专业技术活动中心"。(2)制定与执行会员拜访计划。(3)支持会员单位及生态协作机构承办活动。

7. 党建引领——坚持正确的政治方向与组织建设保证

(1)建立党的工作小组并发挥作用。加强协会党的基层思想组织建设,建立"每月一课"等党的活动制度。(2)强化党员教育活动。协会党的工作小组以集中学习与个人自学相结合方式,组织学习贯彻习近平新时代中国特色社会主义思想和党的二十大精神、中央金融工作会议等精神。(3)组织与参加"联合党建"活动。(4)"学习领会中央金融工作会议精神"系列。

2024年的工作要更好地总结前三年经验,基于协会初创特色,进一步发挥协会功能作用。协会确定以建设"国际资产管理业影响力专业协会"为目标,凝聚会员力量,促进行业高质量发展,不断增强上海全球资产管理中心城市竞争力。专委会重点做好"五篇大文章"、促进更广义的资产管理业发展。坚持把金融服务实体经济作为根本宗旨,持续提升金融服务实体经济质效,积极推动上海国际金融中心和国际科技创新中心联动发展。

第七节　互联网金融自律

2023年是全面贯彻落实党的二十大精神的开局之年,上海市互联网金融行业协会坚持贯彻落实党中央、国务院及上海市委、市政府的各项方针政策,工作聚焦,重点突出,具体如下:

1. 将思想政治建设摆在首位

协会始终将思想政治建设摆在首位,把学习贯彻习近平新时代中国特色社会主义思想作为协会党员和群众学习教育培训的必修课。引导党员干部和群众深刻领悟"两个确立"的决定性意义,不断提高政治判断力、政治领悟力、政治执行力。协会党支部不断强化支部核心建设,严格落实"三会一课"、主题党日、民主评议党员、支部书记讲党课等党内生活制度。同时,协会不断推进党建与业务工作深度融合、高效联动,找准党建工作与协会工作的结合点,以高质量党建为引领,以不变之初心开展会员服务、对外交流、消费者保护等工作,支持上海国际金融中心建设。

2. 以服务会员为己任

(1) 减免会费。为贯彻落实党中央及上海市政府相关政策精神,为企业减负协会对所有会员单位减半收取2023年度会费。

(2) 丰富活动形式。2023年,协会采取灵活的措施,点面结合,针对不同会员的需求,多层次、多形式为会员提供切实有效的服务。一是走进优秀企业,促进交流合作,协会组织会员参访苏州基金博物馆、苏州银行、企查查、上海数据交易所、信也科技等多家机构和企业;二是紧扣行业发展趋势,围绕ChatGPT、数字人民币等行业热点,将"长三角金融科技大讲堂"这一活动精品化、品牌化;三是为更高效地探讨行业细分领域的共性问题,协会尝试性开展小型沙龙活动;四是开展行业培训,提升专业能力;五是加强信息互通,发挥桥梁作用,一方面积极走访会员,与会员单位进行深入交流,为会员提供行业相关的较为官方的评选、申报信息，并提供相应的推荐，另一方面通过公众号、官网等渠道，大力向公众宣传行业相关政策、法规、新闻、协会工作动态及会员单位动态；六是鼓励会员单位承担社会责任，协会第三次组织会员参与"一个鸡蛋的暴走"活动，共筹集善款近20万元。

3. 加强交流促进行业发展

一是聚焦长三角，协会与长三角兄弟协会建立紧密的联系与合作，2023年更是联合开展秘书长联席会议、长三角金融科技节等一系列活动，为长三角乃至全国其他地区的行业企业搭建交流合作的平台；二是为积极响应上海国际金融中心与全球科创中心的定位，配合上海科技金融产业集聚区的升级和完善，协会和上海科技金融博物馆达成合作共识，签署战略合作协议；三是加强与上海金融科技产业联盟的交流，探索更广阔的合作空间。

4. 坚持金融为民，发挥窗口作用

协会通过专线电话、邮箱等渠道接待金融消费者的投诉举报，维护消费者权益。2023年，协会接到400多起投诉，凡涉及会员单位的投诉，均与有关会员进行协调。

第二十三章 金融集聚区

第一节 浦东新区

2023 年,浦东新区全力推进引领区、综合改革试点、自贸试验区高水平制度型开放等金融领域各项任务,实现金融业增加值 5 000.39 亿元,同比增长 4.7%,占全区 GDP 的 29.9%,占全市金融业增加值 57.8%。同时,完善金融市场和金融机构体系、提升服务实体经济能力、健全金融风险防范机制等方面取得重要进展,新区全球资源配置能力进一步增强,浦东国际金融中心核心区迈向更高能级。

1. 着力推动金融高水平改革开放

推动重要金融平台建设。全国性大宗商品仓单注册登记中心上海项目于 2023 年 6 月上线运行,登记品种为保税铜、20 号胶和低硫燃料油。上海再保险"国际板"2023 年 6 月启动,基金份额估值系统推出。上海私募股权和创业投资份额转让平台业务规模不断扩大,2023 年 1 至 12 月成交 69 笔基金份额,成交总额约 202.77 亿元;完成 21 单份额质押业务,融资金额约 33.13 亿元。深化金融业务和产品创新,30 年期国债期货、科创 50ETF 期权、集运指数(欧线)期货、全球首个实物交割的氧化铝期货相继上市。自贸区离岸债发行量不断提升,2023 年全年累计发行规模近 900 亿元人民币。环境污染责任保险有序推进,制定《浦东新区环境污染责任保险管理暂行办法》,运用市场手段构建生态环境风险防控体系。

2. 持续推进现代金融机构体系建设

2023 年,新区共吸引 35 家持牌类金融机构落户,持牌类金融机构达 1 208 家(银行类 305 家、证券类 552 家、保险类 351 家),约占全市三分之二。法巴农银合资理财、施罗德独资公募基金、建行贵金属及大宗商品业务部等重点机构落户浦东。同时,积极引进优质投资类机构,2023 年,新区全年累计新登记私募基金管理人 13 家,占全市 25.5%,累计拥有私募基金管理人 1 371 家,发行基金产品 14 210 只,管理规模超 1.72 万亿元人民币;合格境外有限合伙人(QFLP)46 家,合格境内有限合伙人(QDLP)40 家,分别占全市的 51% 和 63%。加快建设全国性融资租赁中心,至 2023 年末,新区累计拥有融资租赁公司 1 204 家,融资租赁资产规模约 1.66 万亿元,约占全市 81.2%、全国 31.1%。

3. 进一步提升金融服务实体经济质效

科创金融不断强化。在张江科学城启动科技企业员工持股计划和股权激励贷款创新试点,至 2023 年末,已有 3 家张江科创企业成功获得试点备案;推进创投体系建设,组建浦东创投联盟,出台《关于浦东新区支持创投企业高质量发展的若干措施》,引领区产业发展基金新设三支引导母基金,首期总规模超过 150 亿元。普惠金融服务持续深化,1 至 12 月中小微企业政策性融资担保贷款 146.38 亿元,服务 4 483 家次浦东企业。拓展升级政务服务金融窗口功能,挂牌成立上海普惠金融顾问浦东服务枢纽。绿色金融创新发展,推出浦东绿色金融十大创新案例和十大发展案例,首创发布"中证浦东新区绿色 50ESG 指数"和"中证浦东新区绿色主题信用债指数"两大绿色指数,推动气候投融资试点金融服务创新。促进资本市场融资,制定《浦东新区上市公司高质量发展行动方案》,2023 年新增 13 家上市企业,其中科创板 5 家,至 2023 年末,新区累计拥有上市公司 228 家(其中科创板 49 家),占全市 55%。长三角资本市场服务基地累计举办"走进长三角"、"创星未来"等各类活动 450 余期,服务长三角企业 6 600 余家次。

4. 牢牢守住金融安全底线

认真履行融资租赁、商业保理、小额贷款、融资担保、典当等地方金融组织的日常监管职责,落实地方金融组织的年度现场检查和监管评级。坚决完成金融风险防范各专项任务,做好常态化扫黑除恶工作,持续开展企业风险核查。加强金融风险防范基础建设,进一步发挥浦东金融风险全网监测预警系统的实战作用,对全区 40 万余家企业展开动态监测。充分发挥浦东投资者教育基地作用,围绕防范金融风险、防范非法集资及反诈知识普及教育等,积极开展面向公众的宣传培训,2023 年累计举办线下社区讲座 15 场、公益活动 15 场,参与人数超千人。

第二节　黄　浦　区

2023 年,黄浦区持续深化外滩金融集聚带建设,进一步增强金融业作为区域重点产业的核心功能作用,助力区域经济高质量发展,全年实现地区生产总值 3 157.30 亿元,经济总量居全市第二、中心城区第一,其中金融业增加值 1 357.67 亿元,占全区总增加值的 43%,贡献度稳居全区各行业之首,金融业已成为黄浦经济发展的"最亮名片"和"最强引擎"。

1. 打造金融集聚新地标,加快金融机构引进落地

黄浦区积极打造董家渡金融城及周边片区,塑造外滩金融集聚带发展的崭新空间。全年陆续推动海通证券总部、国海证券上海总部、建信人寿、上银理财等一批高能级金融机构顺利入驻董家渡金融城,集聚机构推动形成高能级产业氛围。聚焦金融持牌机构和股权投资类企业集聚,持续推动上海上影新视野私募基金等一批金融类、投资类企业落地,支持金融与产业深度融合,服务实体经济加速恢复发展。

2. 大力推动金融创新实践,提升黄浦金融优质成色

进一步推进自贸区金融创新制度复制推广,做好拓展自由贸易账户相关工作,全年完成3批次FT账户申报,并加急为区内重点外企德科及旗下相关公司单独进行申报,服务企业跨境资金流动需求。支持金融要素市场金融业务创新,驻区金融市场基础设施服务机构中国外汇交易中心及上海清算所共同参与互换通项目建设,上海清算所联合东方证券共同举办"碳减排背景下的绿色投资新机会"交流会,并落地其首单上海碳配额远期中央对手清算业务。金融创新成果显著,"债券南向通交易服务"、"中海蔚蓝CCER碳中和服务信托"等18项诞生在黄浦区的金融项目获新一轮上海市金融创新奖。

3. 搭建金融行业交流平台,营造良好产业生态

黄浦区积极举办各类会议活动,为跨国界、跨地区、跨市场金融合作搭建交流平台。支持举办第二届"外滩大会",大会发布的金融大模型、脑机技术安全等前沿金融科技应用,进一步打响"金融中心在上海,金融科技看外滩"的品牌声誉。支持举办第五届"外滩金融峰会",峰会围绕绿色发展、国际金融、资产管理、金融科技四大宏观主题深入探讨,切实增强外滩金融集聚带全球金融资源配置功能。支持举办第三届"长三角金融科技创新与应用全球大赛总决赛""2023年长三角金融科技30人论坛""2023长三角金融科技节"等系列活动,通过政产学研投的各种合作交流,充分展示金融科技领域的前沿创新与应用成果,营造区域金融科技创新良好氛围。顺利主办"外滩话金融:打造都心区金融科技发展新标杆""ChatGPT与金融科技"等系列沙龙活动,推动金融领域对前沿技术的深入挖掘与应用。持续推进与伦敦金融城的友好互动交流,顺利举办"双城会·黄浦区与伦敦金融城友好交流活动",不仅为黄浦区企业走出去提供优质平台,同时也为引进具有国际竞争力的外资金融机构奠定基础。

4. 助力企业对接多层次资本市场,提升金融服务实体经济质效

2023年贯彻落实《黄浦区关于进一步推进企业改制上市和并购重组的实施意见(试行)》,制定黄浦区推进企业改制上市和并购重组的操作办法,并在此基础上厘清区内上市企业底数,培育拟上市企业库,持续做好企业跟踪服务,协助其对接上交所、证监局等有关部门,加速企业上市进程。区内上海英方软件股份有限公司在科创板完成上市,实现了黄

浦区科创板"零"的突破,锦江航运也顺利在 A 股主板上市,进一步提升我区航运业能级和上市公司整体实力。为促进科技、产业与资本高水平循环,黄浦区成立"黄浦科创投资联盟",为科创企业与投资机构搭建交流平台,举办"科创黄浦　创泽未来"外滩科创产业资本高端对接会,邀请 20 余家投资类机构参与路演交流,引导资本投小、投早、投硬科技,持续优化中小企业融资服务环境。

第三节　虹　口　区

2023 年,虹口区坚持稳中求进工作总基调,加快建设"上海北外滩、都市新标杆",全区经济社会发展稳中有进、进中提质,北外滩金融集聚区初现峥嵘。全区金融业增长值同比增长 5.8%,高于全市增速 0.6 个百分点,占全区 GDP 的 17.59%。

1. 吸引金融机构集聚,全力推动金融产业高质量发展

虹口区瞄准财富资管特色赛道,落地平睿安弛、建申基金等 40 家重点私募;突出国际化发展方向,吸引加拿大宏利、美国信安等 8 家外资金融;把握数字化转型契机,发布全球金融科技中心指数,幻方、鸣石等 6 家金融企业的金融科技公司落户虹口;服务绿色金融枢纽战略,举办绿色金融论坛和投融资路演,推出碳配额质押和碳回购业务,浦发银行、中国银行等多家金融机构创新绿色金融产品。全年新引进金融企业和机构 87 家,总数达 2 100 余家,资产管理规模 8 万亿元。

2. 推动金融回归本源,加大金融支持实体经济发展力度

支持区内企业美丽田园医疗健康在港交所主板成功上市,支持维安电子上市申请并已获上交所受理,为 26 家(次)企业开具守法证明,帮助企业按节点推进挂牌上市进程。全区共 11 家企业在境内外主要资本市场上市,上市挂牌企业达 103 家。搭建各类投融资对接平台,联合举办"上交所基金市场发展新机遇"峰会、"智投北外滩"投融资路演、上市公司董秘主题沙龙等活动。

3. 持续优化营商环境,构建多层次金融服务生态

推动金融论坛及路演活动,支持"第十一届北外滩财富与文化论坛"、"2023 金牛资管高峰论坛"、"2022'沪上金融家'颁奖仪式"、"第五届上海金融科技国际论坛"、"2023 绿色金融北外滩论坛"、"第九届北外滩资产管理峰会"等论坛活动在北外滩成功举办。完善企业服务机制,建立企业联络员制度,走访企业了解其核心诉求,帮助解决实际困难,宣传相关政策内容。推进金融人才扶持与服务工作。打造区域高层次人才专属服务平台,为人才提供广覆盖、多维度、差异化的配套服务支持。

4.加强区域金融监管,筑牢金融安全防火墙

通过信息技术手段落实常态化非接触式监管,有效防范非法金融活动。扎实做好五类地方性金融机构监管,开展年度现场检查工作,通过以查促改的形式,提升行业合规经营水平。探索构建金融风险预警防范机制,对区域内存量的金融企业,强化日常监管跟踪,提早介入,赢得主动,防患于未然;对新引进的企业,积极研判,把好企业入口关。开展金融风险防范宣传活动,实现全区8个街道全覆盖,参与人数超400人次,从源头上遏制非法金融活动的生存空间。

第四节　临港新片区

2023年,临港新片区以"五个重要"指示精神为统领,在党中央、国务院以及市级部门的大力支持下,围绕金融改革开放、集聚要素资源、服务实体经济、强化金融监管等方面有序开展各项工作,取得了积极成效。2023年,临港新片区完成金融业增加值66.9亿元,同比增长8.6%,占地区生产总值比重5.7%,有力地推动了滴水湖金融湾建设,深化上海国际金融中心建设"一城一带一湾"发展格局。

1.深化金融改革政策,建立金融制度创新框架

深化金融创新制度框架建设。依托国家赋予的"金融30条"、跨境贸易投资高水平开放外汇管理改革试点、国务院"80"条等政策,进一步探索建立与高水平自贸试验区相适应的金融体系。积极开展新片区自主创新先行先试。聚焦金融重点领域、关键环节积极承担起为国家"试制度、探新路"的使命,在全国率先试点金融租赁SPV扩围,与优质集成电路企业开展业务合作。建立央地协同的金融监管协调机制。与国家金融监管部门在沪机构共同探索实施"监管沙盒"模式,在全国率先推出创新金融产品和服务(例如,推动员工持股贷款试点落地,已完成8家试点企业备案)。合作开发"金融风险监测平台",率先在全国实现金融监管数据和地方政务服务数据的互联互通、共享共用,将新片区内约18万家企业纳入全面监测范围,并与海量金融监管数据实现了高效对接与利用,已应用到贷款贴息等场景。

2.加强金融招商引资,持续集聚高端要素资源

推动高能级要素平台建设。启动上海国际再保险登记交易中心建设,已集聚15家再保险运营中心,3家保险经纪公司,打造了中国保险业制度型开放的示范窗口。推进上海石油天然气交易中心持续开展油气进口贸易人民币结算业务,以人民币结算了约26万吨LNG、约13.6万吨原油,并达成首单国际原油跨境数字人民币结算交易,顺利打通数字人

民币跨境结算通道。建成滴水湖高级金融学院,实现了"当年签约、当年建成、当年招生、当年开学"。持续推动金融机构集聚。2023年,新片区共吸引持牌类金融机构共33家,揭牌成立以来持牌类金融机构共计74家,包括银行27家、券商27家、保险30家,投资类企业332家。11月,首家入驻临港新片区的台资银行——富邦华一银行新片区支行正式营业。12月,新片区首家法人保险主体——申能财险获批筹建,新片区首家外商独资公募基金——安联基金正式注册落地。全力打造滴水湖金融湾品牌。举办第二届滴水湖产业投资者大会,签约基金资金总规模超过700亿元。首次举办2023上海国际再保险会议,吸引全球349家组织机构齐聚临港。打造滴水湖新兴金融大会品牌,累计举办春夏秋冬四季峰会及10场主题日活动。

3. 立足服务实体经济,助力前沿产业集群发展

建立健全普惠金融服务体系。实施更为精准科学的普惠金融专项政策。2023年,新片区累计投入2亿元用于贷款贴息扶持,覆盖企业154家。投入770万元用于支持企业汇率风险中性管理费用补贴,覆盖企业32家,有效提升中小微企业汇率风险管理能力。发布全国首个片区型人才企业年金计划——"临港新片区人才企业年金计划",在发起主体、参与资格和资金激励等层面均实现了创新和突破。充分发挥中国集成电路共保体作用,全年共计为24家企业提供保险保障金额约1.34万亿元。发挥资本市场服务效能。打造"千亿级"产业基金集群,投早投小投科技。成立总规模200亿元的科创投资基金。累计参投引导基金23支,基金规模超1700亿元。提供"一站式"精准上市服务,支持企业境内外上市。年内实现1家企业成功在美股上市,1家企业取得上交所的IPO材料受理单,4家重点拟上市企业完成股份制改造。推动融资租赁业务创新发展。积极推进融资租赁业务创新和资产交易,推动飞机、船舶等特色租赁业务集聚,提升离岸租赁、出口租赁金融服务便利化水平;截至年末,新片区共有融资租赁母公司23家,SPV公司162家,融资租赁资产规模709.37亿元,同比增长11.92%。

4. 坚守监管主责主业,牢牢守住安全发展底线

一是履行地方金融组织监管职责。2023年,认真开展地方金融组织现场检查及监管评级工作,对新片区35家融资租赁、商业保理、融资担保进行专项检查,对发现的问题及时督促整改;加强对辖内地方金融组织的日常监管,核实报送数据,发现问题及时约谈。二是妥善解决风险个案和信访案件。联合市场监督管理局、税务局、属地镇政府对辖内"伪金交所"开展专项整治工作,顺利引导相关企业更名或注销退出。处理解决了相关公司的27起信访案件,切实保护金融消费者合法权益。

第二十四章　金融人才队伍建设

2023 年上海金融人才工作深入贯彻新时代人才强国战略和市委人才工作部署,坚持党管人才原则,紧紧围绕"锻造忠诚干净担当的高素质专业化金融干部人才队伍"目标,从金融人才引、育、选、用等各方面扎实开展各项工作,金融人才进一步集聚,能力素质进一步提升,发展环境进一步优化。上海金融从业人员近 50 万人,上海国际金融人才高地建设取得成效,全力推进上海高水平人才高地建设。

第一节　金融人才工作机制

1. 坚持党管人才统筹推进。深入贯彻习近平总书记关于新时代人才工作的重要思想,坚持加强党对人才工作的统一领导,强化金融人才政治引领,提升金融人才工作凝聚力。充分发挥组织优势,切实履行主体责任,完善金融系统人才工作领导小组工作机制,协调推进金融人才各项重点工作,确保高标准高质量落实落地。开展《上海金融领域"十四五"人才发展规划》中期评估,加强金融人才工作顶层设计,找准金融人才工作努力方向。

2. 坚持齐抓共管形成合力。完善金融人才工作协调机制,深化与市委组织部、市人才局、市人力资源和社会保障局、市财政局等部门合作,健全职能部门和各区政府齐抓共管机制,发动在沪中央金融管理部门、民主党派、社会组织等积极参与上海金融人才队伍建设,与 200 余家金融机构建立人才工作直接联系,形成广泛、高效、协同的人才工作格局。

3. 坚持政治引领发挥作用。开展党委联系服务专家工作,走访人才及所在单位,勉励人才胸怀金融报国理念,在服务实体经济、服务人民生活中贡献力量。推荐人才参加各类主题培训班,强化人才政治引领,凝聚思想共识。拓宽人才参政议政渠道,鼓励人才建言献策,2023 年共收到建言献策 144 余篇,经分类梳理,择优向在沪中央金融管理部门报送,进一步推动优质建言献策转化为政策举措。

第二节　金融人才队伍建设情况

1. 注重典型引领,扎实开展上海市东方英才计划金融平台评选工作。将上海金才评选并入全市综合性人才计划东方英才计划拔尖、青年项目,围绕上海国际金融中心建设"两中心、两枢纽、两高地"所需人才,经过资格审核、材料初评、现场评审、征求意见和集体研究等环节,评选出30名拔尖项目人才和70名青年项目人才。推荐金融系统优秀人才参与全市人才评选,9名金融人才入选2022年"东方英才计划"领军项目,13名金融人才入选2022年"东方英才计划"青年拔尖项目,树立优秀金融人才典型,发挥引领作用。

2. 聚焦高端人才,着力引进高层次紧缺人才。根据《上海金融领域紧缺人才开发目录》,聚焦高水平、国际化的金融人才,积极指导支持各金融机构面向全球开展高端人才引进工作,并择优推荐进入上海市高层次人才引进计划。坚持引机构带动引人才,加大支持力度,积极吸引国际重要金融机构在上海设立分支机构或子公司,带动国际人才汇聚上海。支持重点金融机构人才引进工作,加强与市教委、市学生事务中心协调沟通,"本市人才引进重点机构"名单新增31家金融机构。

3. 完善培养举措,促进金融人才成长发展。提升上海金融人才培训基地能级,会同上海交通大学高级金融学院举办"2023年上海金才金融前沿专题研修班",来自系统49家金融单位的77名历年入选金才开展学习研讨,加强对上海金才的政治引领,拓展上海金才的宏观思维、国际视野和专业能力。做优上海金融人才实践基地,65人到基地开展实践锻炼和专业训练。举办第八期"金英汇坛"高级研修班,140名在沪金融机构高级经营管理人才和专业技术人才参训。探索创新金融人才交流开发形式,联合上海金融科技产业联盟建设"上海金融科技人才涵养实训基地",依托基地,发挥科技企业丰富、高校院所环绕等优势,进一步加强金融人才交往交流以及智力碰撞。促进行业人才集聚,召开上海市融资租赁行业人才发展大会,推动打造行业人才高地。

第三节　金融人才发展综合环境

1. 协调落实政策,优化人才服务保障。贯彻落实《上海市人才安居工程实施意见》,做好人才安居平台日常沟通对接和集中匹配等工作,2023年共对接租赁住房134套。积极回应人才诉求,协调解决人才落户、就医、金融服务等方面难题。开展第八届"金招荟"上海金融行业人才校园招聘活动,累计为高校应届毕业生提供 150 余家单位的 8 000 余个工作岗位。协助落实上海市促进 2023 届高校毕业生就业工作相关要求,118 家单位完成招录约 7 000 余人,助力人才就业。

2. 加大金融支持,协调各类金融机构支持人才创新创业。针对各类人才在融资、保险、金融服务等方面发现的问题,积极推动协调解决人才创新创业过程中各类金融问题,满足各类金融需求。开展金融支持人才企业创新创业调研课题研究,提出金融支持人才企业创新创业工作举措,着力为各类人才在沪创新创业提供更加全面、优质、高效的金融支持和保障服务。积极配合制定创新创业大赛获奖选手激励政策以及风投企业扶持激励政策,发动金融机构积极参与上海"海聚英才"大赛,加强金融机构与创新创业企业沟通协作,加大支持力度。

3. 强化宣传引导,努力营造良好氛围。充分运用传统媒介和新媒体技术,扩大上海金融人才的影响力和引领作用。密切与上海主流媒体的合作,对东方英才计划评选全程跟踪报道,对入选人才进行系列报道,宣传金融人才优秀事迹。以上海金融官微为宣传阵地,加大对上海优秀金融人才宣传,推出系列宣传"东方英才计划拔尖、青年项目金融平台优秀人才风采展示"、短视频"金融人才——打造投身国家重要金融基础设施建设的高素质人才队伍"等。

第二十五章　支付体系和信用体系建设

第一节　支付体系建设情况

1. 持续提升银行账户服务水平，全面优化支付服务

一是持续提升银行账户服务数字化水平，让"数据多跑路，群众少跑腿"，推进电子营业执照与电子印章在银行账户领域应用。2023年末，全辖21家银行的2 739个网点在银行账户领域应用电子营业执照、电子印章，累计开立账户超13万户。二是加强银政系统对接联动。累计指导辖内49家银行的2 830个网点对接"一网通办"实现企业预约开户服务，进一步优化企业开办流程。三是持续推进本外币合一银行结算账户试点工作，持续监测业务开展情况。2023年末，辖内5家试点银行（工商银行上海市分行、农业银行上海市分行、中国银行上海市分行、建设银行上海市分行、招商银行上海分行）共计开立本外币合一银行结算账户70 980户，涉及资金交易量分别达1 978.87亿元人民币和1.96亿美元（折合）。

2. 统筹做好支付与会计核算系统管理，确保支付清算业务运行稳健

一是确保重要时间节点支付系统安全稳定运行。做好2023年法定节假日、全国"两会"、亚运会、亚残运会、进博会、年终决算日等重要时期的风险评估和安全保障。二是促进清算机构支付清算服务健康发展。开展清算机构支付清算服务满意度调研和服务改进情况回访，征询辖内金融机构对全国清算机构服务满意度情况和意见建议，督促清算机构不断提升服务质量。三是切实落实《中央银行存款账户管理办法》，进一步规范和统一中央银行存款账户服务，根据《中央银行存款账户管理办法》受理审核辖内中央银行存款账户开户、变更、撤销业务。四是完善和丰富ACS业务功能。实现外汇存款准备金、外汇风险准备金交存功能在ACS综合前置子系统上线，金融机构可通过ACS综合前置子系统"足不出户"办理准备金业务，简化业务办理流程，提升业务办理效率。

3. 重点狙击,切实斩断涉赌涉诈"资金链"

一是统筹"安全与发展",针对当前电信网络诈骗、跨境网络赌博等新型违法犯罪多发高发态势以及银行账户、支付账户涉赌涉诈"资金链"治理的严峻形势,联合上海市公安局拟定打击治理电信网络诈骗、跨境网络赌博协作机制和工作方案,坚持治理违法与资金防阻兼顾,完善监管协作安排。二是建设运行多通道信息共享机制,统筹共享全辖银行涉案账户信息及经排查发现的可疑账户信息,并通过与上海市市场监督管理局的全量企业公示信息共享,增加企业客户准入环节的信息维度,有效提升账户风险防控水平。三是细化账户风险分类分级管理,引导行业形成良好范式,指导辖内银行根据本行实际自主建立小微企业和个人银行账户分类分级管理体系。在应开尽开基础上,根据客户实际情况谨慎合理设置电子银行渠道限额。四是开展多种形式防赌反诈宣传。指导辖内银行、支付机构通过网点公告、印刷折页、App/公众号线上推送、社区活动等多种方式,广泛开展社会宣传。

第二节　信用体系建设情况

2023 年,中国人民银行上海总部积极发挥在征信监督管理中的牵头抓总作用,完善信用体系建设,促进征信市场健康发展,进一步推动征信服务提质增效。

1. 加强协调联动,大力推动地方征信平台建设

推动上海市地方征信平台进一步畅通数据获取渠道,不断扩展信息广度和深度,充分运用各类信息,以市场需求为导向,创新征信产品,提升金融惠企质效。鼓励地方征信平台积极参与上海绿色金融服务平台、普惠金融顾问综合服务平台建设。至 2023 年末,上海市地方征信平台已采集本地企业信息条数 25 亿条,覆盖全市约 480 万户企业,累计服务企业 15 万户,促成 4 万户企业获得融资 405 亿元。

2. 助力乡村振兴,加快推进农村信用体系建设

指导金融机构结合自身职能,做好乡村振兴金融服务,坚守支农、支小主业,发挥上海"三农"金融服务主力军作用。落实农户电子化建档要求,科学合理设计农户信用信息指标,综合金融机构客户信息与财政、农业主管部门掌握的农户信息,为农户建立电子信用档案,覆盖全市全部 9 个涉农区。

3. 优化融资环境,促进征信市场健康发展

指导辖内机构强化应收账款融资服务平台应用,为中小微企业提供更精准、高效的金融服务。2023 年,上海市通过应收账款融资服务平台助力企业融资,其中促成中小微企业

融资笔数和金额分别占 97.59％和 96.14％。

引导辖内金融机构利用长三角征信链平台提高风险识别能力和授信审批效率,为企业增信助融,推动平台应用工作纳入地方政府文件。指导辖内 3 家银行实现长三角征信链接口查询,进一步提升银行服务企业的融资效率。2023 年,通过长三角征信链平台累计查询 36 万余笔,同比增长 306％;累计放贷 3 900 余亿元,同比增长 90％。

企业征信市场优胜劣汰机制初显成效,新增 2 家企业征信机构备案,注销 1 家机构备案。鼓励企业征信机构在科创领域创新征信产品和服务,2023 年,7 家征信机构参与 25 项行业、地方信用体系建设,4 家征信机构提供科创企业评分类或报告类产品,助力科创企业发展。

专栏 28

2023 年上海市支付服务便利性显著提升

2023 年,根据中国人民银行关于提升外籍来华人员支付服务水平的工作部署和上海市人民政府的工作要求,中国人民银行上海总部(以下简称上海总部)聚焦外籍来沪人员境内支付的痛点和难点,与上海市商务委等部门通力配合、多方联动、多措并举,组织辖内机构全面提升外卡受理、移动支付、人民币现金等支付服务水平,取得明显成效,有效满足外籍来沪人员入境旅游、工作和生活等支付需求。

1. 外卡受理环境建设成效显著,基本满足外籍来沪人员中大额支付需求

在全市各部门的通力合作和各支付服务主体的大力推动下,上海市外卡受理环境建设成效显著,外卡受理覆盖率大幅提升,在全国已处于领先水平。2023 年,上海市已实现超 3.6 万台终端支持受理外卡刷卡支付,基本覆盖外籍来沪人员刷卡支付的重点场景。

2. 专项移动支付产品快速推广,有效提升外籍来沪人员日常小额支付便利

上海总部持续引导市场主体向外籍来沪人员提供丰富、灵活、便捷的移动支付产品,共享我国移动支付发展先进成果。目前,境内各市场主体面向境外来华人员推出"外卡内绑"、"外包内用"等移动支付产品,境外来华人员可以凭自身持有的境外银行卡及境外电子钱包实现境内移动支付。2023 年,上述涉外移动支付产品得到迅速推广,交易量、用户数大幅增长,有效解决外籍来沪人员在食、住、行、游、购等场景的日常小额、高频支付需求。

3. 多层次现钞服务网络运行有效,充分发挥现金支付的兜底作用

2023 年,上海市超 95％的现金自助机均支持外卡取现;3 000 多家银行网点可办理

人民币现金业务,并为外籍来沪人员设立小面额现金兑换绿色通道;180余家外币兑换网点和70余台外币自助兑换机可受理外币兑换人民币现金,上海市多层次现钞服务网络基本构建完成,相关网点、设施在机场、酒店等外籍来沪人员较为集中的场景尤为密集,外籍来沪人员可以就近便利地获取人民币现金。

2024年,上海总部将在巩固2023年工作成果的基础上,继续深化落实中国人民银行和上海市政府关于优化支付服务的工作部署,持续推动重点场景外卡受理环境建设,不断优化"外卡内绑"等移动支付服务,继续完善人民币现金使用环境,推动外籍来沪人员支付服务水平再上新台阶。

第二十六章　金融法治建设和风险防范

第一节　金融立法完善

1. 提升国际金融中心建设法治保障

2023 年,中央金融工作会议召开以后,上海市委金融办全面评估 2009 年 8 月 1 日出台的《上海市推进国际金融中心建设条例》,广泛征求中央金融管理部门在沪机构、金融基础设施、中外资金融机构等各方面的立法需求和建议,为后续修订工作做好扎实基础。修订完善工作,将为推动上海国际金融中心建设更深入地融入国家战略、提升其全球竞争力和影响力、为实现金融强国的战略目标提供坚实有力的法治保障。

2. 营造更好法治化营商环境

修订《上海市优化营商环境条例》,就建立完善惠企政策统一申报系统、建立健全中小企业涉诉信息澄清机制、鼓励金融机构为诚信经营的中小企业提供无抵押信用贷款等作出规定,营造良好金融发展环境。有利于全面增强营商环境的国际竞争力,主动衔接国际高标准经贸规则,塑造一流营商环境,形成国际竞争新优势。

出台《上海市推进国际商事仲裁中心建设条例》,规定支持上海市仲裁机构在金融证券期货等领域开展专业仲裁服务品牌建设、制定专门仲裁规则等内容。第五届上海国际仲裁高峰论坛和 2023 上海仲裁周期间举办"金融仲裁前沿问题论坛""国际金融商事争端解决论坛"等涉金融主题分论坛。联合国国际贸易法委员会官方网站连续两年发布上海仲裁委员会提出的关于中小微企业获得信贷问题总结报告,为优化国际营商环境贡献中国智慧、上海方案。

3. 规范优化融资租赁行业发展环境

2023 年 10 月 1 日施行的《上海市促进浦东新区融资租赁发展若干规定》系全国首部聚焦融资租赁行业的浦东新区法规,对强化金融服务实体经济能力,助力浦东加快推进国际金融中心核心区建设具有重要意义。其中,简化机动车融租抵押登记的材料要求,市、区两级药监部门对医疗器械融租管理流程再造,在飞机租赁、船舶租赁等方面采取货物贸易超期限特殊退回业务免于事前登记经常项目便利化措施,海关异地委托监管等条款,解决了行业多年发展痛点,市场经营主体法治获得感强。

第二节　金融司法建设

1. 完善金融司法与金融监管合作机制

一是加强互联互通合作机制。2023 年,上海市高级人民法院与国家金融监管总局上海监管局签署《加强金融司法与金融监管有效协同,共同营造上海国际金融中心一流法治营商环境合作备忘录》,并积极推动党建联合、信息共享、数据互联互通等具体机制落地见效;与上海证监局等部门共同签署《关于协同推进金融纠纷案件诉讼材料电子送达工作合作备忘录》,推广金融纠纷案件诉讼文书电子送达工作,提升诉讼便利度与效能。3 月,上海金融法院发起并联合多家金融监管机构和金融基础设施建立《金融司法与金融监管防范化解金融风险协同机制》,旨在通过创新实践,充分利用上海金融审判的专业优势和金融要素市场的集聚优势,共同防范和化解金融风险,维护金融市场稳定,服务金融高水平发展,并保障上海国际金融中心建设。

二是协同推动证券纠纷多元化解。上海金融法院率先提出并推动上海证券交易所将证券纠纷多元化解纳入其上市规则,在《上海市国资委监管企业案件纠纷和解调解操作指引》增加鼓励调解条款,打通涉上市公司、国有企业纠纷调解难点堵点。首创金融纠纷概括性先行调解承诺机制,制定并推广先行调解示范条款,引导金融市场参与方优先选择诉前调解方式化解纠纷。

三是服务保障注册制改革进程。2023 年,上海市人民检察院和上海证监局推动落实《关于加强资本市场执法司法协作、完善资本市场法治建设的协作意见》,共同推进包括案件双向移送、案件查办协作、互派联络、联合检查与联合培训等多项具体工作措施。2023 年 9 月,上海市人民检察院出台《关于服务保障全面注册制改革的实施意见》,细化 4 个方面 16 项举措,进一步提升资本市场检察履职效能,有效维护证券市场秩序,防范化解金融风险,为中国特色现代资本市场建设营造良好法治环境和营商环境。12 月,上海市人民检察院与上海市公安局联合印发《关于加强侦检协作配合　高质效办好证券期货犯罪案件的十二条意见》,进一步健全完善证券犯罪案件侦查与检察协作配合机制,与公安机关形成打击证券违法犯罪合力。

2. 民商事领域金融司法建设

2023 年全市法院共受理一审金融商事案件 219 549 件,结案 219 198 件,收结案数较上年均有较大幅度的增长。上海金融法院共收案 7 410 件,审结 7 411 件,标的额达 2 854.3 亿元。申请执行标的额 2 095.28 亿元,占全市法院执行标的额 41.51%,保障当事人权益。

(1)金融商事审判质效有力提升

一是审判质效管理成效显著。全市法院积极作为,大力推进多元解纷,防范"程序空转",让更多矛盾纠纷在进入诉讼前就得到实质性解决。加大案件调解力度,案件调解率同比增长 5.32 个百分点。加强与市地方金融管理局等部门沟通协调,长期未结案数量进一步压缩。

二是精品战略实施成果突出。2023 年,金融审判条线审理多起新类型、重大疑难及具有重大社会影响的金融案件。上海金融法院审结的全国首例投保机构代位追偿上市公司董监高损害公司利益纠纷案入选"中国证监会投资者保护十大典型案例",审理的民企在海外被拖欠工程款案,准确适用国际通行的止付令机制,平等保护一带一路各方利益,被写入最高人民法院 2023 年的两会工作报告;静安法院 1 篇案例入选最高人民法院公报案例;浦东、虹口、宝山等法院共有十余篇案例入选《中国法院 2023 年度案例》,另有多个案件、裁判文书、庭审入选上海法院"三个一百"。

三是持续加强机制创新。上海金融法院审结中国证券集体诉讼和解第一案,7 195 名科创板投资者获 2.8 亿余元全额赔偿,全面深化特别代表人诉讼机制落实,打造群体性纠纷化解的"东方经验"。上海金融法院在全国首创"批量委托,分拆竞买,价高优选"的批量不动产司法拍卖新模式,利用该机制批量集中处置某小区 400 余个停车位,化解业主"买不起"和法院"卖不掉"的执行困境,实现司法处置效率与效果的双提升。

(2)推动司法服务国家金融战略大局

一是支撑金融服务实体经济。上海金融法院成功调解涉 46 亿元涉外房企银团贷款纠纷案、新三板农产品上市公司证券虚假陈述责任纠纷等系列案件,节约实体企业诉讼时间成本和人力成本;以 21.7 亿元成功处置一处商务区大型在建工程,充分保障国有金融机构等五方主体的合法权益,落实"保交楼,保民生"。

二是防范化解重大金融风险。妥善安排市重大金融风险处置工作,协调落实集中管辖等司法措施。在金融、杨浦等法院的努力和各项举措共同作用下,涉"建元信托"等金融风险处置工作均平稳进行,有效避免区域性金融风险和群体性事件的发生。上海金融法院牵头沪上 10 家金融监管机构、重要金融基础设施创建金融司法与金融监管协同机制,打造金融市场协同善治新格局。

三是支撑金融高水平开放。上海金融法院审结中国民营企业被拖欠工程款独立保函欺诈案,维护中国企业"走出去"的合法权益。全面践行金融市场案例测试机制,审结首个金融市场测试案例,测试首案入选全球中央对手方协会年度案例,实现我国在该领域零的突破,测试案例机制被评为上海金融创新成果二等奖。深化长三角金融司法合作机制,上海金融法院联合苏浙皖四家中级法院共同发布《关于服务保障科创金融改革的司法倡议》,为科创行业发展提供高质量司法保障。

四是积极延伸审判职能参与社会治理。上海市高级人民法院发布上海法院金融商事审判白皮书和金融商事审判 10 大案例中英文版,其中涉供应链金融纠纷审判白皮书系首次发布。浦东、黄浦、金山、静安等法院结合自身审判特点,就私募基金、涉骑手商业保险案件等领域内容发布专项白皮书。松江法院通过信用卡纠纷应用场景梳理整合若干问题,向某国有银行提出司法建议,促进信用卡业务专业化、差异化、精细化发展。

（3）加强金融司法领域数字改革

一是"数助办案"功能不断提升。上海法院金融审判条线将信用卡纠纷、金融借款合同纠纷等收案量大、批量化明显的纠纷案件列入要素式场景建设的规划,其中"证券虚假陈述责任纠纷案件要素式审判辅助模型"已通过嵌入论证。该场景可根据审判需求智能抓取群体性案件共通审查要素以及个案特殊审查要素,并生成裁判文书,模型嵌入后将极大地提升案件审理效率,减轻当事人诉讼负担。上海金融法院上线全国首个投资者司法保护综合平台移动端,提供 10 余种自助式服务,平台上线一年访问量超 10 万人次,受到广大中小投资者和金融消费者的欢迎。与上海清算所合作建立债券司法协助执行专线,及时兑现当事人胜诉权益。建立金融审判执行数助平台,提供 40 余项企业信息,为审判法官提供全景可视的企业画像。

二是"数助监督"职责不断强化。通过对司法数据的比对和碰撞,持续发现和推送隐藏在案件中的问题线索,实现不间断的质量评查和风险预警。上海法院金融审判条线建立证券虚假陈述纠纷等 12 项要素式场景,进一步规范自由裁量权;为防止程序空转,针对评估工作耗时空转等情形,自动向法官发出预警,减轻当事人诉累;为规范审判流程,构建28 项应用场景,以数字手段提升文书质量、降低廉政风险。

三是"数助决策"效应不断优化。上海法院金融审判条线依托"金融借款融资成本类案适法统一"应用场景,剖析中小微企业融资难、融资贵的原因并提出建议。上海金融法院优化金融纠纷风险预警平台,充分发挥司法大数据"晴雨表""风向标"的作用。打造金融纠纷法律风险防范报告年度发布机制智能化升级版,实现数据实时自动更新,提高司法防范化解金融风险的针对性和实效性。

（4）拓宽多元解纷方法路径

一是落实"二号司法建议"。上海市高级人民法院金融庭牵头成立"二号司法建议"工作专班,赴中国人民银行上海总部等金融监管部门调研,推动信用卡领域矛盾纠纷案件迅速疏导、源头化解。

二是加强多元纠纷调解。上海金融法院全面推进"示范判决＋专业调解＋司法确认"的全链条诉调对接机制和概括性诉前调解承诺机制,诉前调解成功分流率达57.98%。浦东、黄浦等多家法院加强与各类社会调解组织的合作,打造各具特色的解纷平台。

三是探索并实践案例测试机制。针对创新类金融业务中可能出现的重大法律争议,模拟真实庭审,帮助金融机构完善业务规则,从源头预防诉讼产生。在上海清算所与4家中外资银行共同参与下,上海金融法院已完成首案测试,受到社会广泛关注和好评,并获上海市金融创新成果奖二等奖。

（5）加强民商事金融司法人才队伍建设

一是推进主题教育走深走实。上海法院金融审判条线严格按照"学思想、强党性、重实践、建新功"的总要求,扎实推进主题教育各项工作。

二是不断强化金融司法对外交流。举办第十四届陆家嘴论坛"金融开放合作与法治保障国际研讨会",聚焦金融开放与合作中的法治需求,深入探讨金融法治如何在金融改革发展与对外开放中发挥作用,在国际舞台上展示上海金融司法形象。

三是打造更优平台提升业务理论水平。召开中国法学会审判理论研究会金融审判理论专业委员会2023年学术研讨会,聚焦"金融高质量发展的司法保障"议题,深入分析研讨金融审判中的新情况、新问题;虹口法院举办第八届"资产管理法治论坛",以"新发展理念下的私募基金风险防范法律问题研究"为主题,为区域金融法治建设护航。

四是深化院校合作厚植人才培养沃土。全面深化院校合作领域,创新合作机制,提升合作质效。上海法院金融审判条线继续在北京大学、复旦大学开设金融审判实务课程,由条线资深法官为高校研究生授课,担任实务导师;与上海交大上海高级金融学院合作开展专项培训,实现法律知识与金融知识的深度融合。

3.刑事领域金融司法建设

2023年,全市检察机关共受理金融犯罪审查逮捕案件553件884人,受理金融犯罪审查起诉案件1043件1927人,案件主要涉及三类[①]19个罪名,包括破坏金融管理秩序类犯罪764件1306人,金融诈骗类犯罪143件276人,扰乱市场秩序类犯罪136件345人。案件量和人数继续呈现下降趋势,案件数下降14.37%,涉案人数下降6.64%。上海公安机关深入推进"歼击""猎狐""昆仑"和"砺剑2023"专项行动,累计侦破经济犯罪案件4000余起,全链摧毁20余条黑灰产业,挽回经济损失91.2亿余元,有力保障上海经济安全和社会稳定。上海法院审结生效非法集资犯罪案件668件1104人。其中,非法吸收公众存款

①　主要根据《中华人民共和国刑法》罪名分类,涉及的三大类罪名是破坏金融管理秩序类犯罪、金融诈骗类犯罪、扰乱市场秩序类犯罪。

案件 565 件 937 人,集资诈骗案件 103 件 167 人。其中,审结生效证大系、凯晨系以及最高人民法院督办的裔睿系等一批重大非法集资犯罪案件。

（1）落实检察服务保障制度,提升证券检察工作效能

一是依法“零容忍”惩治证券犯罪,坚持“全链条追诉”。对财务造假等证券犯罪一案双查和全链条追诉,重点打击涉嫌违法犯罪的上市公司实控人、控股股东及职业操盘方、配资中介等。充分发挥一体协同办案机制作用,积极探索检察资源的有效整合路径。

二是协同多方共同治理网上非法证券期货活动。2023 年,上海市人民检察院联合市网信办、上海证监局开展“清朗浦江·网上非法证券活动治理”专项行动,督促清理非法证券活动信息 9 万余条,处置违法违规账号 1.2 万余个,牵头市网信办、上海证券同业公会发布本市互联网证券信息服务企业合规指引。在此基础上,上海市人民检察院与市网信办、上海证监局签订《关于加强非法证券期货活动治理的专项合作备忘录》,进一步开展对网上非法期货和衍生品交易的清理和处置工作。

（2）依法从严打击金融犯罪,防范化解金融风险

一是持续从严打击涉众型金融犯罪。上海检察机关持续落实最高检“三号检察建议”,积极参与风险防控,加强与行政机关工作对接,推进金融领域执法司法工作协同。上海公安机关以“三个一流”为目标,以坚决遏制金融领域犯罪风险向社会稳定和政治领域传导的站位高度,保持对洗钱、银行信贷、证券、非法集资等领域犯罪高压打击态势,有力维护上海金融秩序安全稳定。对影响群众切身利益的涉众型经济犯罪保持高压严打态势,在持续开展对传统非法集资、传销类案件侦办和风险化解的同时,着力攻坚侦破以 NFT 数字藏品等为名实施非法集资的新型涉众经济犯罪,有效保护群众的钱袋子,实现良好的法律与社会效果。

二是充分发挥法律监督职能,探索金融类案件数据监督模型的创用工作。2023 年,上海检察机关持续推动重点领域反洗钱工作向纵深发展,积极探索数字监督手段助力法律监督,静安区检察院建立保险行业“内外勾结”型黑灰产犯罪监督模型,深挖保险领域黑灰产,立案监督 37 人、追捕追诉 18 人。

三是开展重点金融领域犯罪风险专项整治。上海市人民检察院推动开展贷款中介专项治理,与金融监管机关共同指导制定银行业与中介机构合作自律规范,联合发布防范不法贷款中介风险规范金融营销行为公告,共同开展贷款中介专项治理;开展保险领域黑灰产和互联网金融犯罪打击治理,浦东新区检察院办理“微博大 V”徐某某非法经营、帮助信息网络犯罪活动、虚假广告案,惩治网络“自媒体”乱象。上海公安机关对“跑分”“水房”“地下钱庄”等非法资金结算通道和虚拟货币、网游虚拟商品和主播打赏等新型洗钱通道开展全链条打击,摧毁一批源头性洗钱犯罪组织;针对利用 App 引流高利放贷、套现养卡、“AB 贷”套路诈骗等多类信贷中介市场新型犯罪风险开展打击整治,并联合原银保监会上

海监管局,通过典型案例的打击,推动原银保监会在全国范围开展不法贷款中介专项治理工作,有效净化金融发展环境。

四是公正高效办理非法集资案件。对于非法集资案件,上海高院刑事审判庭受理后,即将安排审判事务、接续追赃挽损、畅通信访渠道三方面工作同步推进。对主案和关联案件分别在不同法院审理的,确保法律适用统一,量刑均衡。对不同层级的被告人注重区别对待,突出打击重点。针对非法集资案件办理中的困难和问题,上海高院先后制定《涉众型非法集资类案办案要件指南》《关于非法集资案件涉财产部分审判执行工作指引》等规范性文件,为全市法院推进非法集资案件审判执行工作提供指导。针对案外人对涉案财产提出的异议,上海高院明确主要由刑事审判庭组成专班,负责异议审查工作。

（3）及早识别预警新型金融犯罪,推进新金融问题溯源治理

一是准确厘清金融创新和新型金融犯罪边界。围绕在市场化法治化轨道上推进金融创新发展,准确把握合法金融创新与金融违法犯罪的界限,联合监管司法协同开展对新型金融犯罪识别和打击。

二是强化前端预警防控。上海公安机关建立信息报送研商机制,确保对突发重大案事件和全市金融领域风险态势的及时感知、评估、预警。同时,跨前对接行政监管部门和金融机构主动获取行业数据,及时研判发现金融市场主体潜在风险隐患,辅助支撑上级部门决策。

三是聚焦犯罪前沿趋势畅通信息共享机制。上海市人民检察院多次调研走访上海证监局、上海证券交易所、中国金融期货交易所,畅通与案件线索研判、定性分析、信息交流,以全面准确认定金融行为性质,强化金融风险防控精准度。

四是多方共研新型金融犯罪认定标准。上海检察机关积极加强行政司法工作联动,协力合作突破新型案件的办理难点。2023年,与公安机关、证监部门以"FOF基金模式"提供配资服务的法律定性、新三板操纵行为的认定、操纵违法所得的计算标准等法律适用问题共同会商研判,以进一步明确新型金融犯罪案件办案标准。

（4）稳妥化解存量风险,守牢社会稳定底线

一是持续压降网贷风险。上海公安机关配合市、区两级党委政府,组织推动相关网贷平台清盘兑付,全力做好风险化解工作。2023年末,基本实现全市网贷平台风险的动态清零。

二是妥善处理私募领域潜在系统性风险。针对重点私募风险主体,上海公安机关会同上海证监局定期研商,协同稳步推进风险处置工作。部分已完成刑事侦查阶段的私募基金,属地分局强化诉求梳理,推动在案件判决前形成"定时定点"联合接待工作机制,为后续处置工作取得主动。

三是协同处置市场主体经营风险。上海公安机关配合金融、市场、文旅等部门,第一

时间介入处置因市场主体经营不善引发风险,共同形成分类处置方案,统一执法手势,实现风险精准处置。

（5）数字改革赋能,推动涉案财物处置高效公正

一是建设刑事案款核发平台。上海法院将平台用于集资参与人身份信息核对、受损金额核对、收款账户收集,并进行案款发还。该系统采用人脸识别、银行卡自动校验等技术开展集资参与人信息收集、核验。按照"最大限度、最快速度"发放原则,采取分批发放方式,判决生效后在案款项较多的,人员信息、受损金额能够基本确定的,即可启动发放工作;对部分人员信息不全或对受损金额存有异议的,按比例予以预留,待相关情况确认后再进行发放。平台上线至今,全市法院共上线执行案件 106 件,确认 444 573 名集资参与人信息,完成案款发放 84 亿余元,共计 306 671 名受损群众得到受偿,大大提升案款发还效率。

二是债务自助履行平台。由上海一中院率先试点,可以实现债务人在线核对金额、对接还款,主要是通过 12368 短信、执行公告等形式督促小额债务人登录平台,进行线上身份和债务金额的核对工作,并开通自助还款链接,可以一门式还款,从而解决有自愿还款意向的债务人无法还款的问题,体现"善意"执行、"便民执行"的理念,也节约司法资源。2024 年 4 月末,已完成 5.8 万余笔借款、涉及 4.9 万余名债务人的清收工作,成功收回债权 1.33 亿余元,取得显著成效。

（6）探索金融检察综合履职范式,全面提升队伍专业化建设

一是加强队伍专业化建设水平。2023 年,上海检察机关继续发挥证券期货金融犯罪研究中心、银行保险金融犯罪研究中心、金融创新检察研究中心"三个中心"及专业化办案团队作用,带动全市金融犯罪办案专业化建设,加强对新型金融犯罪、证券犯罪、期货和衍生品等新领域研究,强化前端犯罪预防和溯源治理。

二是加强典型案件办理和犯罪预防工作。2023 年,上海检察机关办理的多起案件先后获评"最高检防范金融诈骗典型案例""最高检、国家外汇局惩治涉外汇违法犯罪典型案例""最高检、最高法依法从严打击私募基金犯罪典型案例"。

第三节　金融普法宣传

1. 推动金融法治和犯罪警示教育

一是更好营造金融法治氛围。上海市司法局开展优化营商环境条例法治宣传活动,组建上海市优化营商环境法治宣讲团就减税降费政策、金融新业态监管、互联网金融风险

整治等开展"菜单式""预约式"普法宣传,推动以财政法律法规、政策性融资担保业务等为主题的法治文化作品进园区、进政务服务中心等,更好营造金融法治氛围。上海公安机关对重点、新型金融犯罪案件进行"一案一报道",通过新闻发布会、专题法治节目、主题宣传短片等多渠道、多形式进行宣传,助力提升金融从业人员守法意识和市民防范警觉,有力震慑金融犯罪分子嚣张气焰。坚持群众关心什么就报道什么,围绕投资理财领域事关民生民情的麻雀案,应报尽报,并对其中潜藏的投资风险和犯罪手法作深度剖析解读,引导社会大众增强防范意识。

二是不断加强犯罪预防工作。不断推进金融领域违法犯罪警示教育和法律服务工作,充分发挥上海市人民检察院第一分院证券犯罪警示教育基地和徐汇区人民检察院金融从业人员法律服务和警示教育等基地作用,提升金融从业人员廉洁自律和规范执业合规教育水平,推动形成崇法守信的良好市场生态。

2. 积极开展防范非法金融宣传活动

一是有力推进宣教活动。为加大防范非法金融活动宣传力度,市金融稳定协调联席会议会同各成员单位,通过部门协同、市区联动、在全市范围组织开展"守住钱袋子·护好幸福家"防范非法集资宣传月活动。各区及各相关单位精心筹划,灵活开展宣传月活动;向各监管机构及相关司法机关征集优秀宣传作品;各街镇、社区、开发区针对不同区域、不同人群、不同领域探索创新方式渠道,线上线下积极开展宣传活动。合力形成全方位、多形式、立体化的宣传态势,扩大宣传月品牌影响力。

二是合力提升宣传声势。协同金融、民族、司法、市场监管各方,聚焦养老领域开展靶向性宣传教育活动,切实增强"银发群体"的风险防范意识和识别能力。发挥金融、司法、行业监管及金融机构等部门的专业优势和渠道优势,开展防非打非普法教育和投资理财等金融知识普及教育,提升宣教广度深度。充分调动线上线下宣教渠道载体丰富优势,强化传统宣传阵地,发挥一线宣传媒介功能,拓展新媒体渠道,打造"全景式"公益宣传模式。

三是扎实推进"七进"活动。市金融稳定协调联席会议办公室发动各区整合辖内工作资源,通过多种手段、多种形式推进防非宣传"七进"活动。宣传月期间,全市共组织"七进"等宣传活动4 721场次,参与群众31.68万人次,发放传单、手册、赠品等20万余份。

第四节　金融风险防范

2023年,上海市严格党中央、国务院关于防范化解金融风险工作系列指示要求,加强党对金融风险防控工作的全面领导,健全工作机制,强化监测预警,加强宣教引导,全力做好重点领域、重点个案风险防范化解及相关信访维稳工作,牢牢守住金融和社会稳定重要底线。

1. 健全金融风险防控长效机制

强化市金融稳定协调联席会议机制和国务院金融委办公室地方协调机制(上海市)的信息共享和重大事项沟通,协同各方工作力量,着力构建央地协同、部门协作的风险联防联控工作格局。健全市金融稳定协调联席会议"一办三组"＋属地区"一事一案一专班"工作机制,督促指导各区涉众型投资受损类矛盾化解工作专班实体化运作,进一步压实各方风险防范处置主体责任。

2. 完善风险监测预警和研判评估机制

一是依托大数据手段提升监测精度。健全上海市新型金融业态监测分析平台与经济风险洞察系统的数据交互和双向预警机制,加强对高风险类金融企业的监测预警。围绕数据融合、工作协同等持续完善地方金融监督管理信息平台中非法集资板块相关功能,着力提升市、区两级线索共享与合力处置能力,发挥风险监测早发现、早预警作用。

二是运用专业力量提高监测深度。深化商业银行账户资金异动监测工作机制,及时研判后分解至主(监)管部门及属地区落地核查。依托该机制先期发现一批重大风险个案线索,为后续稳妥处置赢得工作主动。

三是动员群众力量加大监测预警广度。推进依托城市网格化管理平台发现涉非线索,持续拓宽非法集资线索来源。加大举报奖励力度,调动公众参与防非打非工作积极性。

3. 有序推动重点领域风险防范化解

一是做好 P2P 网贷风险专项整治收尾工作。按照国家网贷整治部门的统一部署要求,坚持"市场化""法治化"原则,聚焦 P2P 网贷存量余额尚未清零的重点区,定期对相关区进行督导调研,压实属地区工作责任,督促指导相关区做好停业未清零平台存量风险化解工作,研究细化平台清退方案。在辖内网贷机构全部停业退出基础上,停业未清零平台存量风险持续压降。

二是有序推进防范和处置非法集资工作。修改完善《上海市实施〈防范和处置非法集资条例〉办法(草案)》,并积极推进相关立法程序。落实国务院处非联办有关工作要求,指导各区突出重点领域、重点对象组织开展常态化涉非风险排查。根据国家层面有关工作部署,对以"解债"为名实施非法集资企业组织开展专项排查整治,明确工作任务要求,压实属地工作责任。聚焦各区排查发现的重点个案,金融、公安、行业主管等相关部门协调沟通,持续推动处置进程。

三是精准施策稳妥处置重点风险个案。积极配合中央金融管理部门,通过央地协同、部门联合、市区联动,有序处置相关重大金融风险个案。按照法治化、市场化原则,推动办案、维稳、舆情引导、资产处置等环节有机衔接。强化风险早期干预、分类施策、分层化解,切实防范次生风险。金融、公安、信访、网信等建立高效联动、快速响应工作机制,及时分解落实风险处置责任。合理回应投资人关切,最大程度维护投资者合法权益。

4. 协同营造良好环境

一是多措并举加强网络舆情管理。金融、网信、"一行两局"等部门共同建立网上涉重大财经资讯信息沟通协调机制,提高舆情研判处置效率。在相关风险化解处置过程中,建立舆情监测及快速处置机制,强化正面舆情引导。

二是统筹开展形式多样的宣传教育活动。金融、公检法、市场监管等单位联合部署开展以"守住钱袋子·护好幸福家"为主题的防范非法集资宣传月活动,多层面、多渠道深入开展集中宣教。健全完善常态化宣传教育工作机制,在全市开展防范非法金融活动宣传优秀作品征集、评选,线上线下、因地制宜开展多维宣教活动,引导社会公众提高反诈防非意识和风险识别能力。

附　录

2023 年上海金融大事记

1月4日,经相关监管机构同意,渣打中国成为首家获准参与国债期货交易的在华外资银行。

1月19日,经证监会核准同意,上投摩根基金管理有限公司变更股东及实际控制人为摩根资产管理控股公司。上投摩根基金成为境内第6家外商独资基金管理公司,同时也是第二家合资转外资控股获批的公募基金。

2月13日,国家外汇管理局上海市分局印发《关于临港新片区部分跨境贸易投资高水平开放试点扩围的通知》,上海市合格境外有限合伙人(QFLP)试点外汇管理新政由临港新片区扩大至上海市。

3月2日,上海金融法院发布《债券纠纷法律风险防范报告》。这是上海金融法院建立"金融纠纷法律风险防范报告年度发布机制"以来又一份行业性法律风险防范报告。

3月20日,银行间市场清算所股份有限公司成功推出外币对交易中央对手清算业务,持续为我国银行间外汇市场提供高效、稳定的外汇交易清算服务。

3月28日,我国首单进口液化天然气跨境人民币结算交易完成,助力上海国际油气交易和定价中心的建设。

3月29日,上海金融法院发布《金融司法与金融监管防范化解金融风险协同机制》并召开首次协同会议。

4月10日,沪深交易所主板注册制首批企业上市仪式举行,标志着股票发行注册制改革全面落地,上海证券交易所科创板注册制改革经验拓展至全市场,多层次资本市场改革深入推进。

5月15日,银行间市场清算所股份有限公司与中国外汇交易中心、香港场外结算有限公司共同推出"北向互换通"业务,有利于进一步加强香港与内地金融市场的深度合作,促进两地金融市场健康稳定发展。

5月30日,"租投联动　金融赋能"助力长三角G60科创走廊高质量发展大会在松江举行。会上,启动成立长三角G60科创走廊租投联盟,长三角租赁机构和长三角科创企业重点投放项目进行集中签约。

6月5日,科创板首个金融风险管理工具——科创50ETF期权上市交易。

6月7日,施罗德基金管理(中国)有限公司取得中国证监会核发的《经营证券期货业务许可证》,正式成为在中国新设开展公募基金管理业务的外商独资基金管理公司之一。

6月8日,第14届陆家嘴论坛成功举行,主题为"全球金融开放与合作:引导经济复苏的新动力"。上海市市长龚正与国家金融监督管理总局局长李云泽在论坛开幕式上宣布上海再保险"国际板"启动暨《关于加快推进上海国际再保险中心建设的实施细则》发布,标志着上海国际再保险中心建设又迈出重要一步。

6月19日,全球首个实物交割的氧化铝期货在上海期货交易所正式挂牌交易。

7月4日,"滴水湖金融湾——新兴金融智算融合创新平台"正式启动。平台以临港新片区智算中心为核心,利用人工智能技术推动金融数据产业快速发展,促进金融机构的云网融合和便捷连通。

7月28日,上海期货交易所推出的合成橡胶期货、期权合约正式挂牌,为产业链上下游立起一个来自期货市场的风向标。

8月7日,科创100指数正式发布,将科创板规模指数系列对科创板各战略性新兴产业领域的市值覆盖度均提升至50%以上。

8月18日,首只航运指数期货产品——上海出口集装箱结算运价指数(欧洲航线)期货在上海期货交易所全资子公司上海国际能源交易中心正式挂盘。

9月3日,上海证券交易所与沙特交易所集团在沙特首都利雅得签署合作备忘录,探索在交叉上市、金融科技、ESG、数据交换和研究方面的合作机遇,为两所间的合作与发展奠定基础。

10月1日,《上海市促进浦东新区融资租赁发展若干规定》施行,将进一步促进浦东新区融资租赁高质量发展,对强化地方金融服务实体经济能力,推进国际金融中心核心区建设、更好融入和服务新发展格局具有重要意义。

10月26日,《上海中小微企业政策性融资担保基金知识产权质押融资担保业务专项方案》《上海市知识产权质押贷款风险"前补偿"试点工作方案》印发。

11月23日,全国社保基金长三角科技创新股权投资基金在上海举办揭牌仪式,首期规模51亿元,通过市场化方式为科创企业提供长期稳定的权益资金,支持企业创新发展。

11月28日,习近平总书记考察上海期货交易所,为新时代新征程上增强上海国际金融中心的竞争力和影响力进一步指明方向、增强信心。

12月1日,首批沪新ETF在上海新加坡同步上市。这一事件标志着沪新ETF互通启动,进一步便利跨境投融资。

12月21日，经市政府同意，市地方金融监管局会同人民银行上海市分行、国家金融监管总局上海监管局、市发展改革委等部门共同印发《上海市转型金融目录（试行）》及其使用说明，将有力推动实现"双碳"目标，助力高质量发展。

12月25日，上交所首只基准做市国债ETF——华夏上证基准做市国债ETF上市。

2023 年上海金融统计数据

(截至 2023 年末)

主 要 指 标	当年值	同比±
全市 GDP(亿元)	47 218.66	5.0%
中外资金融机构本外币存款余额(亿元)	204 429.29	6.3%
中外资金融机构本外币贷款余额(亿元)	111 766.72	8.4%
银行间市场累计成交额(万亿元)	2 491.94	17.9%
其中:货币市场	1 830.43	19.5%
利率衍生品市场	32.02	50.1%
债券市场	334.82	16.5%
上海证券交易所总成交额(万亿元)	551.54	11.2%
其中:股票	89.36	−7.2%
债券	35.81	64.1%
沪市股票筹资额(亿元)	6 076.62	−28.3%
上海期货交易所总成交额(万亿元)	187.21	3.3%
中国金融期货交易所总成交额(万亿元)	133.17	0.1%
上海黄金交易所总成交额(万亿元)	9.76	14.6%
保费收入(亿元)	2 470.74	17.9%
其中:财产险保费	640.42	11.3%
人身险保费	1 830.32	21.0%

注:中国外汇交易中心(全国银行间同业拆借中心)是中国人民银行直属单位,是我国金融市场重要基础设施,以建设"全球人民币及相关产品交易主平台和定价中心"为目标,为我国银行间外汇市场、货币市场、债券市场等现货及衍生产品提供发行、交易、交易后处理、信息、基准、数据和投资者教育等金融交易业务服务。"中国外汇交易中心总成交额"和"银行间市场成交额"为同一统计口径数据的不同名称。

2018—2023 年上海各金融市场重要数据

主要指标	2018 年	2019 年	2020 年	2021 年	2022 年	2023 年
金融业增加值(亿元)	5 781.6	6 600.6	7 166.26	7 973.25	8 626.31	8 646.86
金融业增加值占全市 GDP 比重	17.70%	17.30%	18.50%	18.50%	19.30%	18.30%
中外资金融机构本外币存款余额(亿元)	121 112.3	132 820.27	155 865.06	175 831.08	192 293.06	204 429.29
当年新增额	8 421.4	11 679.94	23 018.75	19 966.51	16 463.21	12 136.23
中外资金融机构本外币贷款余额(亿元)	73 272.4	79 843.01	84 643.04	96 032.13	103 138.91	111 766.72
当年新增额	5 735.45	5 609.84	6 741.57	11 390.73	7 106.78	8 627.81
金融市场成交额(万亿元)	1 645.8	1 934.3	2 274.8	2 511.07	2 932.9	3 373.63
银行间市场成交额(万亿元)	1 262.8	1 454.3	1 618.2	1 706.9	2 114.0	2 491.94
其中:货币市场	/	/	/	/	/	1 830.43
利率衍生品市场	/	/	/	/	/	32.02
债券市场	/	/	/	/	/	334.82
上海证券交易所总成交额(万亿元)	/	/	/	/	/	551.54
其中:股票	/	/	/	/	/	89.36
债券	/	/	/	/	/	35.81
上海期货交易所总成交额(万亿元)	/	/	/	/	/	187.21
中国金融期货交易所总成交额(万亿元)	/	/	/	/	/	133.17
上海黄金交易所总成交额(万亿元)	/	/	/	/	/	9.76
保费收入(亿元)	1 405.8	1 720.01	1 864.99	1 970.9	2 095.01	2 470.74
其中:财产险保费(亿元)	582.1	643.39	594.35	632.41	663.05	640.42
人身险保费(亿元)	823.7	1 076.62	1 270.64	1 338.49	1 431.96	1 830.32
沪市股票筹资额(亿元)	7 339	7 695	9 151.73	8 335.93	8 477.18	6 076.62

注:由于 2023 年数据统计口径发生变化,"/"表示该项数据不适用新统计口径。

2023 年上海金融管理部门和金融机构名录

序号	名　　称
	金融管理部门
1	上海市地方金融监督管理局(上海市金融工作局)
2	中国人民银行上海总部
3	国家金融监督管理总局上海监管局(原上海银保监局)
4	上海证监局
	金融市场
1	中国外汇交易中心
2	上海黄金交易所
3	上海清算所
4	上海证券交易所
5	上海期货交易所
6	中国金融期货交易所
7	上海票据交易所
8	中国信托登记公司
9	上海保险交易所
10	中国银联股份有限公司
11	上海联合产权交易所
12	上海股权托管交易中心
13	跨境银行间支付清算有限责任公司
14	中央国债登记结算有限责任公司上海总部
15	中国证券登记结算有限公司上海分公司
	银行业金融机构
	一、国有大型商业银行分支机构
1	中国工商银行股份有限公司上海市分行

序号	名　　称
2	中国农业银行股份有限公司上海市分行
3	中国银行股份有限公司上海市分行
4	中国建设银行股份有限公司上海市分行
5	交通银行股份有限公司上海市分行
6	中国邮政储蓄银行股份有限公司上海分行
二、法人银行	
1	上海银行股份有限公司
2	上海农村商业银行股份有限公司
3	上海华瑞银行股份有限公司
4	上海崇明沪农商村镇银行股份有限公司
5	上海奉贤浦发村镇银行股份有限公司
6	上海松江民生村镇银行股份有限公司
7	上海浦东江南村镇银行股份有限公司
8	上海浦东中银富登村镇银行有限责任公司
9	上海闵行上银村镇银行股份有限公司
10	上海嘉定民生村镇银行股份有限公司
11	上海宝山富民村镇银行股份有限公司
12	上海金山惠民村镇银行有限责任公司
13	上海青浦惠金村镇银行股份有限公司
14	上海嘉定洪都村镇银行股份有限公司
15	上海浦东恒通村镇银行股份有限公司
16	上海松江富明村镇银行股份有限公司
17	上海宝山扬子村镇银行股份有限公司
三、股份制银行	
1	中信银行股份有限公司上海分行
2	中国光大银行股份有限公司上海分行
3	华夏银行股份有限公司上海分行
4	中国民生银行股份有限公司上海分行

（续表）

序号	名　　称
5	招商银行股份有限公司上海分行
6	兴业银行股份有限公司上海分行
7	广发银行股份有限公司上海分行
8	平安银行股份有限公司上海分行
9	上海浦东发展银行股份有限公司上海分行
10	恒丰银行股份有限公司上海分行
11	浙商银行股份有限公司上海分行
12	渤海银行股份有限公司上海分行
13	中国民生银行股份有限公司上海自贸试验区分行
14	平安银行股份有限公司上海自贸试验区分行
15	渤海银行股份有限公司上海自贸试验区分行
16	宁波银行股份有限公司上海分行
17	北京银行股份有限公司上海分行
18	杭州银行股份有限公司上海分行
19	南京银行股份有限公司上海分行
20	江苏银行股份有限公司上海分行
21	天津银行股份有限公司上海分行
22	浙江泰隆商业银行股份有限公司上海分行
23	温州银行股份有限公司上海分行
24	大连银行股份有限公司上海分行
25	浙江民泰商业银行股份有限公司上海分行
26	盛京银行股份有限公司上海分行
27	浙江稠州商业银行股份有限公司上海分行
28	宁波通商银行股份有限公司上海分行
29	厦门国际银行股份有限公司上海分行
30	上海浦东发展银行小企业金融服务中心
四、外资法人银行	
1	花旗银行(中国)有限公司

（续表）

序号	名　称
2	三菱日联银行(中国)有限公司
3	南洋商业银行(中国)有限公司
4	星展银行(中国)有限公司
5	三井住友银行(中国)有限公司
6	瑞穗银行(中国)有限公司
7	恒生银行(中国)有限公司
8	大华银行(中国)有限公司
9	富邦华一银行有限公司
10	华侨永亨银行(中国)有限公司
11	法国巴黎银行(中国)有限公司
12	澳大利亚和新西兰银行(中国)有限公司
13	盘谷银行(中国)有限公司
14	东方汇理银行(中国)有限公司
15	浦发硅谷银行有限公司
16	华美银行(中国)有限公司
17	国泰世华银行(中国)有限公司
18	正信银行有限公司
19	汇丰银行(中国)有限公司
20	渣打银行(中国)有限公司
21	东亚银行(中国)有限公司
五、外资银行分支机构	
1	阿联酋阿布扎比第一银行上市股份公司上海分行
2	埃及国民银行股份公司上海分行
3	澳大利亚澳洲联邦银行公众股份有限公司上海分行
4	澳大利亚国民银行有限公司上海分行
5	澳大利亚西太平洋银行有限公司上海分行
6	巴西银行有限公司上海分行
7	北欧银行瑞典有限公司上海分行

(续表)

序号	名　称
8	比利时联合银行股份有限公司上海分行
9	创兴银行有限公司上海分行
10	大丰银行股份有限公司上海分行
11	大新银行(中国)有限公司上海分行
12	德国巴登—符腾堡州银行上海分行
13	德国商业银行股份有限公司上海分行
14	德意志银行(中国)有限公司上海分行
15	第一商业银行股份有限公司上海分行
16	俄罗斯外贸银行公众股份公司上海分行
17	法国外贸银行股份有限公司上海分行
18	法国兴业银行(中国)有限公司上海分行
19	国民银行(中国)有限公司上海分行
20	韩国产业银行上海分行
21	韩国大邱银行股份有限公司上海分行
22	韩亚银行(中国)有限公司上海分行
23	荷兰安智银行股份有限公司上海分行
24	荷兰合作银行有限公司上海分行
25	华南商业银行股份有限公司上海分行
26	加拿大丰业银行有限公司上海分行
27	开泰银行(中国)有限公司上海分行
28	科威特国民银行股份有限公司上海分行
29	马来西亚联昌银行股份有限公司上海分行
30	马来西亚马来亚银行有限公司上海分行
31	美国富国银行有限公司上海分行
32	美国纽约梅隆银行有限公司上海分行
33	美国银行有限公司上海分行
34	蒙特利尔银行(中国)有限公司上海分行
35	摩根大通银行(中国)有限公司上海分行

（续表）

序号	名　称
36	摩洛哥非洲银行股份有限公司上海分行
37	日本横滨银行股份有限公司上海分行
38	日本三井住友信托银行股份有限公司上海分行
39	瑞典北欧斯安银行有限公司上海分行
40	瑞典银行有限公司上海分行
41	瑞士信贷银行股份有限公司上海分行
42	瑞士银行(中国)有限公司上海分行
43	上海商业银行有限公司上海分行
44	首都银行(中国)有限公司上海分行
45	台湾土地银行股份有限公司上海分行
46	台湾银行股份有限公司上海分行
47	台湾中小企业银行股份有限公司上海分行
48	泰国汇商银行大众有限公司上海分行
49	西班牙对外银行有限公司上海分行
50	西班牙桑坦德银行有限公司上海分行
51	新韩银行(中国)有限公司上海分行
52	意大利联合圣保罗银行股份有限公司上海分行
53	意大利西雅那银行股份有限公司上海分行
54	意大利裕信银行股份有限公司上海分行
55	印度爱西爱西爱银行有限公司上海分行
56	印度国家银行上海分行
57	印度尼西亚曼底利银行有限责任公司上海分行
58	英国巴克莱银行有限公司上海分行
59	永丰银行(中国)有限公司上海分行
60	友利银行(中国)有限公司上海分行
61	约旦阿拉伯银行公众有限公司上海分行
62	招商永隆银行有限公司上海分行
63	中国信托商业银行股份有限公司上海分行

序号	名　称
64	中信银行国际(中国)有限公司上海分行
六、非银行金融机构	
1	汇华理财有限公司
2	贝莱德建信理财有限责任公司
3	施罗德交银理财有限公司
4	高盛工银理财有限责任公司
5	上海国际信托有限公司
6	华宝信托有限责任公司
7	中海信托股份有限公司
8	上海爱建信托有限责任公司
9	中泰信托有限责任公司
10	安信信托股份有限公司
11	华澳国际信托有限公司
12	中国华融资产管理股份有限公司上海市分公司
13	中国长城资产管理股份有限公司上海市分公司
14	中国东方资产管理股份有限公司上海市分公司
15	中国信达资产管理股份有限公司上海市分公司
16	中国华融资产管理股份有限公司上海自贸试验区分公司
17	中国长城资产管理股份有限公司上海自贸试验区分公司
18	中国信达资产管理股份有限公司上海自贸试验区分公司
19	锦江国际集团财务有限责任公司
20	宝武集团财务有限责任公司
21	上海汽车集团财务有限责任公司
22	东航集团财务有限责任公司
23	上海电气集团财务有限责任公司
24	中船财务有限责任公司
25	上海浦东发展集团财务有限责任公司
26	松下电器(中国)财务有限公司

序号	名　　称
27	申能集团财务有限公司
28	日立(中国)财务有限公司
29	中远海运集团财务有限责任公司
30	上海复星高科技集团财务有限公司
31	上海华谊集团财务有限责任公司
32	百联集团财务有限责任公司
33	上海上实集团财务有限公司
34	光明食品集团财务有限公司
35	上海外高桥集团财务有限公司
36	上海文化广播影视集团财务有限公司
37	红星美凯龙家居集团财务有限责任公司
38	东方国际集团财务有限公司
39	商飞集团财务有限责任公司
40	上海城投集团财务有限公司
41	中国石化财务有限责任公司上海分公司
42	中国电力财务有限公司华东分公司
43	交银金融租赁有限责任公司
44	招银金融租赁有限公司
45	农银金融租赁有限公司
46	浦银金融租赁股份有限公司
47	太平石化金融租赁有限责任公司
48	长江联合金融租赁有限公司
49	广融达金融租赁有限公司
50	交银航空航运金融租赁有限责任公司
51	招银航空航运金融租赁有限公司
52	华融航运金融租赁有限公司
53	上汽通用汽车金融有限责任公司
54	福特汽车金融(中国)有限公司

序号	名　称
55	东风日产汽车金融有限公司
56	菲亚特克莱斯勒汽车金融有限责任公司
57	上海东正汽车金融股份有限公司
58	华晨东亚汽车金融有限公司
59	吉致汽车金融有限公司
60	中银消费金融有限公司
61	上海尚诚消费金融股份有限公司
62	平安消费金融有限公司
63	上海国利货币经纪有限公司
64	上海国际货币经纪有限责任公司
七、专营机构	
1	中国工商银行股份有限公司票据营业部
2	中国工商银行股份有限公司贵金属业务部
3	中国工商银行股份有限公司私人银行部
4	中国农业银行股份有限公司票据营业部
5	中国农业银行股份有限公司信用卡中心
6	中国农业银行股份有限公司私人银行部
7	中国银行股份有限公司上海人民币交易业务总部
8	中国建设银行股份有限公司信用卡中心
9	中国建设银行股份有限公司贵金属及大宗商品业务部
10	交通银行股份有限公司太平洋信用卡中心
11	交通银行股份有限公司私人银行部
12	招商银行股份有限公司信用卡中心
13	兴业银行股份有限公司资金营运中心
14	兴业银行股份有限公司信用卡中心
15	平安银行股份有限公司资金运营中心
16	上海浦东发展银行股份有限公司信用卡中心
17	宁波银行股份有限公司资金营运中心

（续表）

序号	名　　称
18	杭州银行股份有限公司资金营运中心
19	南京银行股份有限公司资金运营中心
20	江苏银行股份有限公司资金营运中心
21	浙江泰隆商业银行股份有限公司资金营运中心
22	宁波通商银行股份有限公司资金营运中心
23	昆仑银行股份有限公司上海国际业务结算中心
24	中信银行股份有限公司信用卡中心上海分中心
25	中信银行股份有限公司信用卡中心上海分中心
26	中国民生银行股份有限公司信用卡中心华东分中心
27	平安银行股份有限公司信用卡中心上海分中心
28	平安银行股份有限公司汽车消费金融中心上海分中心
29	兴业银行股份有限公司私人银行部
30	招商银行股份有限公司资金营运中心
31	中国农业银行股份有限公司资金运营中心
32	浙商银行股份有限公司资金营运中心
33	恒丰银行股份有限公司资金运营中心
34	恒丰银行股份有限公司私人银行部
35	广发银行股份有限公司资金营运中心
36	广发银行股份有限公司信用卡中心上海分中心
八、其他银行机构	
1	国家开发银行上海市分行
2	中国进出口银行上海分行
3	中国农业发展银行上海市分行
证券业金融机构	
一、证券公司	
1	爱建证券有限责任公司
2	长江证券承销保荐有限公司
3	德邦证券股份有限公司

序号	名　称
4	东方证券承销保荐有限公司
5	东方证券股份有限公司
6	光大证券股份有限公司
7	国泰君安证券股份有限公司
8	海通证券股份有限公司
9	华宝证券股份有限公司
10	华金证券股份有限公司
11	华兴证券有限公司
12	民生证券股份有限公司
13	摩根大通证券(中国)有限公司
14	摩根士丹利证券(中国)有限公司
15	上海证券有限责任公司
16	申港证券股份有限公司
17	申万宏源证券有限公司
18	星展证券(中国)有限公司
19	野村东方国际证券有限公司
20	中银国际证券股份有限公司
21	长江证券(上海)资产管理有限公司
22	东证融汇证券资产管理有限公司
23	华泰证券(上海)资产管理有限公司
24	上海东方证券资产管理有限公司
25	上海光大证券资产管理有限公司
26	上海国泰君安证券资产管理有限公司
27	上海海通证券资产管理有限公司
28	中泰证券(上海)资产管理有限公司
29	上海甬兴证券资产管理有限公司
30	天风(上海)证券资产管理有限公司
31	德邦证券资产管理有限公司

序号	名 称
32	国金证券资产管理有限公司
33	山证(上海)资产管理有限公司
34	申万宏源证券资产管理有限公司
二、外国证券类机构上海代表处及境外证券期货交易所代表处	
1	东洋证券股份有限公司上海代表处
2	法国巴黎资本(亚洲)有限公司上海代表处
3	富兰克林华美证券投资信托股份有限公司上海代表处
4	冈三证券股份有限公司上海代表处
5	高盛(中国)有限责任公司上海代表处
6	海通国际证券有限公司上海代表处
7	韩国国民证券公司上海代表处
8	韩国农协投资证券公司上海代表处
9	韩国投资信托运用株式会社上海代表处
10	韩国未来资产证券股份有限公司上海代表处
11	韩国新韩金融投资股份有限公司上海代表处
12	华南永昌综合证券股份有限公司上海代表处
13	凯基证券亚洲有限公司上海代表处
14	坤信国际证券有限公司上海代表处
15	蓝泽证券股份有限公司上海代表处
16	麦格理证券(澳大利亚)股份有限公司上海代表处
17	美国美林国际有限公司上海代表处
18	内藤证券公司上海代表处
19	群益国际控股有限公司上海代表处
20	日本瑞穗证券股份有限公司上海代表处
21	瑞士信贷(香港)有限公司上海代表处
22	台湾美好证券股份有限公司上海代表处
23	台湾元大证券股份有限公司上海代表处
24	香港上海汇丰银行有限公司(证券业务)上海代表处

（续表）

序号	名　称
25	野村证券株式会社上海代表处
26	永丰金证券（亚洲）有限公司上海代表处
27	致富证券有限公司上海代表处
28	中信里昂证券有限公司上海代表处
29	香港富盈交易香港有限公司上海代表处
30	新加坡萨默塞特资本管理有限公司上海代表处
31	巴西证券期货交易所上海代表处
三、基金公司	
1	长信基金管理有限责任公司
2	东吴基金管理有限公司
3	富国基金管理有限公司
4	光大保德信基金管理有限公司
5	国海富兰克林基金管理有限公司
6	国联安基金管理有限公司
7	国泰基金管理有限公司
8	华安基金管理有限公司
9	华宝基金管理有限公司
10	华富基金管理有限公司
11	汇丰晋信基金管理有限公司
12	海富通基金管理有限公司
13	汇添富基金管理股份有限公司
14	金元顺安基金管理有限公司
15	交银施罗德基金管理有限公司
16	诺德基金管理有限公司
17	农银汇理基金管理有限公司
18	浦银安盛基金管理有限公司
19	摩根基金管理（中国）有限公司
20	申万菱信基金管理有限公司

（续表）

序号	名　　称
21	泰信基金管理有限公司
22	天治基金管理有限公司
23	万家基金管理有限公司
24	中信保诚基金管理有限公司
25	兴证全球基金管理有限公司
26	华泰柏瑞基金管理有限公司
27	银河基金管理有限公司
28	中海基金管理有限公司
29	中欧基金管理有限公司
30	中银基金管理有限公司
31	西部利得基金管理有限公司
32	富安达基金管理有限公司
33	财通基金管理有限公司
34	长安基金管理有限公司
35	德邦基金管理有限公司
36	华宸未来基金管理有限公司
37	太平基金管理有限公司
38	东海基金管理有限责任公司
39	兴业基金管理有限公司
40	上银基金管理有限公司
41	永赢基金管理有限公司
42	鑫元基金管理有限公司
43	兴银基金管理有限责任公司
44	圆信永丰基金管理有限公司
45	嘉合基金管理有限公司
46	华泰保兴基金管理有限公司
47	凯石基金管理有限公司
48	恒越基金管理有限公司

序号	名　称
49	博道基金管理有限公司
50	弘毅远方基金管理有限公司
51	中庚基金管理有限公司
52	蜂巢基金管理有限公司
53	湘财基金管理有限公司
54	睿远基金管理有限公司
55	朱雀基金管理有限公司
56	淳厚基金管理有限公司
57	西藏东财基金管理有限公司
58	达诚基金管理有限公司
59	瑞达基金管理有限公司
60	贝莱德基金管理有限公司
61	易米基金管理有限公司
62	泉果基金管理有限公司
63	富达基金管理（中国）有限公司
64	路博迈基金管理（中国）有限公司
65	施罗德基金管理（中国）有限公司
66	联博基金管理有限公司
四、期货公司	
1	渤海期货股份有限公司
2	东航期货有限责任公司
3	东吴期货有限公司
4	东兴期货有限责任公司
5	光大期货有限公司
6	国富期货有限公司
7	国盛期货有限责任公司
8	国泰君安期货有限公司
9	国投安信期货有限公司

（续表）

序号	名　　称
10	国信期货有限责任公司
11	海通期货股份有限公司
12	海证期货有限公司
13	恒力期货有限公司
14	恒泰期货股份有限公司
15	华闻期货有限公司
16	华鑫期货有限公司
17	建信期货有限责任公司
18	金信期货有限公司
19	瑞银期货有限责任公司
20	上海大陆期货有限公司
21	上海东方财富期货有限公司
22	上海东方期货经纪有限责任公司
23	上海东亚期货有限公司
24	上海东证期货有限公司
25	上海浙石期货经纪有限公司
26	上海中期期货股份有限公司
27	申银万国期货有限公司
28	紫金天风期货股份有限公司
29	天鸿期货经纪有限公司
30	通惠期货有限公司
31	铜冠金源期货有限公司
32	新湖期货股份有限公司
33	中财期货有限公司
34	中辉期货有限公司
35	中融汇信期货有限公司
36	中银国际期货有限责任公司
五、独立基金销售机构	
1	诺亚正行基金销售有限公司
2	上海好买基金销售有限公司

（续表）

序号	名　　称
3	上海天天基金销售有限公司
4	上海长量基金销售有限公司
5	上海利得基金销售有限公司
6	通华财富（上海）基金销售有限公司
7	海银基金销售有限公司
8	上海大智慧基金销售有限公司
9	上海财咖啡基金销售有限公司
10	上海联泰基金销售有限公司
11	上海汇付基金销售有限公司
12	上海钜派钰茂基金销售有限公司
13	上海凯石财富基金销售有限公司
14	上海基煜基金销售有限公司
15	上海陆金所基金销售有限公司
16	上海景谷基金销售有限公司
17	利和财富（上海）基金销售有限公司
18	上海攀赢基金销售有限公司
19	上海中正达广基金销售有限公司
20	中民财富基金销售（上海）有限公司
21	上海云湾基金销售有限公司
22	上海爱建基金销售有限公司
23	上海万得基金销售有限公司
24	上海陆享基金销售有限公司
25	上海挖财基金销售有限公司
26	上海有鱼基金销售有限公司
27	民商基金销售（上海）有限公司
六、证券投资咨询机构	
1	上海东方财富证券投资咨询有限公司
2	上海海能证券投资顾问有限公司

（续表）

序号	名　　称
3	上海汇正财经顾问有限公司
4	上海九方云智能科技有限公司
5	上海凯石证券投资咨询有限公司
6	利多星（上海）投资管理有限公司
7	上海荣正投资咨询股份有限公司
8	上海申银万国证券研究所有限公司
9	上海世基投资顾问有限公司
10	上海亚商投资顾问有限公司
11	上海益学投资咨询有限公司
12	上海聿莜信息科技有限公司
13	上海证券通投资资讯科技有限公司
14	上海智蚁理财顾问有限公司
15	上海中和应泰财务顾问有限公司
16	益盟股份有限公司
17	启明星云数据技术有限公司
保险业金融机构	
一、人身险法人机构	
1	太平人寿保险有限公司
2	国华人寿保险股份有限公司
3	工银安盛人寿保险有限公司
4	友邦人寿保险有限公司
5	东方人寿保险股份有限公司
6	中国太平洋人寿保险股份有限公司
7	太平洋健康保险股份有限公司
8	平安健康保险股份有限公司
9	平安养老保险股份有限公司
10	太平养老保险股份有限公司
11	瑞华健康保险股份有限公司

序号	名　称
12	陆家嘴国泰人寿保险有限责任公司
13	交银人寿保险有限公司
14	复星保德信人寿保险有限公司
15	中宏人寿保险有限公司
16	中美联泰大都会人寿保险有限公司
17	建信人寿保险股份有限公司
18	长生人寿保险有限公司
19	汇丰人寿保险有限公司
20	北大方正人寿保险有限公司
21	安联人寿保险有限公司
二、人身险公司分支机构	
1	中国人民健康保险股份有限公司上海分公司
2	农银人寿保险股份有限公司上海分公司
3	东吴人寿保险股份有限公司上海分公司
4	昆仑健康保险股份有限公司上海分公司
5	中邮人寿保险股份有限公司上海分公司
6	幸福人寿保险股份有限公司上海分公司
7	民生人寿保险股份有限公司上海分公司
8	上海人寿保险股份有限公司上海分公司
9	利安人寿保险股份有限公司上海分公司
10	华泰人寿保险股份有限公司上海分公司
11	天安人寿保险股份有限公司上海分公司
12	中国平安人寿保险股份有限公司上海分公司
13	中英人寿保险有限公司上海分公司
14	招商信诺人寿保险有限公司上海分公司
15	大家养老保险股份有限公司上海分公司
16	前海人寿保险股份有限公司上海分公司
17	国华人寿保险股份有限公司上海分公司

（续表）

序号	名　称
18	新华人寿保险股份有限公司上海分公司
19	中信保诚人寿保险有限公司上海分公司
20	君康人寿保险股份有限公司上海分公司
21	大家人寿保险股份有限公司上海分公司
22	合众人寿保险股份有限公司上海分公司
23	平安养老保险股份有限公司上海分公司
24	和谐健康保险股份有限公司上海分公司
25	中国人民人寿保险股份有限公司上海市分公司
26	泰康养老保险股份有限公司上海分公司
27	中国太平洋人寿保险股份有限公司上海分公司
28	中荷人寿保险有限公司上海分公司
29	弘康人寿保险股份有限公司上海分公司
30	平安健康保险股份有限公司上海分公司
31	光大永明人寿保险有限公司上海分公司
32	中融人寿保险股份有限公司上海分公司
33	太平养老保险股份有限公司上海分公司
34	建信人寿保险股份有限公司上海分公司
35	同方全球人寿保险有限公司上海分公司
36	中美联泰大都会人寿保险有限公司上海分公司
37	中国人寿保险股份有限公司上海市分公司
38	太平洋健康保险股份有限公司上海分公司
39	东方人寿保险股份有限公司上海分公司
40	中意人寿保险有限公司上海分公司
41	太平人寿保险有限公司上海分公司
42	复星联合健康保险股份有限公司上海分公司
43	泰康人寿保险有限责任公司上海分公司
44	富德生命人寿保险股份有限公司上海分公司
45	英大泰和人寿保险股份有限公司上海分公司

（续表）

序号	名　　称
46	阳光人寿保险股份有限公司上海分公司
47	华夏人寿保险股份有限公司上海分公司
48	中国人寿养老保险股份有限公司上海市分公司
49	信泰人寿保险股份有限公司上海分公司
50	瑞泰人寿保险有限公司上海分公司
51	中宏人寿保险有限公司上海分公司
52	安联人寿保险有限公司上海分公司
三、财产险法人机构	
1	中国太平洋财产保险股份有限公司
2	中国大地财产保险股份有限公司
3	天安财产保险股份有限公司
4	华泰财产保险有限公司
5	太平洋安信农业保险股份有限公司
6	永诚财产保险股份有限公司
7	国泰财产保险有限责任公司
8	苏黎世财产保险(中国)有限公司
9	安盛天平财产保险有限公司
10	史带财产保险股份有限公司
11	美亚财产保险有限公司
12	东京海上日动火灾保险(中国)有限公司
13	众安在线财产保险股份有限公司
14	中远海运财产保险自保有限公司
15	三井住友海上火灾保险(中国)有限公司
16	瑞再企商保险有限公司
17	安达保险有限公司
18	三星财产保险(中国)有限公司
19	劳合社保险(中国)有限公司
四、财产险公司分支机构	
1	中国人民财产保险股份有限公司上海市分公司
2	中国太平洋财产保险股份有限公司上海分公司

序号	名　　称
3	中国平安财产保险股份有限公司上海分公司
4	太平财险保险有限公司上海分公司
5	中国大地财产保险股份有限公司上海分公司
6	中国大地财产保险股份有限公司营业部
7	中国人寿财产保险股份有限公司上海市分公司
8	永安财产保险股份有限公司上海分公司
9	太平洋安信农业保险股份有限公司上海分公司
10	阳光财产保险股份有限公司上海市分公司
11	华泰财产保险有限公司上海分公司
12	华泰财产保险有限公司营业部
13	中华联合财产保险股份有限公司上海分公司
14	华安财产保险股份有限公司上海分公司
15	天安财产保险股份有限公司上海分公司
16	英大泰和财产保险股份有限公司
17	安诚财产保险股份有限公司上海分公司
18	亚太财产保险有限公司上海分公司
19	中银保险有限公司上海分公司
20	永诚财产保险股份有限公司上海分公司
21	国任财产保险股份有限公司上海分公司
22	国元农业保险股份有限公司上海分公司
23	浙商财产保险股份有限公司上海分公司
24	紫金财产保险股份有限公司上海分公司
25	长安责任保险股份有限公司上海市分公司
26	鼎和财产保险股份有限公司上海分公司
27	东海航运保险股份有限公司上海分公司
28	都邦财产保险股份有限公司上海分公司
29	大家财产保险有限责任公司上海分公司
30	渤海财产保险股份有限公司上海分公司

序号	名　称
31	众诚汽车保险股份有限公司上海分公司
32	国泰财产保险有限责任公司上海分公司
33	美亚财产保险有限公司上海分公司
34	安盛天平财产保险有限公司上海分公司
35	京东安联财产保险有限公司上海分公司
36	东京海上日动火灾保险(中国)有限公司上海分公司
37	苏黎世财产保险(中国)有限公司上海分公司
38	日本财产保险(中国)有限公司上海分公司
39	史带财产保险股份有限公司上海分公司
40	中意财产保险有限公司上海分公司
五、航运保险中心	
1	中国人民财产保险股份有限公司航运保险运营中心
2	中国太平洋财产保险股份有限公司航运保险事业营运中心
3	中国平安财产保险股份有限公司航运保险运营中心
4	中国大地财产保险股份有限公司航运保险运营中心
5	中国人寿财产保险股份有限公司航运保险运营中心
6	永安财产保险股份有限公司航运保险运营中心
7	天安财产保险股份有限公司航运保险中心
8	太平财产保险有限公司航运保险运营中心
9	华泰财产保险有限公司航运保险运营中心
10	阳光财产保险股份有限公司航运保险运营中心
11	美亚财产保险有限公司航运保险运营中心
六、再保险公司	
1	中国财产再保险有限责任公司上海分公司
2	中国人寿再保险有限责任公司上海分公司
3	太平再保险(中国)有限公司上海分公司
4	信利再保险(中国)有限公司
5	汉诺威再保险股份公司上海分公司

序号	名　称
6	RGA 美国再保险公司上海分公司
7	德国通用再保险股份公司上海分公司
8	大韩再保险公司上海分公司
七、电销中心	
1	招商信诺人寿保险有限公司上海电话销售中心
2	阳光人寿保险股份有限公司上海浦东电话销售中心
3	中美联泰大都会人寿保险有限公司上海电话销售中心
4	国华人寿保险股份有限公司上海电话销售中心
5	同方全球人寿保险有限公司上海电话销售中心
6	中国平安人寿保险股份有限公司上海电话销售中心
八、其他保险机构	
1	中国出口信用保险公司上海分公司
2	建信养老金管理有限责任公司上海养老金中心

后　记

　　在市领导的关心下，在市金融工作党委、市委金融办领导的指导下，在中国人民银行上海总部、上海金融监管局、上海证监局以及在沪金融市场、金融机构、金融行业组织的大力支持下，《上海金融发展报告2024》出版。本书较为全面地反映2023年上海国际金融中心建设取得的进步，准确记载2023年上海金融市场、金融业、金融环境等方面的发展变化，是一本关于上海国际金融中心建设的综合性发展报告。在此，谨向所有关心和支持金融发展报告编写的领导以及付出辛勤劳动的各位作者，表示衷心的感谢。

　　本书的初稿，按章节顺序由下列同志提供：第一章中共上海市委金融委员会办公室黄醉清，第二章上海市金融稳定发展研究中心董若晨、贾剑宇，第三章中国人民银行上海总部杜璇，第四章中国外汇交易中心佟珺、刘婷，第五章中国外汇交易中心柴天仪，第六章上海黄金交易所李江平，第七章上海票据交易所李智康，第八章上海证券交易所陆佳仪、乔冠男、上海证监局孙婧、上海市股权托管交易中心沈依宁，第九章上海期货交易所王晰、田森、中国金融期货交易所于诗蕾，第十章上海保险交易所陈卿、黄铄珺、袁梦真，第十一章中国信托登记公司詹君怡，第十二章上海联合产权交易所贾彦，第十三章上海清算所朱小川、中央国债登记结算公司上海总部马隽卿、中国证券登记结算公司上海分公司王炎、跨境银行间支付清算有限责任公司张丽媛、城银清算公司吴小艳，第十四章上海金融监管局邹尚瑾，第十五章、第十六章、第十七章上海证监局孙婧，第十八章上海金融监管局邹尚瑾，第十九章中国银联上海分公司周涛，第二十章中共上海市委金融委员会办公室薛佳、杨俊辉、周卢凡，第二十一章上海金融监管局邹尚瑾、上海证监局孙婧、市委金融办杨俊辉、周卢凡，第二十二章上海市银行同业公会、上海市证券同业公会、上海市期货同业公会、上海市基金同业公会、上海市保险同业公会、上海资产管理协会、上海市互联网金融行业协会，第二十三章浦东新区金融工作局周玉媛、黄浦区投资促进办公室潘劭莹、虹口区服务业发展办公室何珏、临港新片区管委会刘赫、周子晴，第二十四章中共上海市委金融委员会办公室王强，第二十五章中国人民银行上海总部殷楚楚，第二十六章上海市人民检察院顾晓军、李小文、陈晨、王峥、上海市高级人民法院金融审判庭沙洵、张明良、华蓉、沈志康、上海市高级人民法院刑庭许诺、上海市司法局罗睿、上海市公安局经济犯罪侦查总队冯昕宇、上海金融法院赵丹阳、市委金融办林可挺。

专栏1中共上海市委金融委员会办公室李雨婷,专栏2中共上海市委金融委员会办公室王浩臣,专栏3、4中共上海市委金融委员会办公室左飞,专栏5、6上海金融稳定发展研究中心董若晨,专栏7上海市金融稳定发展研究中心贾剑宇,专栏8中国人民银行上海总部杜璇,专栏9、10中国外汇交易中心刘婷,专栏11中国外汇交易中心柴天仪,专栏12上海黄金交易所李江平,专栏13上海证券交易所陆佳仪、乔冠男,专栏14、15上海期货交易所王晰、田森,专栏16上海保险交易所黄铄珺,专栏17中国信托登记公司詹君怡,专栏18、19、20上海清算所朱小川,专栏21跨境银行间支付清算(上海)公司张丽嫒,专栏22上海金融监管局邹尚瑾,专栏23、24、25上海证监局孙婧,专栏26上海金融监管局邹尚瑾,专栏27中共上海市委金融委员会办公室杨俊辉,专栏28中国人民银行上海总部殷楚楚。附录由中国人民银行上海总部、上海金融监管局、上海证监局提供,上海市金融稳定发展研究中心董若晨、贾剑宇整理。统稿:上海市金融稳定发展研究中心李刚、于中华、董若晨、贾剑宇、尚晋。在此表示衷心的感谢。

在编写过程中,尽管我们力求能准确、全面地反映上海金融业发展的特点和趋势,但由于水平有限,缺点和错误在所难免。我们真诚地欢迎广大读者批评、指正。

编　者

2024 年 9 月

图书在版编目(CIP)数据

上海金融发展报告. 2024 / 周小全主编. -- 上海 ：
上海人民出版社，2024. -- ISBN 978-7-208-19270-6

Ⅰ. F832.751

中国国家版本馆 CIP 数据核字第 2024KC7632 号

责任编辑 马瑞瑞
封面设计 陈酌工作室

上海金融发展报告 2024

周小全　主编

出　　版　上海人民出版社
　　　　　（201101　上海市闵行区号景路 159 弄 C 座）
发　　行　上海人民出版社发行中心
印　　刷　上海华业装璜印刷厂有限公司
开　　本　889×1194　1/16
印　　张　17
字　　数　303,000
版　　次　2024 年 12 月第 1 版
印　　次　2024 年 12 月第 1 次印刷
ISBN 978 - 7 - 208 - 19270 - 6/F・2899
定　　价　88.00 元